起業の
エクイティ・
ファイナンス

経済革命のための株式と契約

磯崎哲也
ISOZAKI TETSUYA
VENTURE EQUITY FINANCE
STOCKS AND CONTRACTS FOR ECONOMIC REVOLUTION

ダイヤモンド社

目次

VENTURE EQUITY FINANCE
STOCKS AND CONTRACTS
FOR ECONOMIC REVOLUTION

CONTENTS

序章 ■ 今後の「ベンチャー生態系」の変化を考える

ベンチャーを取り巻く環境の進展 —— 002
　ベンチャー活況の理由／現在のベンチャー環境の課題

M&Aがベンチャー生態系の変化を加速する —— 008
　M&Aはなぜ徐々にしか増えないか？／M&Aの加速効果

ベンチャー生態系の中で今、何が起こっているか —— 013
　起業とイノベーションとベンチャーの関係／企業は実は結構入れ替わっている／
　起業を支えるファイナンス

日本のベンチャー投資は米国の歴史をなぞる —— 018
　ベンチャー・ファイナンスではタイムマシン経営が成り立つ／
　ベンチャーにもチャンスがある／エンジェルは「これから」登場する

本書の構成 —— 025
　順当に成長するベンチャーのファイナンス／
　株主構成の是正が必要な場合のファイナンス／
　ベンチャーキャピタルのストラクチャー／ベンチャーの未来ビジョン／
　ひな型を用意

第1章 ■ 創業初期から考える資本政策上の注意点

なぜ資本政策が重要なのか？ —— 034

なぜエクイティ・ファイナンスするのか？ —— 035
　「時間」と「信用」を買う／自己資本は「信用の源泉」である／
　株式で「仲間」を増やす

exitを考える必要性 —— 040

株式以外の資金調達 —— 041
　クラウドファンディング／資本性ローン

上場でのexitとM&Aでのexit —— 044

基本的には上場できるほうが有利／経営者が会社をどこまでコントロールできるか／IPOでは持株全部は売却できない／企業価値と株式の購入者の数・目的も異なる／「金だけが目的」の経営者は上場してもうまくいかない

仲間で起業する際の資本政策 ———————————— 048

共同創業の資本政策上の問題点／「仲良し」な資本構成の実例／創業株主間契約の例／持分の多さと返還のパターン

意外に怖い、返還時の税務 ———————————— 057

1.「個人→個人」の譲渡のケース／2-a.「個人→法人」の譲渡のケース／2-b. 発行会社自身が引き取るケース／譲渡時の税のまとめ／会社法上の問題／「株+契約」で一体とみなせるか？／優先株式発行時の普通株式の譲渡

本章のまとめ ———————————————————— 065

第2章 ■ シード・ラウンドの投資契約

なぜ投資契約を結ぶのか？ ——————————————— 068
なぜ数百万円の出資なら、数％程度に持株比率を抑えるべきなのか？ — 069
投資契約書のひな型解説 ——————————————— 072

投資の目的／資金調達の概要／資金の使途／表明と保証／払込義務／払込後の経営者の義務／事前協議事項／投資家の保有する株式の譲渡／買取請求権／共同売却権／機密保持義務／「ハンズオン」の責任の限定／その他雑則

本章のまとめ ———————————————————— 097

第3章 ■ 優先株式を使った投資実務

優先株式を活用する ————————————————— 100

重要さを増す優先株式／M&Aの増加に優先株式の普及が必要な理由／投資額の増大に優先株式が必要な理由／「pre」「past」は企業価値を表しているか？／優先株式の問題点／優先株式はどうすれば普及するか？

優先株式とは何か ——————————————————— 109
残余財産分配権 ———————————————————— 111

CONTENTS

残余財産分配権とは／「AND型」の残余財産優先分配権／
「OR型」の残余財産優先分配権／「3倍」の残余財産優先分配権／
定款での残余財産分配権の定め／残余財産分配権の「倍率」／登録株式質権者／
「参加型」の分配

株式分割、株式併合や低価発行の想定 ———————— 124
普通株式への転換（取得請求権と取得条項）———————— 126
 強制的な転換と端数処理
みなし清算条項 ———————————————————— 134
例外的な exit への対処 ———————————————— 136
 事業譲渡等の場合
ドラッグ・アロング（drag-along）権 ————————— 139
経済的権利以外の権利（コントロール権）——————— 141
 議決権／役員選任権／報告受領権と拒否権
本章のまとめ ————————————————————— 145

第4章 ■ 優先株式の投資に備える「みなし優先株式」

まず「convertible note」を理解する ————————— 148
「日本版」を考える際に考慮すべきこと ——————— 152
 「負債」だと債務超過になりやすい／貸金業法に触れる可能性も／
 新株予約権付社債の発行の負担
「みなし優先株式方式」の概要 ———————————— 157
「みなし優先株式方式」の特長と要注意点 —————— 158
 シンプル！／フレキシブル！／債務超過になりにくい／
 次の優先株式に負けない／要注意点
ひな型の概要 ————————————————————— 161
用語の定義 —————————————————————— 162
優先株式への転換条項 ———————————————— 166

次回投資のvaluationで転換株数を調整する方法
次回ラウンドが普通株式での増資だった場合 ──────── 172
　　　みなし優先株式の譲渡時の価値の担保
優先分配権 ────────────────────────── 173
　　　1. 現金対価の株式譲渡による買収の場合／2. 現金対価の株式譲渡以外の買収の場合／
　　　3. 事業譲渡や会社分割の場合／4. 会社を清算する場合
税務への備え ─────────────────────── 182
　　　年またぎに注意
ドラッグ・アロングの設定 ───────────────── 185
「適格ファイナンス」を行うインセンティブ ────────── 187
　　　3,000万円規模の投資を受ける場合
よりシンプル？な方法（日本版safe） ───────────── 190
本章のまとめ ─────────────────────── 195

第5章 ■ 経営者の持分を是正する「乙種普通株式」

資本構成の是正の必要性とは ───────────── 198
「乙種普通株式」を使った是正方式 ─────────── 200
乙種普通株式発行の例 ──────────────── 202
　　　「エンジェルが持ち過ぎ」の例／是正せずにVCが投資した例／
　　　乙種普通株式による是正の例／残余財産優先分配権と普通株式の価値／
　　　M&Aでのexit金額と分配割合／M&AによるexitとIPOによるexitの違い
乙種普通株式の要項 ───────────────── 211
　　　議決権／乙種普通株式の劣後性／株式分割等の場合の取り決め／
　　　普通株式への転換／配当／みなし清算
乙種普通株式が使える条件 ───────────── 219
他のタイプの乙種普通株式の例 ─────────── 221
乙種普通株式の税務上のリスク ─────────── 224

CONTENTS

発行時／M&Aの分配時／普通株式への転換時

会社法上「特に有利な金額」か？ ——————————— 229

ストックオプションで是正を行う方法の問題点 ——————— 231

　無償のストックオプションを使う方法／有償ストックオプションを使う方法

本章のまとめ ————————————————————— 237

第6章 ■ スピンオフ、MBOを成功させる

コーポレートベンチャーと独立したベンチャー ——————— 240

　なぜコーポレートベンチャーがうまくいかないのか？／
　なぜ合理的な意思決定ができないのか？／ベンチャー向きの事業かどうか／
　チャンスの到来を待つ／「オープン・イノベーション」のための資本政策

スキームの全体像 ——————————————————— 252

　解決すべき状況／持株会社の設立／投資家からの出資／
　既存株主がすべていなくなる場合／合併等の実施／既存株主が残る場合

優先株式を活用した具体的スキーム ——————————— 263

　優先株式の設計上の工夫／持株会社の設立（普通株式）／
　ベンチャーキャピタルの出資（B種優先株式）／運営会社の合併等／
　合併比率等は「1.0」に決めてしまう

税務上の問題 ————————————————————— 273

　合併比率の決定／普通株式への転換等のリスクがない

本章のまとめ ————————————————————— 274

第7章 ■ 議決権の異なる株式を用いる「dual class」

米国のdual classの活用例 ———————————————— 278

Googleによるdual classの採用 —————————————— 279

　Googleの取締役／経営者に「代わり」はいるのか？／対買収戦略をとることは「悪」か？

日本版dual classのスキーム ─────────── 284
　「単元株」による議決権の設計／普通株式とB種類株式の経済的価値は同じ／
　種類株主総会をなるべくしない工夫／B種類株式の譲渡制限／
　B種類株式から普通株式への転換は自由／
　「ブレークスルー条項」「サンセット条項」

dual classへの変更手続き ──────────── 295
本章のまとめ ─────────────────── 297

第8章 ■ これからの日本の ベンチャー投資ストラクチャー

株式会社がファンドを運営するのは日本だけ？ ───── 300
ベンチャー投資はなぜ「個人」が重要なのか？ ───── 302
有限責任の重要性 ─────────────── 303
　　　有限責任とモラルハザード
パススルーの重要性 ────────────── 307
LLP-LPSストラクチャー ───────────── 308
　　　登記上の注意
LPS契約書の実例 ─────────────── 313
「carried interest」と「成功報酬」 ──────── 316
ファンドの税務は「せこい話」ではない ──────── 318
なぜ株譲渡所得は分離課税で一定の税率なのか？ ──── 319
組合の税務の原則 ─────────────── 320
「分配割合」が重要キーワード ───────────── 321
組合員の所得の計算方法 ─────────────── 324
成功時分配額に関するLPS契約書の例 ───────── 326
本章のまとめ ─────────────────── 328

CONTENTS

終章 ■ ベンチャーの未来ビジョン

社会にとって起業／ベンチャーとは何か — 332
起業は雇用を増加させる／起業への投資は経済成長に直結する／税収増に直結する／市場メカニズムを支える機能／「多様性」によって社会は豊かになる／「競争」がクオリティを上げる／日本に不足しているのは「投資額の大きな競争」だ

ベンチャーに政府が関与する意味 — 340
規制緩和／より良い均衡への移行の補助

10年後の日本のベンチャー投資のビジョン — 342

起業を活性化させる政策とは？ — 344
政策① ベンチャーキャピタルの数と資金量を増やす
政策② 企業からベンチャーへの資金の流れを増やす
政策③ ベンチャーのexitを促進する
政策④ LLCパススルー税制で、起業しやすい環境を作る
政策⑤ ベンチャーキャピタルのGPとしてLLCを活用する
政策⑥ 会社法の柔軟化

ベンチャーが生み出す社会の変化 — 357
「ステークを持つ」生き方 — 360
おわりに — 364

別添

別添1 株式譲渡に関する覚書（創業株主間契約書） — 367
別添2 投資契約書（シード・ラウンド用） — 373
別添3 A種優先株式の内容（定款） — 385
別添4 株式の転換等に関する合意書（みなし優先株式） — 395
別添5 乙種普通株式の内容（定款） — 411

掲載された情報は、筆者が信頼できると判断した情報をもとに慎重に作成・加工しておりますが、取引の実行に際しては弁護士・司法書士・税理士・公認会計士・証券会社等の専門家にご相談いただくようお願いいたします。

序章
今後の「ベンチャー生態系」の変化を考える

VENTURE EQUITY FINANCE
STOCKS AND CONTRACTS
FOR ECONOMIC REVOLUTION

　ここ数年、日本のベンチャー投資の「生態系」は厚みを増してきました。日本においてベンチャーの起業にチャレンジする人が増える流れは、もう後戻りしないものになったと考えます。ベンチャーが増えると、成長したベンチャーや大企業が新たなベンチャーを買収するM&Aが増え、買収されたベンチャー経営者や従業員が次のベンチャーを興したり、エンジェルやメンター（アドバイザー）になって、イノベーションのスピードをさらに加速させます。
　このような時代には、リスクの高い投資にチャレンジできる優先株式などのファイナンス知識が、ベンチャーや投資家にとって不可欠になります。

ベンチャーを取り巻く環境の進展

　前著『起業のファイナンス』を出版した2010年頃、私は日本のベンチャー界はこのままでは滅亡してしまうのではないかという強い危機感を持っていました。2008年に起こったリーマンショックの影響もあって活動を停止するベンチャーキャピタル（VC）が増え、投資額もどんどん減少していたからです。

　2010年2月に「起業を増やさナイト！」というイベントを開催した頃は、ベンチャー関係のイベントはほとんどなかったのですが、ちょうどこの頃から日本のベンチャーを取り巻く状況は徐々に復活しはじめ、本原稿執筆時の2014年には、少なくとも東京近辺のベンチャー・コミュニティでは、シード・アクセラレーター[*1]各社や監査法人、弁護士事務所などの専門家によって、毎週のようにベンチャー向けのセミナーやイベントが開催されるようになり、日本のベンチャー界は4年前には考えられなかったほどの活気にあふれています。

　同時に、国内のベンチャー企業を投資対象とするベンチャー投資ファンドの数は29と、2012年と比較して2倍以上に増大、ファンド総額は1,942億円と前年から6倍以上の大幅な増額となっています。[*2]

　ベンチャーを支援するアクセラレーターやエンジェルによる数百万円から1,000万円程度の投資も活発に行われるようになりました。2012年には1億円を超えるファイナンス（資金調達）は珍しかったのです

[*1] 創業直後のベンチャーに投資をしたり、さまざまなアドバイスをしてくれる人たちとして、個人投資家「エンジェル（angel investor）」、組織的に活動しているインキュベーター（incubator）やシード・アクセラレーター（seed accelerator）、資金というより主に知識やノウハウを提供するメンター（mentor）といった存在がいます。

[*2] 株式会社ジャパンベンチャーリサーチの調査「2013年設立 国内投資対象ベンチャーファンド集計」（2014年2月10日）によります。

が、2013年には10億円を超える大型の資金調達も10件超、1億円を超える投資が70件前後もあり、本格的に大型投資の時代が始まった感があります。

　もちろん、2000年のネットベンチャーブームの頃と異なり、ベンチャーのビジネスモデルや人材などの実態も、はるかに地に足の付いた高度なものになっています。

ベンチャー活況の理由

　ここ数年のベンチャーの活況の背景には、以下のような要因があると考えられます。

　まずは**成功体験の蓄積**です。2000年以降、日本では、楽天、DeNA、ミクシィ、グリーといった時価総額1,000億円を超えるベンチャーの成功例が、それなりに多数生まれており、その成長を経験した「ベンチャーのノウハウを持つ人たち」が多数誕生しました。そうした人たちは、その会社の中でさらに会社を成長させるだけでなく、会社を離れ、エンジニアとして転職したり、経営者として新たな起業をしたり、エンジェルやメンターとしてベンチャーのサポーターに回る人も生まれるようになりました。

　次に**人材供給の地合いの好転**があります。ベンチャーが成長するには人材が必要ですので、ベンチャーに就職してくれる人がいないと、ベンチャーはなかなか成長できません。2000年頃には、いくら資金があったとしても、そもそもベンチャーに転職してきてくれる人があまりいませんでした。[*3]

　しかし、長引く不況のせいで一般には安定志向が高まっているように見えますが、元気で能力のある人の間には、「大企業に就職できたから

といって、一生安泰とは限らない」という認識が広まりつつあります。また、これも10年前には考えられなかったことですが、司法試験や公認会計士試験に受かっても、必ずしも弁護士や公認会計士として職に就くことができない時代にもなりました。一昔前は、「ベンチャーなんかをやるのは、大企業に就職できないような人間だろ？」と思っている人も多かったと思いますが、現在では、外資系コンサルティング会社に勤める人や投資銀行マン、弁護士、会計士など、社会的に優秀とされる人が、ベンチャーで働いたり自分で起業することに目を向け始めています。

3つめに**情報供給インフラの充実**があります。10年前と比べた場合の大きな違いは、FacebookやTwitterといった、告知や情報交換のための情報インフラが圧倒的に普及したことに加えて、セミナーによる情報提供などが増えていることです。ベンチャーが成長するためには、「やったるで！」という起業家精神や、ヒトやカネなどの経営資源の他に、それらを運用するためのベンチャー経営に関する知識やノウハウが不可欠ですが、そうしたものが格段に得やすい社会になってきているといえます。

このように、日本においても、**ベンチャー活動を促進する「実態面」が充実**してきています。ベンチャー界では、こうしたベンチャーを取り巻く人やサービスの有機的な繋がりを**生態系（エコシステム＝ecosystem）**と呼ぶことが多いので、本書でも、以下、「生態系」という言葉を使っていきたいと思います。ベンチャーは金さえあれば成長すると思っている方も多いと思いますが、**ベンチャーの起業や成長を活性化**

---

*3　ネット系のベンチャーが必要とする資金は、役職員の人数に比例する要素が大きいので、採用できる人数が少ないということは、良くも悪くも、ベンチャーが上場までに必要とする資金は5億円程度までのことが多かったと思います（DeNAのような例外もあります）。

させるために最も重要なのは、この生態系（人）の厚みを増すことであり、ベンチャーの起業や成長、exit（41頁参照）を経験した人が、それによって得られた「資金」「時間」「ノウハウ」を次のベンチャーのために注ぎ込むことなのです。

現在のベンチャー環境の課題

　ベンチャーに対する資金供給機能は、特にネット系やIT系のベンチャーで数百万円から数千万円程度の少額なものについては、ここ数年でかなり改善されてきました。
　しかし、それ以上の規模の資金（数億円以上）の供給が潤沢かというと、まったくそうではなく、そこがボトルネックになっています。

　図にすると、図表0-1のような感じです。

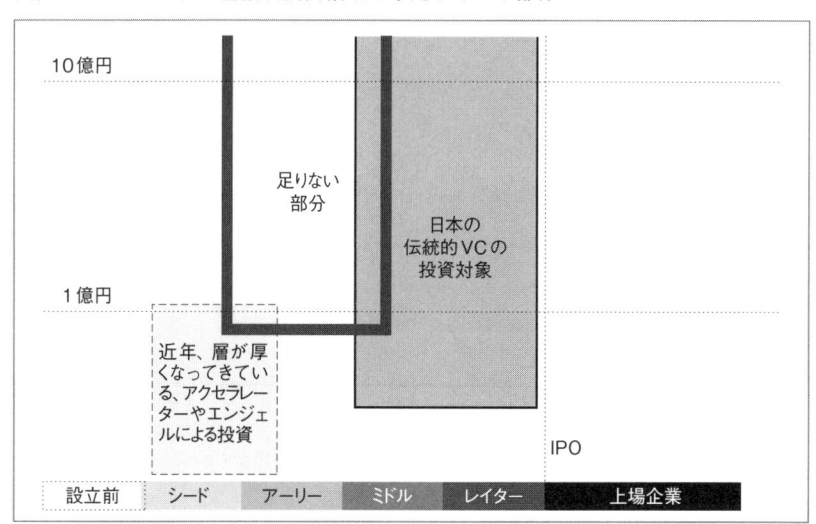

図表0-1　ステージ・金額別投資領域で不足している部分

- 10億円
- 足りない部分
- 日本の伝統的VCの投資対象
- 1億円
- 近年、層が厚くなってきている、アクセラレーターやエンジェルによる投資
- IPO
- 設立前／シード／アーリー／ミドル／レイター／上場企業

10年以上前の日本でも、利益が出ていて上場が見えてきたレイターからミドルのベンチャーに対する投資は、それなりに行われてきました（**濃いグレー**部分）。

　そして、ここ2、3年、設立した直後の「シード」「アーリー」期に数百万円から2,000万程度の少額の資金の提供が増えてきたという大きな変化がありました（**薄いグレー**部分）。

　しかし、まだ成長段階で資金需要が強いシードやアーリー・ステージのベンチャーに、億円単位（**太枠**部分）で積極的に投資するベンチャーキャピタルは、日本にはまだ10社前後しかいないのが現状です。[*4]

　ソフトウエアやネットのビジネスは、近年では大きな初期投資がいらなくなってきたので、設立時に数百万円程度の資金があれば、少なくともプロトタイプ的なものまでは作ることができるようになってきました。しかし、そのプロトタイプを具体的なビジネスに落とし、エンジニアや営業、アドミ（総務や経理）などのスタッフを雇い、その人たちが集まるオフィスを確保しようということになると、数千万円程度の資金では、思い切ったことはまったくできません。

　最近ではテレビCMに大量の資金を投下するベンチャーも増えてきました。マス広告で企業やブランド名を日本全国の人に一通り知ってもらおうとすると、10億円弱の広告費が必要と言われています。ベンチャーの戦略としてマス広告をするのが必ずいいとは限りませんが、競争が激

[*4] アーリー・ステージの企業に1億円、10億円といった高額な投資をしていくためにベンチャーキャピタルに必要なのは「度胸」だけでないことはもちろん、「目利き」の能力だけでもありません。ベンチャーキャピタルも投資家から資金を預かっていますので、善管注意義務の観点から、ダウンサイドリスク（投資の価値を減らすリスク）を抑えるための優先株式や契約書を使いこなすことが必須になります。大きな額の投資をするベンチャーキャピタルが少ない理由の1つには、そうした知識やノウハウを持った人がまだ少ないこともあると思います。

序章　今後の「ベンチャー生態系」の変化を考える

しい市場や、大企業が参入する前に一気に数千万人のユーザーを獲得する必要があるといった場合には、そうした手段を取ることも必要になります。

　初期のベンチャーに最も必要なものは「優秀な人材」ですが、「あと3ヶ月で資金は底をつくが、オレと一緒にベンチャーをやってくれ」と言っても、来てくれる人ばかりとは限りません。[*5] 調達した資金でいきなり贅沢なオフィスに移ってしまうベンチャーは成長しないことが多い気がします[*6] ので、金を使えば使うほどいいなんてことはもちろんないのですが、「今やっている施策がコケたら会社がつぶれる」のではなく、何度か方針転換[*7] ができるくらいの余裕があったほうが、安心して仕事もできるし就職してくれる人も多くなるはずです。[*8] 金ですべてが解決できるわけではありませんが、金で解決できることも多いのです。

　今後の日本でシリコンバレーのように、シードやアーリー・ステージのベンチャーに、数億円、数十億円、数百億円といった資金が普通に付くようになれば、今までなら既存の大企業や中堅企業しか手を出せな

[*5] たとえば、FacebookのCOOのシェリル・サンドバーグ氏は、将来、米国大統領にもなろうかと言われる人材ですが、彼女がFacebookに入ったのは、同社が2007年にMicrosoft社から2.4億ドルの資金を調達したあとでした。大物に来てもらうためには、会社の体制もそれなりに盤石にしておく必要があります。

[*6] 個人の感想です。

[*7] 昨今は、こうした方針転換を「pivot」とオシャレに呼びます。

[*8] このへんが、今までのベンチャーと今後のベンチャーのファイナンス戦略の違いになるかもしれません。2000年頃までは、そもそもベンチャーに来てくれる人材がいないなど、いくら資金を調達しても使い道がありませんでしたので、なるべく少額を小刻みに調達するほうが合理的だった面があります（つまり、巨額の資金を調達した会社がうまくいくという傾向は今まではなかった気がします）。たとえば、楽天は上場前に5億円弱しか資金調達をしていませんが、もし10倍の50億円調達していたら、10倍速く成長できたかというと、そうではなかったかもしれません。しかし今後は、高い企業価値があることを投資家に提示して、大量の資金を調達し、一気に勝負をかけるベンチャーが成功する例が増えるのではないかと思います。

かった領域においても、ベンチャーが活躍できるようになっていくはずです。

同時に、より初期により多額の資金がベンチャーに投入されるということは、投資のリスクが増すということでもあります。そうしたリスクをコントロールするために、本書のテーマの1つである優先株式などの活用が必要になっていきます（優先株式については、第3章で詳しく解説します）。

M&Aがベンチャー生態系の変化を加速する

M&Aはなぜ徐々にしか増えないか？

図表0-2のとおり、現在の米国におけるベンチャーのexitはM&Aがほとんどです。この図を見ると、米国といえども、建国以来ずっとM&Aでのexitの比率が高かったわけではなくて、M&Aでのexitの比率は、30年をかけて高まってきたということが読み取れます。[*9]

なぜ、米国でもジリジリとしかM&Aの比率が増えなかったかというと、「会社を買う」ことは、単に金さえあればできるわけではなく、実際に事例を体験してみて、社会にM&Aに関する知識やノウハウが蓄積されることが必要だからだと考えられます。

M&Aにおいては、買収する会社に対する**需要があること**、すなわち

[*9] 「日本人は農耕民族で、企業を"家"と考えているからM&Aが少ない」「アングロサクソンは狩猟民族だから平気で会社を売る」といったことを言う人がいますが、この図を見ると、それらは何の根拠もないことがわかると思います。

序章 今後の「ベンチャー生態系」の変化を考える

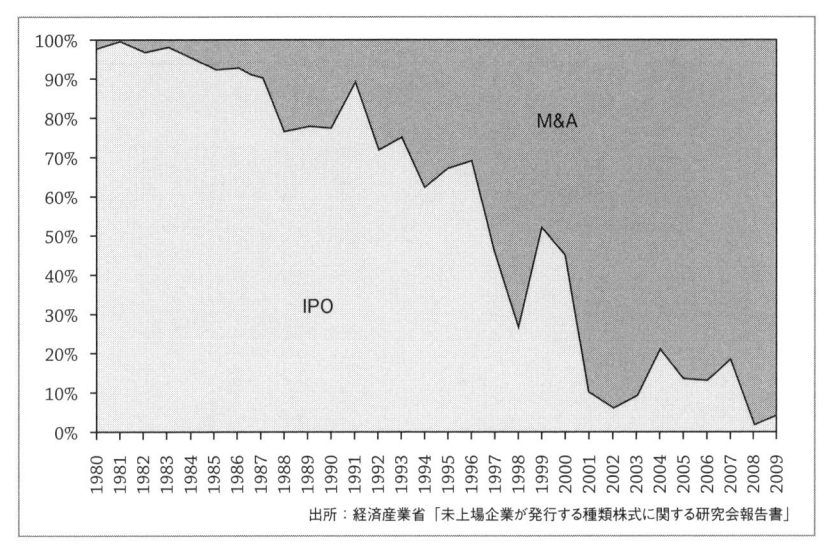

図表0-2 米国におけるベンチャー企業exit件数の推移

出所：経済産業省「未上場企業が発行する種類株式に関する研究会報告書」

「誰かが買いたくなるような会社を作り上げること」がもちろん最も大切ですが、その他に、弁護士、税理士、会計士等が会社法や税務、会計など多岐で専門的なノウハウを蓄積し、スキームや契約書のひな型をブラッシュアップしていく必要もあるわけです。70年代から80年代の米国では、LBO[*10]など、複雑な買収のスキームが発達していきましたが、こうした大企業でのケースを通じて、会社を売買するということについてのスキームや倫理的な検討も蓄積されていったはずです。[*11]

専門家だけでなく、「売り手」のベンチャーやベンチャーキャピタル側にも、そうしたノウハウや人材が育っていく必要があります。さらに

[*10] leveraged buy-out。借入金を用いてターゲットとなる会社を買収する手法。
[*11] 1時間のチャージレートが5万円の弁護士が200時間かかって調べたり、契約書案を考えたりしないといけないことには1,000万円の弁護士費用がかかるわけですが、「ひな型」とその使い方が普及して2時間の作業ですむようになれば、10万円のフィーでやってもらえる可能性が出てくるわけです。

「買い手」の大企業などの経営者や現場にも、「ベンチャーを買うと何がいいのか？」「買って、ちゃんと使いこなせるのか？」といったことがイメージできる人材が育たないと、そもそも「買うぞ！」という気にもなりませんし、意思決定もできません。

また、買われる側のベンチャーには「買収されたあとにどうなっちゃうんだろう？」という心理的な不安がありますから、いくら金額的にいい条件であっても、大企業が「買ってやるよ」という「上から目線」で接したら、交渉はまとまらない可能性が高いでしょう。つまり、「交渉の姿勢」や「買収をするということについての哲学」も重要です。[*12]

買収後のことを契約ですべて細かく縛るわけにもいかないので、ドライに見えるM&Aでも、結局は**人と人との信頼関係が重要**です。[*13] 買う側が元ベンチャーで、その創業者が尊敬できたり気が合ったりすれば、「一緒にやってみたい」という気にもなるかもしれませんが、上から下までサラリーマンの大企業で、買収のときの社長や担当者がどんどん変わっていってしまって、話が通じない後任が登場する可能性があるといった企業には、そもそも買われたいという気も起きないかもしれません。

また、一言で「M&A」といっても、そのM&Aを行う事情や条件は、そのディールによって、実にさまざまです。ベンチャーが運営する事業の稼ぐ能力を認めてM&Aしたいということももちろんありますが、そ

---

*12 たとえば、GMOインターネット株式会社の熊谷社長は、「有価証券報告書や開示資料など以外では、"子会社"や"買収"といった用語は使わない」と公言されています。買収した会社の役職員も、一緒に働く同じ「仲間」であるという態度を示しているわけです。他方、一般の（"サラリーマン"が運営する）上場企業では、買収されて子会社になると、直接接するのは「関連会社管理部」といった部門の部長がせいぜいで、親会社の社長にはなかなか会えないといった組織風土の会社も多いかと思います。そうした大企業がベンチャーを買っても、うまくいくとは思えません。

*13 そういう意味では、投資家から投資を受けたり、M&Aされてどこかの企業と統合されるといったエクイティ・ファイナンスは、恋愛や結婚と非常によく似ているところがあります。

序章　今後の「ベンチャー生態系」の変化を考える

の事業のシステムがほしいとか、顧客リストがほしいといった「部品」に関心があることもありますし、ベンチャーで働く人材の獲得が目的の「acqhire」[*14]ということもあります。さらには、ベンチャーを救済するための買収だったり、将来の競合となる可能性のあるサービスがまだ小さいうちに「金の力でツブす」ための買収ということもあります。このようにM&Aの内情は実にさまざまなので、ディール数が増えないと、個別の案件に対して参考になる事例が増えていきません。

　加えて、買収時に締結される契約で、詳細な条件等や背景の事情は外部にしゃべってはいけないことになっていることが多いということもあります。昨今はベンチャーの買収も増えて、買収された会社の社長がセミナー等で体験談を語ることも多くなってきていますが、当然、「初期の資本政策で間違って、買収されるしかなかった」とか「上場は無理だとあきらめたから買収に応じた」といったネガティブなことは、なかなか当人の口からは出てきません。公になっている話と、事情を知る人からこっそり聞いた話が食い違うことも多いです。

　このように、今後探り探りながらM&Aが増えていくことになると、(これも本書のメインテーマの1つですが)**資本政策についてはやり直しが非常に難しいので、M&Aに備えて、はるか以前から準備しておかなければいけない問題がいろいろと発生します**。M&Aが発生したときに、誰がM&Aに応じるかどうかを決めるのか、分け前をどうするのかを、投資契約や優先株式などで、あらかじめ合意しておくことが重要なのです。

　従来は、ほとんどのexitはIPOでしたが、IPOであれば、たいていの

[*14] 「acquire(買収)」と「hire(採用)」を合わせた造語で、人材を獲得するために買収を行うこと。

場合は株主全員が儲かります。株主間の利害の対立もありません。

しかしM&Aは、1円で叩き売られるものから、YouTubeのように約2,000億円で買収されるものまで、さまざまな条件があります。M&Aを体験したことがないのに、将来のM&Aで何が起きるかを考えて契約を作るのは大変なのですが、M&Aを実際に体験して「あ、やっぱり優先株式で投資しておかないとマズいんだな……」とあとから気付くと、それは次からの契約書や優先株式のひな型という形に結実し、ノウハウとして溜まっていくことになります。

M&Aの加速効果

こうした知識やノウハウが蓄積されM&Aが増えてくると、以下のような理由から、今度はベンチャーの生態系の活動スピードが加速していくことになります。

まずM&Aには「**株主が、IPOより早く資金回収できる**」というメリットがあります。

IPOするということは、企業が「実業を行う会社」だけでなく、「**会社自らを（すなわち株式を）金融商品にして、一般の投資家に販売していく存在**」にもなるということです。つまり一般の投資家を保護するために、株式という金融商品（つまり会社の経営の中身）を詳細に有価証券報告書や適時開示などで開示することが必要ですし、そのために監査法人の会計監査を受けたり、企業の内部統制もきっちり整備しなければいけません。このため、上場を思い立ってからIPOするまでには、通常は3年以上の時間がかかるわけです。

一方、M&Aの場合には、買う側の会社がベンチャーに求めるのは、（金を生む源泉という側面ももちろんありますが）「ベンチャーの抱えている顧客」だったり、「システム」だったり、「特許」だったり、「特殊

序章　今後の「ベンチャー生態系」の変化を考える

な能力を持つ人材や組織」だったりとさまざまで、オールマイティである必要はありません。より短期に、買収する側がほしがる会社を作り上げることが可能になります。動画共有サービスのYouTubeは設立から約1年8ヶ月でGoogleに16.5億ドルで買収されていますし、スマートフォン向けインスタントメッセンジャーアプリのWhatsAppは約5年でFacebookに190億ドル規模で買収されています。

　投資家にとっては、資金回収やキャピタルゲインの獲得が早くできるということは重要です。M&Aが盛んになってM&Aの実例が増えれば、M&Aでのexitも現実味を増し、アーリー・ステージのベンチャーの企業価値（valuation）の「相場観」が生まれ、さらに投資やM&Aが盛になる、という好循環が生まれると考えられます。

　ベンチャーキャピタル自身も投資家から資金を集めてきていますので、投資のリターンが早く出るようになれば、ベンチャーキャピタルに投資される資金も増え、ベンチャーもその分いい条件で投資を受けることができるようになるはずです。

　取引所や証券会社の引受担当の方々の中には、「M&Aが増えると、我々の仕事であるIPOが減るんじゃないか」と心配される方もいらっしゃいますが、生態系の厚みが増し、ベンチャーの裾野が広がることは、単に上場基準を満たしているだけのイケてない上場企業が減って、本当に株式市場で資金調達する必要がある骨太の企業を増やすことになるので、上場後の証券市場のためにもなるはずです。

ベンチャー生態系の中で今、何が起こっているか

　ここで、「起業」や「ベンチャー」が社会の中にどう位置づけられ、

どういったメカニズムで動くものなのかについて整理しておきたいと思います。

起業とイノベーションとベンチャーの関係

　一般的には、大企業のほうが資金もあれば人材もいるので、新興のベンチャーと大企業が戦ったら、大企業が勝つに決まっているように思えるかもしれません。しかし、組織の硬直化、インセンティブ構造の歪み、思い込み、カニバリゼーション[*15]の回避、リーダーシップの欠如、その他の「イノベーションのジレンマ」[*16]と言われる要因などによって、既存企業がすべての新しい事業機会を見つけられるわけではないのです。

　そこで、既存企業の代わりに、新しく設立された企業がゼロから新しいビジネスを作り上げるのが「起業」ということになります。

　しかし、起業の中でも、たとえば「夫婦でコンビニをはじめよう」とか「空いている土地にアパートを建ててアパート経営をしよう」という個人事業などは、（もちろんリスクを負ってビジネスをするという意味では立派な「起業」ではありますが）「ベンチャー」や「イノベーション」とは、あまり言いません。

　起業の中でも、「イノベーション」つまり、今までとまったく違った

---

* [*15] 　カニバリゼーションとは、ある企業の商品やサービスが、同じ企業の他の商品やサービスの売上や利益を損ねてしまうことをいいます。Cannibalizationとはもともと「共食い」のこと。
* [*16] 　成功した企業が、カニバリゼーションを恐れるなどの理由から、従来製品の価値を失わせるような「破壊的なイノベーション」が行えない現象のこと。
* [*17] 　イノベーションは「技術革新」と訳されることが多いですが、いわゆる科学技術だけがイノベーションの対象になるのではなく、ユーザーインターフェイスといったデザインや、流通や事務の仕組みといった経営全般にわたる事業の革新が対象になります。

図表0-3　既存企業と新興企業のイノベーション

イノベーションは、既存企業でも新興企業でも発生しており、新興企業でイノベーションが発生するもの（新興企業の中で濃いグレー部分）が「ベンチャー」。

やり方*17を考えて実行するのが「ベンチャー」です。

企業は実は結構入れ替わっている

「日本の企業は、短期的視野の海外の企業と違って寿命が長く、企業の入れ替わりがほとんどない」「裏返せば、日本では企業の新陳代謝が少なく、社会が停滞している」というイメージを持っている人も多いのではないかと思います。実際、日本の開業率は諸外国に比べて低いと言われており、政府はこの開業率を5％から10％に倍増させようとしています。

しかし図表0-4をご覧ください。そんな日本ですら、20年間で**半分弱の企業が入れ替わっている**のです。

図表0-4　起業年別の事業所の割合（製造業）

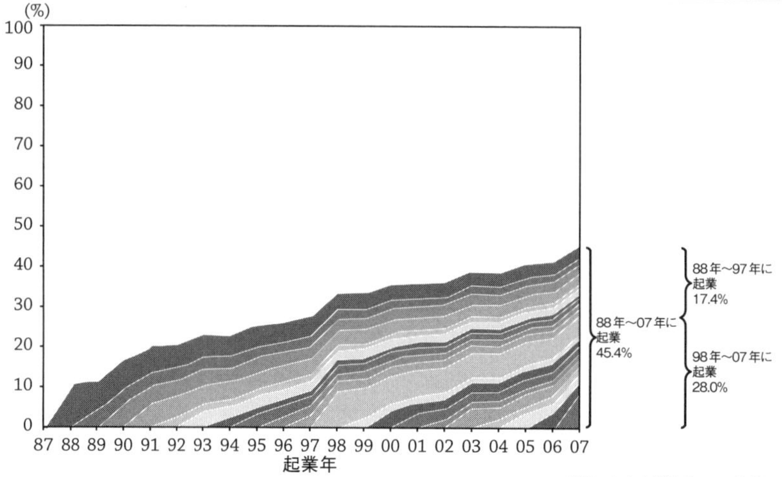
(%)
100
90
80
70
60
50
40
30
20
10
0
87 88 89 90 91 92 93 94 95 96 97 98 99 00 01 02 03 04 05 06 07
起業年
88年～07年に起業 45.4%
88年～97年に起業 17.4%
98年～07年に起業 28.0%

出所：中小企業白書2011年版

起業を支えるファイナンス

政府や学会に限らず、財界の大手企業や金融機関の中にも、「ベンチャーは、金さえ与えておけば育つんだろ？」と思っている人が多いのですが、違います。

もちろん資金の量も重要ですが、**ベンチャーがリスクの高いことにチャレンジするためには、「生態系」が厚みを増すことや、エクイティ・ファイナンス**[*18]**のノウハウが必要**なのです。

昨今の日本の年間の開業数が年平均22万件[*19]程度ですので、「政府

*18　エクイティ・ファイナンスとは、株式などを使ったファイナンス（資金調達）のことです。銀行からの借入れがデットのファイナンスと呼ばれ、資金調達すると負債（debt）が増加するのに対し、エクイティ・ファイナンスはエクイティ（自己資本、純資産、株主資本）が増えることになるファイナンスです。

が開業率を倍増させようとしている」といった場合の開業や起業は、**年間数十万社規模**の話です。そのうちの多くを占める（ITやバイオといった先端的な産業ではない）ラーメン店、アパレル、漫画家なども含む、中小企業や個人事業での起業のすべてにエクイティ・ファイナンスが必要というわけではありません。

しかし、起業の中でもリスクが高く急成長する「ベンチャー」には、エクイティ・ファイナンスは必須になります。現在の日本におけるベンチャーキャピタルの投資件数は年間1,000件前後[20]ですので、**数十万社規模の起業全体の中でも1%未満の話**であり、しかも、上場や大型のM&Aなどの成功例として報道されるベンチャーはその中でもさらに少ない、年間100社程度の話になります。

こうしたリスクの高い企業には、上限金利もあって利鞘（ざや）が小さい銀行などからの融資は対応できません。このためベンチャーは「株式」によって投資家から資金を調達します。株式は、返済や金利が不要なところがベンチャーにやさしいところですが、代わりにキャピタルゲインを目指す（すなわち企業価値を上げる）必要が出てきます。

起業全体の中での数は少ないですが、ベンチャーは急速に成長し、1社で大きな売上や、たくさんの雇用を生むことになります。また、起業の成功例として一番目立つので、起業する人たちは、そうした成功例にも刺激されて起業します。

こうした成功が日常的になっていけば、優秀な人材がますますベンチャーに流れ込むようになり、ベンチャーの活躍の領域も広がっていく

---

[19] 出所：中小企業白書（2012年版）付属統計資料 4表：「開業率・廃業率の推移（非一次産業）」①企業（個人企業＋会社企業）04〜06年
[20] 出所：一般財団法人ベンチャーエンタープライズセンター（VEC）「2013年度ベンチャーキャピタル等投資動向調査結果（速報）」図表1：年間投融資額の推移

ことは間違いありません。

日本のベンチャー投資は米国の歴史をなぞる

「日本と米国では、文化や人間の遺伝子がまったく異なるので、日本が米国のようなベンチャー環境になるのは無理」と思っている人がいますが、私は、日米のベンチャー環境の違いは、基本的には、単に歴史が四半世紀ほどズレているだけだと考えています。

前掲のexitの比率の推移図に、米国のベンチャー・ファイナンスの歴史をプロットしてみましょう（図表0-5）。

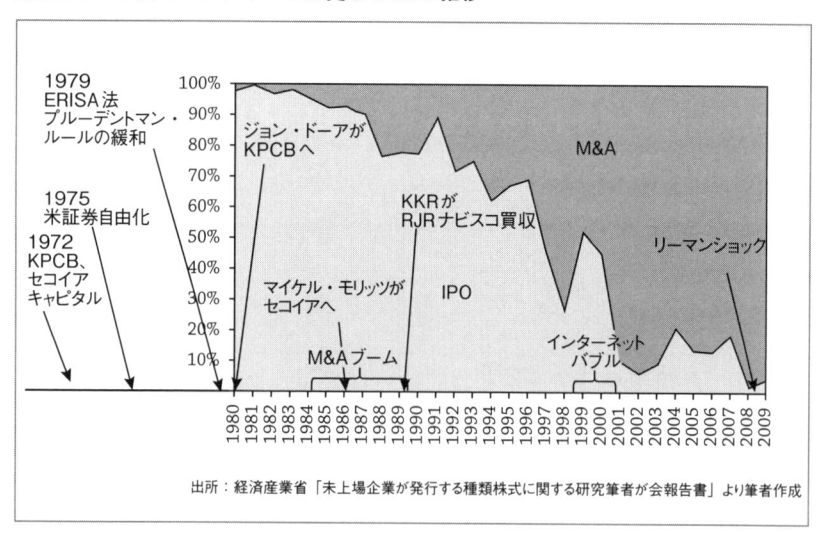

図表0-5　米国のベンチャーの歴史とM&Aの推移

```
1979
ERISA法
プルーデントマン・
ルールの緩和

1975
米証券自由化

1972
KPCB、
セコイア
キャピタル

ジョン・ドーアが
KPCBへ

マイケル・モリッツが
セコイアへ

M&Aブーム

KKRが
RJRナビスコ買収

M&A
IPO

インターネット
バブル

リーマンショック
```

出所：経済産業省「未上場企業が発行する種類株式に関する研究筆者が会報告書」より筆者作成

米国では証券取引の自由化が1975年に始まり、それにあわせて証券

取引所の機能なども大きく変わりました。これに対して日本では、1999年の金融ビッグバンで証券の自由化が行われ、それからまだたった15年ほどの歴史しかありません。

米国では、1979年のERISA法におけるプルーデントマン・ルール[*21]が緩和され、ベンチャーキャピタルにも年金などの資金が流れ込むようになって、ベンチャーキャピタルが発展しはじめたと言われます。その後、米国では1980年代にLBOなどを活用したM&Aブームが起こりますが、日本でも2000年代中盤に、ライブドアによるニッポン放送買収をはじめとするM&Aブームが起こりました。

また米国でも、1970年代までは「金融畑」のベンチャーキャピタルが中心でしたが、1980年代以降は、インテル出身のジョン・ドーア（KPCB）や、Apple社に関する書籍を手がけた編集者のマイケル・モリッツ（セコイアキャピタル）がベンチャーキャピタリストになりました。つまり、この頃の米国で、ベンチャーキャピタルに必要とされるスキルが「金融の知識」から「ベンチャーのビジネスを理解する力」にシフトし、独立系のベンチャーキャピタルがベンチャー投資の中心になってきたのです。日本のベンチャー投資環境も、米国で起こった変化から30年以上遅れて、今それが起こりつつあると思います。

ベンチャー・ファイナンスではタイムマシン経営が成り立つ

昔、ソフトバンク社長の孫正義氏が、「米国で流行しているネットビジネスを日本に持ってくれば成功する」という**タイムマシン経営**を唱えていました。しかしご存知のとおり今やすでに、ITなどの技術や

[*21] ERISA法（Employee Retirement Income Security Act＝従業員退職所得保障法）は、企業年金を運用する機関投資家の責任等を定めた1974年に制定された米国の法律。Prudent man ruleとはその運用者が遵守すべき行動基準のこと。

ビジネスはそんな甘いことにはなっておらず、世界同時進行で新しい変化が発生しています。

しかし私は、ベンチャー・ファイナンスの世界では今後も当面は（良くも悪くも）タイムマシン経営が成り立つと考えています。なぜでしょうか？

1つには、**増資やM&Aは通信の「プロトコル」に似ていて**、相手も同じ「言葉」を話していないと増資もM&Aもうまくいかないというところがあるからです。つまり、「ネットワーク外部性」[*22]が働くわけです。

優先株式での増資やM&Aを実際にやったことがないと、それらに関する経験や知識は増えないし、経験や知識がないと優先株式での増資やM&Aも起こらないという「卵とニワトリ」の関係になっているので、それらの取引件数は一朝一夕には増加しません。

また、「ベンチャーを買うのは誰か？」ということも重要です。経団連の大御所企業がベンチャー買収に熱心でないことを批判する人もいますが、買うニーズがなかったり、買った経験がない企業がベンチャーをM&Aしてもうまくいくはずがありません。**ベンチャーを買うのは基本的には（元）ベンチャー**です。実際、米国でも日本でもベンチャーを買っているのは、Googleやヤフー、楽天、DeNA、グリーといった元ベンチャーが中心です。つまり、M&Aを増やすには、「卵とニワトリ」で、ベンチャーを増やすことが必要なのです。M&Aによって元ベンチャーのスピードが増すことで、それ以外の企業もM&Aをせざるを得なく

[*22] 利用者が増えれば増えるほど、利用者にメリットが発生すること。たとえば、電話やインターネット、SNSなどは、他の利用者がゼロだと役に立ちませんが、ほとんど全員が使っていれば、使うメリットが大きく増大します。

なってきます。

　つまり、日米のベンチャー生態系の格差は、良くも悪くも今後10年程度は解消する見込みはなく、日本のベンチャー生態系が、来年すぐに「米国並み」になるということはまずないのです。これを「日本が米国に比べて劣っている」と考えると非常に残念な気持ちになりますが、ポジティブに捉えれば、今後何が起こるか読めるわけですから、**ベンチャー投資ビジネスとしては非常に大きなチャンスがある**と考えられます。

ベンチャーにもチャンスがある

　ベンチャー・ファイナンスが「タイムマシン」状態だということは、今後の変化の方向性を見極めて、必要なファイナンスの知識を身につければ、ベンチャーにも大きなチャンスがあるということです。

　日本はベンチャーにチャレンジする人が少ないので、まだ少ない資金で大きな企業価値を生み出せる領域がたくさん残されています。米国でのベンチャーの上場前の資金調達額は、Facebookが3,000億円規模、Googleは2,000億円規模などとなっており、大企業並みの資金が飛び交う戦いになっているのに対し、日本のベンチャーが上場前に集めた資金は、多くの場合、数億円程度までです。

　前述のとおり、現在の時価総額が約2兆円の楽天が、2000年の上場前に集めた資金はたった5億円程度に過ぎません。リブセンスに至っては、上場直前の資本金はたった1,500万円で、ベンチャーキャピタルの出資もゼロでした。[23] 米国では、有望な領域と見れば、すぐに複数の

---

[23] もちろん日本でも、ライフネット生命保険のように開業時に132億円もの資金を集めた例もあります。

ベンチャーが起業し、10億円、100億円規模の資金が投下されることになるので、こんなことはまず考えられません。

日本はベンチャーにチャレンジする人が米国より圧倒的に少なく、その分、競争が少ないので、優秀な人がチャレンジすれば、その分、少ない額で成功する確率が高いのです。起業の気運は確実に高まってきていますが、それでも来年いきなり、シリコンバレー並みの数と質の起業希望者で日本があふれかえるということは考えにくいからです。

日本もいつまでも数億円程度の戦いですむわけではなく、今後急速に、数十億円、数百億円と、投資金額は増えていくでしょうが、それでも前掲のようなネットワーク外部性や卵とニワトリで変化はゆっくりしか起こりませんので、この本に書いてあることは、良くも悪くも、今後10年程度をかけて「シナリオ通り」[*24]に進むのではないかと考えています。

エンジェルは「これから」登場する

日本のベンチャー生態系の変化の中でもう1つ時間がかかるのが、エンジェルの層の薄さの解消です。

現在の日本のベンチャーキャピタルの投資額が年間約1,000億円[*25]前後であるのに対して、米国は年間約300億ドル（約3兆円）[*26]で、30倍程度の差が付いていますが、エンジェルの格差はもっと大きく、米国で年間200億ドル（2兆円）程度ある[*27]のに対して、日本のエンジェル投資はまだ年間百億円にも及ばないのではないでしょうか。[*28]

TechCrunchに昨年10月13日に掲載された記事には、エンジェルの85%は自身が自分の事業の売却で資金を得た起業家だと書かれています。[*29]

つまり、現在の米国のエンジェルは、単なる**お金持ち**ではなく、**経営**

> 序章　今後の「ベンチャー生態系」の変化を考える

の経験があり、ベンチャーの面倒をみる**時間**を持っている人だということになります。ベンチャーにとっては、単にエンジェルから資金を調達するだけでなく、経営の先輩として、いろいろなアドバイスをもらえたり、人材を紹介してもらえるメリットがあります。日本には経営のノウハウを持っているお金持ちはたくさんいますが、そういう人はたいてい企業のトップを続けていて、「ヒマ」でない人がほとんどです。

　もちろん、米国でも、こうした「経営のノウハウを持った時間のあるお金持ち」が一夜にして現れたわけではなく、1980年前後からベンチャーキャピタル投資が盛んになり、exitが発生することで、徐々に層が厚みを増してきたわけです。

　またエンジェル投資は、資金供給機能と経営に対するアドバイス機能に加えて、多様なベンチャーを生み出す苗床としても重要な役割を果たしていると考えられます。たとえば米国では、**ベンチャーキャピタル投資の約5割がシリコンバレーに集中**しているのに対し、**エンジェル投資の場合、カリフォルニア州への投資は25％程度に過ぎません**。エンジェル投資のほうが、地域的にも業種的にも広く浅い分布をしているのです。

---

* 24　本書は、ベンチャー生態系を「人工的に進化」させられないかと考えて書いております。
* 25　出所：前掲一般財団法人ベンチャーエンタープライズセンター資料
* 26　PricewaterhouseCoopers / National Venture Capital Association「MoneyTree™ Report」Q4 2013/ Full-year 2013、2ページ「Total equity investments into venture-backed companies」2013年分計。
* 27　University of New Hampshire, Peter T. Paul College of Business and Economics, Center for Venture Research「THE ANGEL INVESTOR MARKET IN Q1Q2 2013: A SUSTAINABLE GROWTH CONTINUES」
* 28　日本のエンジェル投資自体の統計は見つけられていませんが、政府の産業競争力会議（第4回、平成25年3月15日開催）に麻生太郎金融担当大臣から提出された資料に、「エンジェル税制を利用した個人投資家の投資額は、約9.9億円（2011年度）」という記載があります。エンジェル税制には適用要件があり、すべてのエンジェル投資を網羅しているわけではないですが、仮にこの10倍としても100億円に満たない（米国の200分の1未満の規模）ということになります。

図表0-6　家計の資産構成

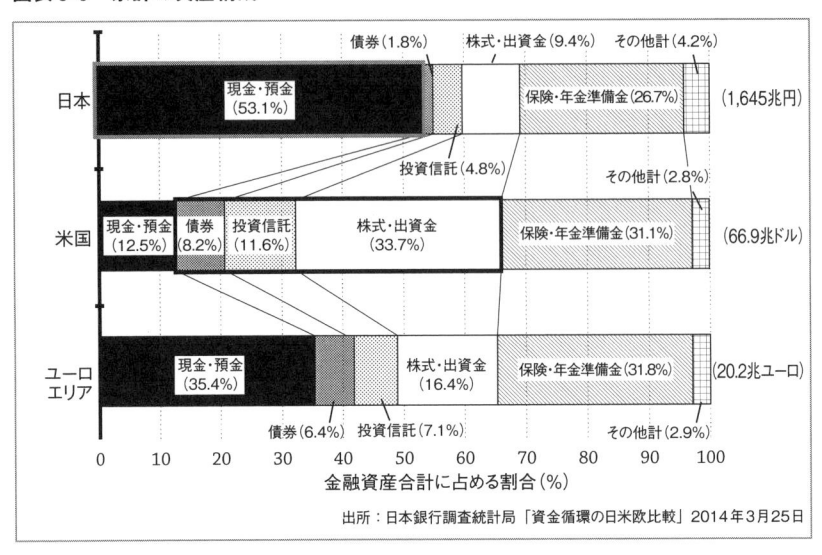

	現金・預金	債券	投資信託	株式・出資金	保険・年金準備金	その他計	合計
日本	53.1%	1.8%	4.8%	9.4%	26.7%	4.2%	(1,645兆円)
米国	12.5%	8.2%	11.6%	33.7%	31.1%	2.8%	(66.9兆ドル)
ユーロエリア	35.4%	6.4%	7.1%	16.4%	31.8%	2.9%	(20.2兆ユーロ)

出所：日本銀行調査統計局「資金循環の日米欧比較」2014年3月25日

　ベンチャーキャピタルは、LP投資家[*30]に対して、その投資の意思決定について説明する責任を負っていますが、個人のエンジェルが投資をする資金は「自分のお金」ですので、誰に対する説明も不要です。エンジェルの資金が増えることによって、多様な領域や分野、地域のベンチャーに資金を提供することができると考えられます。

　日本は、発展途上国のように資金自体がないわけではありません。
　しかし、個人がリスク資産（上図太枠）を非常に高い比率で持っている米国と違って、日本は個人金融資産が1,600兆円もあるのに、個人がリスク資産を持っている比率は極めて小さく、過半を無リスクの現預金

[*29] TechCrunch記事：「Angel Investors Do Make Money, Data Shows 2.5x Returns Overall」（Willamette大学Robert Wiltbank教授）（「85 percent of them are "cashed out" entrepreneurs」）

[*30] LP投資家＝ファンドのLimited Partner（出資はするがファンドの運営には直接関与せず、責任が出資の額までに限られる有限責任の出資者である投資家）

序章　今後の「ベンチャー生態系」の変化を考える

として保有しています（図表0-6）。しかもその現預金の大半は、自分で起業をしたことがなく、高齢でネットをはじめとするベンチャーの最先端のことにはついていけない人によって保有されているはずです。

未公開株投資は、開示などの制度が整備された上場企業の株式への投資よりも、はるかに難しいものです。今の日本で個人がベンチャー投資をすることを無理に奨励しても、リテラシーの低い個人は、必ず問題を起こす（「適合性の原則」[*31]からはずれる投資が多数行われることになる）と考えられます。

つまり、**日本はまだ、エンジェルの投資を奨励するというよりは、エンジェル（＝exitしたベンチャー経営者）自体を増やすべきフェーズ**なのではないでしょうか。

本書の構成

このように、今後のベンチャー投資がうまく成長していけば、M&Aが増加し、ファイナンスも優先株式等を使った複雑なものになっていくことが想定されます。その変化を、ベンチャーやエンジェル、ベンチャーキャピタルなどが、どう乗り切るかというのが、本書のテーマです。

以下、章ごとに、どのような内容が書いてあるかを、ご説明します。

順当に成長するベンチャーのファイナンス

まず**第1章から第4章までは**、シード期からアーリー期の順当なファ

[*31] 投資する人の知識や経験、財産、目的などに照らして、不適当でない金融商品で運用が行われるべきであるという原則のこと。

イナンスをイメージしています。

　各章の構成を図にすると、図表0-7のようになります。縦軸に、投資を受けるときの企業価値、横軸にベンチャーのおかれているフェーズを取っています。

第1章「創業初期から考える資本政策上の注意点」では、共同創業者などが辞めた場合に株式を返してもらう創業者間の契約をはじめ、起業する前後のベンチャーが考えておく必要がある株式の持ち方についての留意点を示します。

第2章「シード・ラウンドの投資契約」では、シード期からアーリー期のベンチャーに適した比較的簡易な投資契約のひな型について解説し、取締役の選任権、表明保証など、投資契約の基本的なポイントを押さえます。

第3章「優先株式を使った投資実務」では、優先株式を使った本格的な投資実務について解説します。残余財産分配権をはじめとする、優先株式の具体的な条件や、優先株式の定款での定め方（要項）、投資契約等の具体例を示します。対象は、ベンチャーキャピタル等から1億円以上の資金調達を考えているベンチャーです。

第4章「優先株式の投資に備える『みなし優先株式』」では、シード期などのエンジェル投資のために考案した「みなし優先株式」（「日本版convertible equity」）について解説します。

　この「みなし優先株式」は、まだ日本の投資実務として定着しているものではありません。米国でエンジェル・ラウンドの投資に用いられている「convertible note」や「convertible equity」（"safe"[*32]）などと同様の目的で、今後、優先株式による投資が普及していくであろうこと

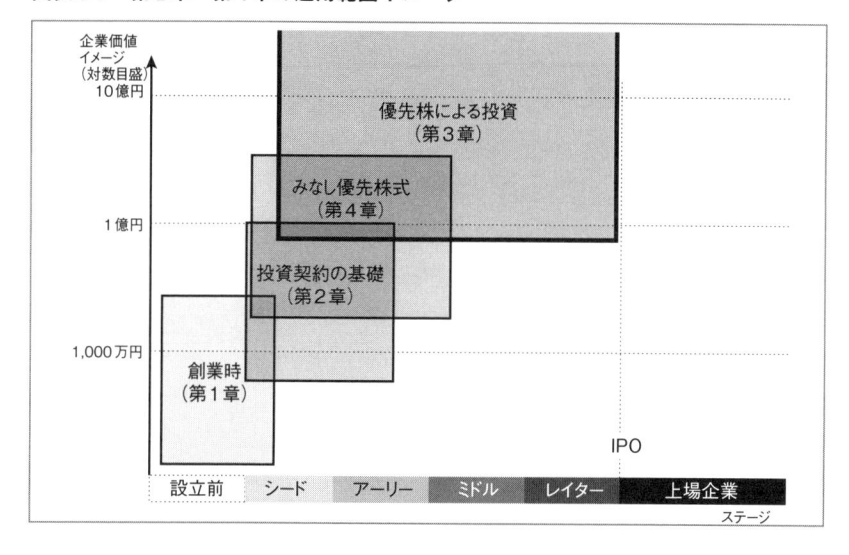

序章　今後の「ベンチャー生態系」の変化を考える

図表0-7　第1章～第4章の適用範囲イメージ

```
企業価値
イメージ
（対数目盛）
10億円 ┤    ┌─────────────────────┐
       │    │    優先株による投資     │
       │    │       （第3章）         │
       │  ┌─┴──────────┐            │
       │  │ みなし優先株式 │            │
1億円  ┤  │   （第4章）    │            │
       │┌─┴────────┐   │            │
       ││投資契約の基礎│   │            │
       ││  （第2章）  │   │            │
       ││            │   │            │
1,000万円┤│            │   │            │
     ┌──┤│  創業時    │   │            │
     │  │   （第1章）  │   │            │
     │  │            │            │
     └──┴────────────┴────────────┘
                                    IPO
     │設立前│シード│アーリー│ミドル│レイター│上場企業│
                                         ステージ
```

を見越して、日本のシード期の投資用に考案したもので、現在、使っていただく人が徐々に増えています。

　タイミングとして優先株式によるファイナンスの前段階で使用することを想定しているものですので、順番が前後しますが、まず第3章で「ほんもの」の優先株式の実務を解説したあとに読んでいただく構成にしました。

株主構成の是正が必要な場合のファイナンス

　これに対して、**第5章から第7章では、すでにある程度成長しているが経済的持分や議決権割合を是正する必要があるベンチャーのための手**

＊32　米国のシード・アクセラレーターであるY Combinatorが、2013年末に発表した投資スキーム。

法を取りあげています。

　従来の日本でも、上場会社やミドルステージ以降ですでに利益が出ている非上場企業などでは、アドバイザーや弁護士、税理士などの費用をそれなりに使えるため、非公開化やMBO、相続などを目的とするドラスティックな資本構成の変更は一定量、行われてきました。しかし、シード期・アーリー期のベンチャーは、法務や税務にさほどコストをかけられない（金がない）ことや、リスクが高く**エクイティのみでファイナンスする必要がある**ことなどから、今まで、資本構成を大幅に変更する手法として確立されたものがあまりなかったと思います。

　このため、本業の実力はありながら、資本構成の理由でファイナンスが付かなかったり、不本意なM&Aで自社を売却するといったケースも、一般には知られていないところで、多々存在したのではないかと思います。

　そこで、経営者や役職員その他の関係者がインセンティブやリーダーシップを持って企業を成長させていける資本構成に組み替えるために、今まで使われてこなかった種類株式等を用いて、シンプルでわかりやすく、リーガルフィーや検討の時間も短くてすむスキームを考案しましたので、これを解説します。

　一般に資本政策は後戻りできないですし、どんなケースでも使えるわけではないですが、一度資本政策が歪んでしまった企業にも、経営の節目で復活するチャンスをつかんでもらえるようにするのが、これらの章の目的です。

第5章「経営者の持分を是正する『乙種普通株式』」では、「乙種普通株式」という、普通株式に劣後する安価な株式を用いて、経営者の持分を増やすことを考えます。

　エンジェルに、少額の投資で大量の持分を取られてしまい、経営者の

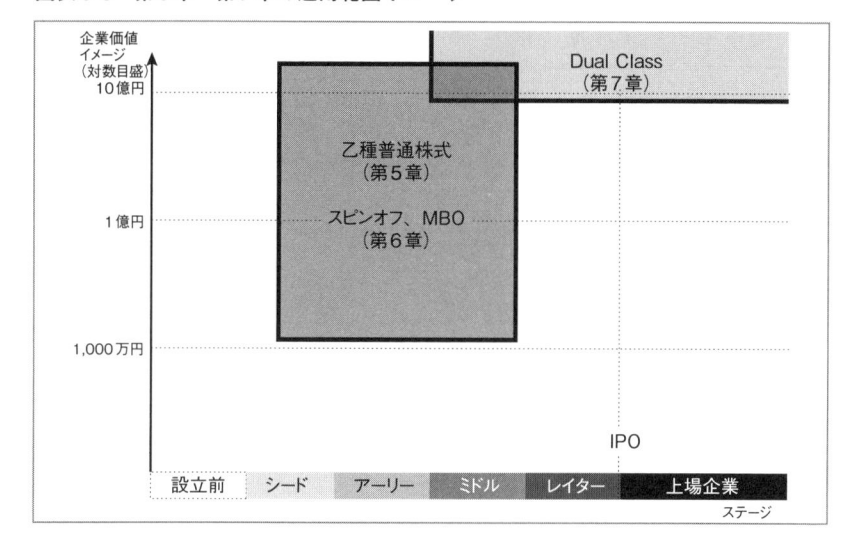

図表0-8　第5章〜第7章の適用範囲イメージ

（図：縦軸は企業価値イメージ（対数目盛）で1,000万円・1億円・10億円、横軸はステージ（設立前／シード／アーリー／ミドル／レイター／上場企業）。「乙種普通株式（第5章）」「スピンオフ、MBO（第6章）」の範囲と、「Dual Class（第7章）」の範囲、IPOの位置が示されている）

持分が、あるべき比率より下がってしまっている場合に、経営者の持分を是正します。

　これは、**ベンチャーが、既存の法人格のまま資本構成を変更する方法**です。

　これに対して**第6章「スピンオフ、MBOを成功させる」**では、**新たな会社を設立**し、その会社が既存のベンチャーや事業をM&Aすることで、資本構成を大幅に変更する手法を取り上げます。

　企業の中や子会社でイノベーティブな事業を行っている場合には、「創業者」に相当する実際に経営にあたる人がステーク（持分）をほとんど持っていないことがあります。また、独立したベンチャーであっても、資本政策の失敗などにより、外部の株主の比率が大きくなりすぎてしまうことがあります。こうした場合に、新会社へのベンチャー投資と組み合わせて、経営者が適正な持分を保有できるようにする方法を考え

ました。

　また**第7章「議決権の異なる株式を用いる『dual class』」**では、Google以降の米国の大手ネット系企業等が用いている、議決権が異なる2つの株式を用いる資本政策「dual class」方式について考えます。

　第5章（乙種普通株式）、第6章（MBO）等の方法は、議決権だけでなく経済的持分も是正する方法であるのに対し、このdual class方式は、経済的持分は変えずに、上場後の経営陣の議決権を絶対的に安定に保とうとするものなので、企業価値が一定以上に大きくなってしまったあとでも既存株主の同意が得やすい方法だと考えられます。

ベンチャーキャピタルのストラクチャー

　第8章「これからの日本のベンチャー投資ストラクチャー」は、ベンチャーではなく、ベンチャーキャピタルの投資ストラクチャーに対する提案を行います。

　ベンチャー生態系を発展させていくためには、起業する経営者や従業員だけでなく、そのベンチャーの成長を手伝ってくれる人たちが生態系の中に増えることが不可欠です。ベンチャーに必要なものは資金だけではありませんが、リスクをとって大きな資金を供給し、経営に「ハンズオン」する（積極的に関与する）ベンチャーキャピタルは、そうしたベンチャーの支援者の中でも、重要な役割を持っています。

　ここでご紹介するファンドのGP（ファンドの運営者）をLLP（有限責任事業組合）にするスキームは、そうしたベンチャーキャピタリストに対して、過度なリスク負担なく、より適切なインセンティブを与えられることになるはずです。

序章　今後の「ベンチャー生態系」の変化を考える

ベンチャーの未来ビジョン

　終章「ベンチャーの未来ビジョン」では、改めて、起業やベンチャーが社会的に見てどういう意味を持つのかを整理し、そのうえでベンチャーを活性化させていくためには何をすればいいかを考えています。
　レオス・キャピタルワークスCIO（最高運用責任者）の藤野英人氏が東京証券取引所で、学校の先生向けに上場企業やベンチャーがどういう仕事をしているかというセミナーを行ったところ、「自分の中で、会社に対するダーティさが拭えず、授業にバイアスがかかってしまいそうだったが、藤野さんの視点で話をすることで金融の良いところを伝えられると思った」「今まで自分の頭の中にあったことが非常識であり、もしかしたら労働や金融について辛いもの・悪いものと教えてきたかもしれない」「経済に対して自分があまりにも無知なことに驚いた。未来を支える子どもと向かい合っているのにこれでは……」といった反応が続出したそうです。
　実際のベンチャーや企業での勤務を体験したことがない人は、どういうことをやっているか見たこともないのだから、仕方がないと言えば仕方がありません（人は、自分が知らないことに対しては、悪いものだというバイアスを持って見てしまいがちです）。しかし、これからの若者を育てる教師の方々が、起業やベンチャーという社会にとって極めて重要な機能を間違った認識で捉えてしまうと、社会にとっても大きなマイナスだと思います。
　ですから、**この終章は（この終章だけでも）、起業家や投資家だけでなく、これからの若者を育てる学校の先生、国や地方自治体の方向性を決める議員、公務員のみなさんなどにも、ぜひ読んでいただきたい**と思います。

ひな型を用意

そして、本書には、「別添」として以下のひな型を用意してあります。

1. 株式譲渡に関する覚書（創業株主間契約書）
2. 投資契約書（シード・ラウンド用）
3. A種優先株式の内容（定款）
4. 株式の転換等に関する合意書（みなし優先株式）
5. 乙種優先株式の内容（定款）

これらのひな型は、必ずしもすべてのケースにそのままぴったりあてはまるわけではないかもしれませんし、法律上、税務上等の見解が社会であまねく一致しているものでもありません。しかし、なぜこうしたものが必要になるかという本文の解説と合わせて見ていただくことで、そうしたことが可能かもしれないということをイメージしたり、弁護士などの専門家とディスカッションしたりするときの「叩き台」に使っていただけば、自分でゼロから考えるより、はるかに時間を節約していただくことができるのではないかと思います。

第1章
創業初期から考える資本政策上の注意点

VENTURE EQUITY FINANCE
STOCKS AND CONTRACTS
FOR ECONOMIC REVOLUTION

この章では、成長を志向するベンチャーにとって資本政策が非常に重要であることや、資本政策があとからやり直すことが非常に難しいことを考えます。
なかでも、創業当初に特に手当をしておかなければならないことの1つとして、共同創業者などが辞めた場合に株式を返してもらう「創業株主間契約」の実例を示します。

なぜ資本政策が重要なのか?

「資本政策」というのは、資金調達や株式公開などを考慮して、必要な金額が調達できるか、公開時の持株比率は妥当な水準か、などを考慮する戦略や計画のことです。[*1]

平たく言うと、
「どのような株主に、いくらの株価で、何株分の株式を割り当てて資金調達するか」
「どの従業員にどのくらいストックオプションを割り当てるか」
といったことになります。

ベンチャーにとって資本政策が非常に重要だということは、前著『起業のファイナンス』のメインテーマで、今までも繰り返し口を酸っぱくして言ってきたことですが、創業期の資本政策を甘く見て後悔している人は、いつまでもいなくなりませんので、重ねてここでも言っておきます。**資本政策は重要です！**

そして特に、会社を立ち上げたばかりの創業期の資本政策が重要なのは、**資本政策はあとからやり直すことが非常に難しいからであり、それにもかかわらず創業期が一番、資本政策に関する知識が乏しい**ことが多いからです。

また、株価は企業価値に比例します[*2]ので、企業が成長すればするほど株価は上がっていきます。逆に言えば、創業期というのは最も企業価値が小さく株価が安いときであり、少しの資金を調達するのに大量の

[*1] 「資本政策表」は、その計画を表にしたもののことです。Excelがあれば誰でも作れますので、実際に数字を入れて上場またはそれ以降までの計画を作ってみることが大切です。

[*2] 正確には「発行済株式数や潜在株式数が同じ条件なら株主資本価値に比例します」です。

株式を発行しなければなりません。大量の株式を発行するということは、株価や割当先などの、ちょっとの違いが大きく後々に影響してくるということでもあります。

創業期に考えるべき資本政策は、「ベンチャーの未来に起こるすべてのこと」に関連しますが、本章で資本政策を網羅的にお話するのは難しいので、基礎的なことは、ぜひ前著『起業のファイナンス』をお読みいただければと思います。

なぜエクイティ・ファイナンスするのか?

日本は戦後から高度成長期、そしてバブル崩壊後も、ずっと資金調達と言えば銀行融資が中心でした。このため**株式を使った資金調達(エクイティ・ファイナンス)**についての常識が社会にまだ浸透していません。
株式での資金調達は単なる「資金集め」ではありません。以下、押さえておくべき重要な点をいくつかピックアップしてみます。

「時間」と「信用」を買う

「金で買えないものはない」とは申しませんが、日本のような発達した資本主義社会では、「金で解決できることが多い」のは事実です。[*3] 株

[*3] 日本で最も「金で買いにくい」ものの1つが「優秀な人材」です。しかし、優秀な人材の流動性も高まってきていますし、雇用しなくても、コンサルタントなどのプロフェッショナルやクラウドソーシングなどのサービスを使うことで解決できる部分も増えてきています。
　一方で、資本金・資本準備金が何億円もあるのに、オフィスを賃貸するときの審査で「設立からの年数が短いので……」と断られてちょっぴり悔しい思いをすることもありますので、(当然ですが)資金調達さえできれば必ず信用が付いてくるというわけではありません。

式での資金調達は、経営にとって最も大切な「信用」を短期間で構築するために非常に重要です。

　未来というのは、いろいろな要因が複雑に絡み合っているので、どんなに精緻に計画をしても、正確に予測することは極めて困難です。投資家からの資金を調達するベンチャーのエクイティ・ファイナンスは、そうした複雑であまり役に立たない未来予想に頭を絞る代わりに、**先の読めない未来のリスクの一部（というか財務的リスクの大半）を投資家に受け持ってもらおうということ**でもあります。

　エクイティ・ファイナンスによって得た資金は、複雑な事務フロー構築の手間も省いてくれます。たとえば一般の企業では、顧客への請求額を集計したり、請求書を発行して送付したり、債権を回収したり、回収されていない債権があったら督促したり、払ってくれない顧客に対しては裁判をしたり、といった非常に複雑な事務フローの固まりでできていて、ベンチャーがこれを一朝一夕に構築することは容易ではありません。しかし、半年とか1年収入がなくても食っていけるほどの大量の資金を調達していれば、そうした事務手続きを構築する代わりに、顧客への請求は当面行わない「フリーミアム」のモデルで事業を開始するとか、たとえばちょっと料率は高くて損には見えても、AppleのApp Storeなどでの課金に一本化することによって、とにかく顧客を増やすことだけに注力するといったことも可能になります（仮に、短期間に顧客の数が100倍に成長するのであれば、顧客の数がまだ100分の1しかないときにややこしい手続きを踏んで代金を請求しても、その金額的な寄与は、非常に小さいということになります）。

自己資本は「信用の源泉」である

　財務的には、株式で調達した資金は**自己資本**の一部になります。会社

が破綻するときは、まず銀行などの債権者にすべて債務を返済して、それでも資産が余れば、はじめて株主が分配を受けることになります。つまり、株主の持分である自己資本の量が多ければ多いほど、債権者は安心して会社と取引ができることになります。

　金融機関や取引先との取引も重要ですが、ベンチャーにとって特に重要なのが、優秀な人材を採用したり、他のベンチャーを買収することです。

　会社にキャッシュが少なくて、「この会社、本当に給料を払ってくれる会社なのかな？」と疑念を抱かれると、いい人材にも来てもらえない可能性が高まります。「金はないがストックオプションを付与するから」と言っても、会社自体が将来存続していなければ、ストックオプションの契約書も単なる紙くずにしかなりません。

　また、M&A戦略を駆使して他のベンチャーを買収する際にも、自己資本が小さいと、買収する会社に「この会社に買収されて、先はあるのだろうか？」と思われてしまいかねません。

　つまり、図表1-1から図表1-3までのように、自己資本は、銀行、取引先、従業員、被買収会社などを含む債権者から見て、リスクを吸収する「クッション」や「バッファ」の役目を果たし、ベンチャーに「信用」を与えてくれる存在なのです。

図表1-1　自己資本が小さいケース

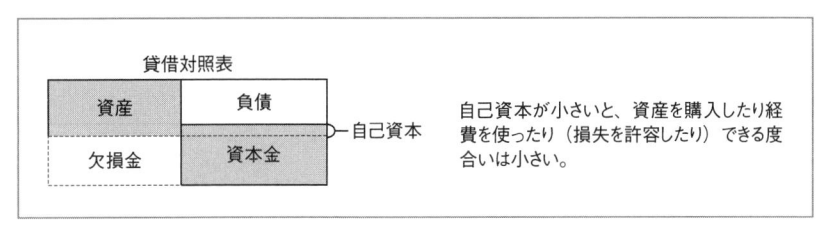

貸借対照表

資産	負債
	自己資本
欠損金	資本金

自己資本が小さいと、資産を購入したり経費を使ったり（損失を許容したり）できる度合いは小さい。

図表1-2　自己資本が大きい（利益剰余金が多い）ケース

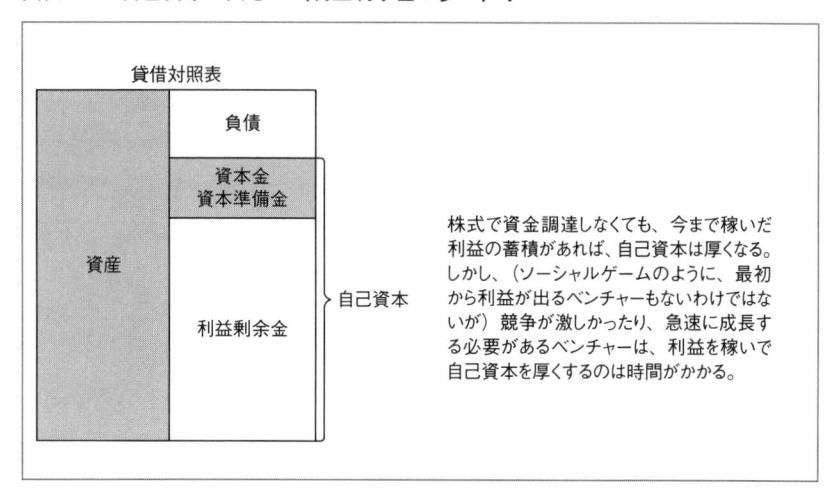

貸借対照表

資産	負債
	資本金 資本準備金
	利益剰余金

（右側：自己資本）

株式で資金調達しなくても、今まで稼いだ利益の蓄積があれば、自己資本は厚くなる。しかし、（ソーシャルゲームのように、最初から利益が出るベンチャーもないわけではないが）競争が激しかったり、急速に成長する必要があるベンチャーは、利益を稼いで自己資本を厚くするのは時間がかかる。

図表1-3　自己資本が大きい（株式での資金調達）ケース

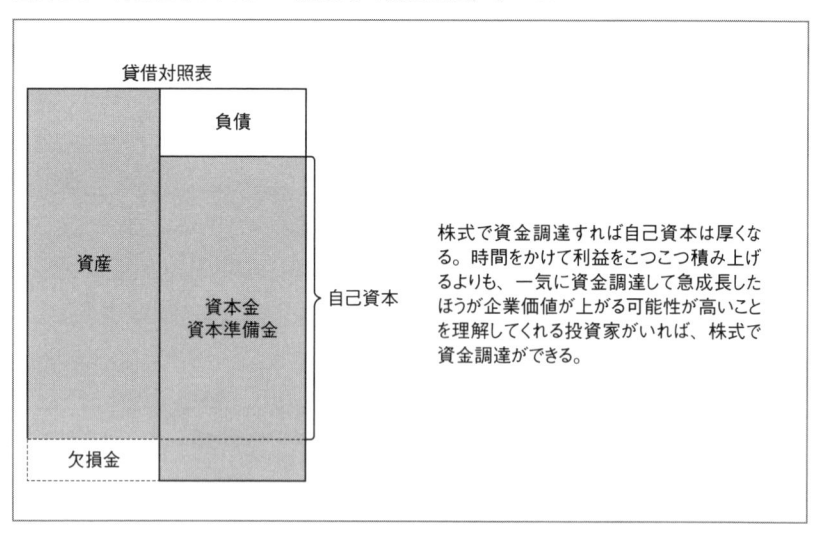

貸借対照表

資産	負債
	資本金 資本準備金
欠損金	

（右側：自己資本）

株式で資金調達すれば自己資本は厚くなる。時間をかけて利益をこつこつ積み上げるよりも、一気に資金調達して急成長したほうが企業価値が上がる可能性が高いことを理解してくれる投資家がいれば、株式で資金調達ができる。

株式で「仲間」を増やす

　もう1つの株式での資金調達の大きな特性は、株主が「仲間」になるということです。

　銀行からの融資等の負債は別名「他人資本」と呼ばれるように、あくまで「他人」からの資金調達です。銀行からの借入れは、もし仮にインケンな銀行の担当者に当たってしまったとしても、契約どおりに返済してしまえば、（または返済途中でも、借り換えることによって）その担当者と縁を切ることも可能です。

　しかし株式は違います。

　株式は、一度株主に持ってもらうと、その株主を追い出すことは非常に難しいのです。

　ただの普通株式には「気に入らない株主には出ていってもらえる」という条件は付いていません。法律的には、契約や取得条項付きの種類株式で株式を返してもらう条件を付けることもできますが、経済的には難しい。なぜなら前述のように、株主というのは、会社が銀行その他の債権者に資金を返したあとにはじめて資金が返ってくるという大きなリスクを負っているので、会社がリスクが高いときに資金を出して、軌道に乗ってきたら追い出されるのでは、一般的には株主はたまったものではない（高いリスクに対して十分な見返りが期待できない）からです。

　株式で調達した資金は「自己資本」と呼ばれるとおり、株式を持っている株主は**「身内（仲間）」**なのです。つまり、株式は、単に「資金を調達する手段」ではなく、**「仲間を増やす手段」**でもありますし、逆に言えば**「どういう仲間にどのくらい株式を渡すか」**（資本政策）を考えなければいけないものでもあるのです。

つまり、投資家が共通して求めるものは「儲け」ではあるのですが、エンジェル、金融機関系のVC、政府系VC、独立系VC、CVC[*4]、事業会社など、それぞれの投資家ごとに、利益以外に求めるものや、何をサポートしてくれるかは異なります。仲間となる人が何を求めているのかという**「心」（インセンティブ）の問題を考える必要がある**というのが、株式を使ったエクイティ・ファイナンスのもう1つの特徴です。

exitを考える必要性

　資本政策を考える場合に、一般に最も重要になるのが、今後どのくらい資金が必要であり、その資金を調達するために、エンジェルやアクセラレーター、ベンチャーキャピタルといった投資家に、株式をどのくらい渡すのかを考えることです。
　それを考えるためには「投資家が何を求めているか」を知る必要があります。

　株式からのリターン（儲け）には、インカムゲインとキャピタルゲインがあります。
「インカムゲイン」とは配当のことですが、ベンチャーにはあまり配当は期待できませんので[*5]、投資家がベンチャーに期待するのは、自ずと「キャピタルゲイン」ということになります。キャピタルゲインとは株式の売却益（売却して得られる収入と投資した金額の差額）のことです。
　このため、投資家から投資をしてもらったベンチャーは、IPOやM&Aなどで、投資家に株式を売却する機会を提供しなければいけない

[*4]　Corporate Venture Capital＝事業会社が運営するベンチャーキャピタル。

ことになります。

　こうした株式の売却を行うことを、投資の世界では「**exit**（エクジット、イグジット＝出口）」と呼びます。つまり、株式で資金調達をするベンチャーは「exit」についての戦略を持っておかないといけません。

株式以外の資金調達

　昨今は、株式でエンジェルやベンチャーキャピタルから投資を集める以外にも、ベンチャーの資金調達の選択肢が増えてきました。
　以下で、こうした株式以外の資金調達方法を2つ簡単にご紹介します。

クラウドファンディング

　クラウドファンディングとは、ネット上で多くの人々（crowd）から、自分が推進したいプロジェクトに対する支援資金を募る仕組みのことです。世界的には米国のKickstarterが有名で、日本でも同様のサービスがいくつか立ち上がってきました。それらのサイトで「こんなプロジェクトをやります！」と資金を募り、5ドルとか1万ドルとか、支援する金額ごとに、受け取れる特典を変えて資金を受け付けます。

---

*5　成功するベンチャーは、投資利回り（IRR＝Internal Rate of Return、内部収益率）で言うと年間数十％以上のすごい率で成長したことになりますので、投資家としても、投資した資金の一部を配当としてキャッシュで受け取って年間1％未満の利息が付かない銀行に預けておくよりは、そのままベンチャーの成長のために使ってもらうほうがいいはずなのです。つまり、もし投資家が配当を望むということは、「もう、このベンチャーはこれ以上成長しないだろう」と思われているということです。実際は成長の見込みが大きいのに投資家にそう思われるのだとしたら、ベンチャー側のIR（Investor Relations）がヘタか、または理解度の低い間違った投資家を株主に選んでしまったか、です。

このクラウドファンディングは、いろいろなベンチャーに寄与する可能性がありますが、特に、今まで資金調達が難しかった「ものづくり」系のベンチャーには大きな影響を与えています。今までは、モノを製造するメーカー系のベンチャーがシードで資金を集める場合、まだ肝心の「モノ」もできていないし、一般消費者向けの製品を見込み生産すると在庫リスクもあったわけで、調達額が非常に大きくなるうえにリスクも高く、ベンチャーキャピタルも資金を出しづらかったわけです。

しかし、大衆受けしそうな製品を作ろうという、ものづくり系ベンチャーが、うまくクラウドファンディングを使うことができれば、開発や製造に先行して資金が集まるうえ、将来の売上やファン（顧客）も確保できるという至れり尽くせりなことにもなるわけです。

株式ではなく、資金調達によって持分が希薄化しないところも、創業者をはじめとする既存株主にとって非常にメリットが大きいと思います。なかには日本円で数億円を調達する会社も出てきました（Facebookに20億ドルで買収されたOculusが、初期にKickstarterで資金を集めたのも有名です）。

Kickstarterのようなクラウドファンディングは、経済的には「売買予約」と「寄付」の中間的な性質を持っています。

一方、ベンチャーキャピタルが数億円単位で投資をしたら、社外取締役を派遣するなどしてモニタリングを行うのに対し、クラウドファンディングではこうしたモニタリングやガバナンスの仕組みが必ずしも存在しないため、一部には詐欺まがいのプロジェクトが存在するといった問題もあるようです。

また、クラウドファンディングには、「投資型」や「融資型」と呼ばれるべき、小口のエクイティ投資（事業に収益が出たらそれに応じてリターンを支払う）やローンをネット上で集めるものもあります。リスクが高いため銀行から融資を受けにくいが、うまくいけば比較的安定して

利益を生むような事業や、一般の人にもわかりやすい消費者向けの事業などは、こうした投資型のクラウドファンディングを活用することで、ファンを増やしつつ資金も得られる可能性があります。一方、非常に革新的なベンチャー、高度で専門的な技術を使ったベンチャーや、B向け（業者向け）ビジネスなどは、一般人がわずかな情報を見るだけで可能性を判断することは難しいので、投資型のクラウドファンディングで資金調達するのはあまり向かない可能性もあります。

資本性ローン

政府系金融機関である日本政策金融公庫国民生活事業が、資本性ローンというものを提供しています。

ベンチャーから見ると、これは借入金ですが、

- 貸付期間が7年～15年と長い
- 元本は貸付期間の終わりに一括返済なので、事業が軌道に乗るまでのキャッシュアウトを抑えられる（期限前返済は原則としては行えない）
- 金利は支払わなければならないが、赤字のうちは非常に安い（2014年6月現在年0.9％）
- 利益が出てきたら一般のローンとしては高めの金利になる（同最大年7.25％）が、配当金とは異なり損金処理できる。
- 会計上の表示は「負債」ですが、金融検査マニュアル（つまり銀行の審査）上は、負債ではなく「資本」として見てもらえるので、債務者区分が上位遷移し、民間金融機関からの支援が受けやすくなる可能性がある。

といった資本に近い特色があります。

元本を長期間返済しなくていいし、**創業者その他の既存株主の持分が希薄化しなくてすむので**、ベンチャーにも向いており、シード・アクセ

ラレーターやベンチャーキャピタルの投資とも相性が良く、それらの機関からの紹介案件も多いようです。

　日本政策金融公庫中小企業事業には有形固定資産に設備投資をするメーカーなど向けに上限3億円までの資本性ローンがあるのですが、開発するエンジニアの給与やオフィスのコストなどが支出の中心であるネット系のベンチャーなどには国民生活事業の上限3,000万円の制度のほうが使いやすいようです。この上限が上がると、ベンチャーにとってはもっとありがたくなります（ベンチャーキャピタルなどと機能がかぶってくる可能性も出てきてしまいますが）。

上場でのexitとM&Aでのexit

　再び株式での資金調達の話に戻ります。
　最近は「exitはM&Aを中心に考えています」というベンチャーも増えてきました。つまり（それなりの対価をもらえるのであれば）会社を丸ごと売却してしまってもかまわない、ということですね。

基本的には上場できるほうが有利

　M&Aでしかexitしないのであれば、資本政策はさほど深刻に考える必要はありませんが、日本ではまだまだIPOでのexitが中心です。このため、IPOが困難なベンチャーが「M&AでもOKです」と言ったところで、売却先の候補があるかどうかや、売却先がなぜそのベンチャーを買いたくなるのかというストーリーが投資家にとって説得力がなければ、資金も調達できないことにもなります。
　M&Aの交渉でも、「IPOも十分可能ですが、条件がよければ御社グ

ループに入ることを考えてもいいですよ」という立場なのと、「資本政策的にIPOが難しいので、御社に買っていただけませんか」というのでは、交渉力がまったく違ってきます。

経営者が会社をどこまでコントロールできるか

IPOする場合、上場したとたんに他の会社にいつ買収されるかわからないといった状態になるのでは、落ち着いて経営もできませんので、安定株主対策が必要です。特に、急成長を志向するリスクが高いベンチャー的な企業や、一般の投資家になかなか事業の性質が理解されにくい企業の場合、経営者のリーダーシップが重要ですので、経営者がたくさんの株式（議決権）を持ち、株主の説得（IR）に労力を割かなくても経営ができるほうが望ましいのは当然です。

このためには、なるべく自社の企業価値を高く投資家に理解してもらい、調達する資金に対して少しの株式を発行するだけですむようにする必要があります。一度低くなってしまった持株比率を、あとで高めることは極めて困難です。

（経営メンバーの持株比率が低くなってしまったベンチャーでも、早期に第5章や第6章のような資本構成の是正を行ったり、第7章で解説する「dual class」などの方法で経営陣の議決権の確保を図れる可能性もありますが、どんなシチュエーションでも実行できる方策ではないので、はじめから持株比率が下がらないような資本政策を組んでおくべきです。）

IPOでは持株全部は売却できない

上場する場合には、通常、創業者や経営陣は自分の持株の全部は売れません。このため、exit時に創業者が得る対価だけを考えれば、仮に同

じ企業価値なら、一部しか売却できないIPOより、全額が今すぐ手にできる可能性のあるM&Aのほうが良さそうにも思えます。

ただし、M&Aですべての持分を売却してしまうということは、現在の企業価値の評価以上には手取りは増えないということであり、IPOをするということは、未来にもっと企業価値が成長することを期待するということでもあります。[*6]

さらに、M&Aされるということは、他社にその企業の支配権（コントロール権）を渡したほうが企業価値が上げられると判断するということでもあり[*7]、IPOを選択するということは、「現経営陣こそがこの世で最も企業価値を上げられる」と考えることでもあります。

企業価値と株式の購入者の数・目的も異なる

「誰が株式を購入するか」の構造や、株価の評価も、IPOとM&Aでは違います。

M&Aの場合は、企業価値が100億円なら、買う側の会社1社が100億円を丸ごと支払うのが普通です。

これに対して、IPOをする場合には、個人投資家なども含むさまざまな投資家が、50万円とか1億円といった額を支払って、全社の発行済株式総数の2割程度の株式のみを購入するのが普通です。同じ100億円規模の会社でも、100%を1社で買うのと20%程度を数千人で買う

[*6] ただし、買収の対価はキャッシュ100%ではなく、買う側の企業の株式とキャッシュの組み合わせ（つまり、買収する側の企業の株価の変動リスクがある）ということもありますし、買収時に買収の対価を一括で支払わず、将来の業績などの一定の条件を付けた分割払いにする「アーンアウト（earn out）」と呼ばれるM&Aも多いので、すべてのM&Aで買収時に対価の額が確定するわけではありません。

[*7] たとえば、大企業がベンチャーの技術に目を付けてM&Aして、その大企業の既存の販売チャネルや資金を使うことで大きなシナジーを得られる場合、交渉をうまく行えば、M&Aされる金額に、その大きなシナジーの一部が含まれてくる可能性があります。

のでは、後者のほうが当然楽ですので、一般にはIPOのほうが高い株価が付く可能性があります。

「金だけが目的」の経営者は上場してもうまくいかない

　さらに、ベンチャーを起業しようというような人は、必ずしも財産を築くことだけが目標でなく、「自分の思い描いたことを実現したい」というモチベーションが強い場合が多いものです。M&Aによって完全に他者に支配権（コントロール権）を渡してしまうと、キャッシュは手に入りますが、会社は基本的にはもう自分の思いどおりには動かせません。これに対してIPOで一部の議決権を放出するだけなら、自分が会社を継続してコントロールすることも可能なわけです。

　学生やサラリーマンなど、ほとんどの人にとっては何億円といったお金は見たこともないものだと思いますし、豪邸や洋服や車やアクセサリーなどを買うことを考えても、たいていは5億円とか10億円以上の使いみちは想像がつかないものです。このため、自分の会社を10億円とか20億円で買ってくれるという会社が現れたら、売りたくなってしまっても、その経営者を責めることはできません。10億円だって、一般のサラリーマンの生涯年収と比較したら立派なものですし、10億円で会社を売却した人が「金だけ」のために会社を売却したということでもないはずです。

　つまり仮に、10億円のキャッシュだけで満足する起業家に投資をすると、その起業家は企業価値が数十億円程度になれば満足してしまって、それ以上を目指すインセンティブがないわけですから、「Googleのようなベンチャーを育てたい」と考える投資家的にはあまり面白いことにはなりません（逆に経営者が大きな夢を描いているのに投資家がちっちゃなことしか考えていないと、これまた最悪です）。

　つまり、雇用を増やし、人々の財産を増やし、社会を変えていく、企

業価値が1,000億円、1兆円、10兆円になるようなベンチャーを生み出すのは、起業家の「自分が金持ちになる欲望」だけでは無理だと思います。[*8]

仲間で起業する際の資本政策

　日本では従来は、起業をする際に「友人数人と一緒に起業する」というより「1人で起業する」というパターンが多かったと思います（もちろん「ソニー」など、これに当てはまらない例も多いです）。

　これに対してアメリカで大成功している企業を考えてみると、たとえば、Appleはスティーブ・ジョブズとスティーブ・ウォズニアック、ヤフーはジェリー・ヤンとデビッド・ファイロ。Googleはラリー・ペイジとセルゲイ・ブリン、Facebookはマーク・ザッカーバーグの他数人のハーバード大学の仲間達といった具合に、友人同士で一緒に起業しているケースが多くなっています。[*9]

　こうした共同創業の場合には、創業者間の持株比率に注意する必要があります。

[*8] 10億円ならともかく、1兆円の資産の自分のためだけの使い道を思い浮かぶ人はほとんどいないと思います。ベンチャーを起業するような人は、「金」だけで満足せず、「何か新しい刺激的なこと」に関わってないと気がすまない人が多いからこそ、exitした経営者がエンジェルやメンターになって、次のベンチャーを育てるサイクルが生まれることにもなります。また、100億円や1,000億円といった資金を手にしたら「投資」以外に使い道がないし、ベンチャーで成功した経営者は、ベンチャー投資が最も儲かるものだと思っていることが多いからでもあると思います。

[*9] 米国の有名なインキュベーターであるY Combinatorの創業者ポール・グレアム（Paul Graham）氏も、「我々が起業家に何を求めるか（What We Look for in Founders）」という記事の中で、複数の人で起業することを勧めています。

たとえば、2人で起業した場合に、社長が6割、副社長が4割の株式を持っていて、途中で副社長が「やっぱオレ辞める」と言い出したとしたら、いきなり4割分の株式が不安定になってしまうわけです。円満退社ならまだしも、これが「ケンカ別れ」だったら、なおさら怖いことになります。
　さらに、株価が上昇していたら、たとえ辞める共同創業者が売ってくれる気があったとしても、買い取るにも億単位の資金が必要になるかもしれませんし、株価上昇分に対する税金も巨額になる可能性があります。
　こうした状況になった場合を想定して、**「共同創業者（co-founder）が途中で辞めた場合には、全部又は一部の株式を返してもらう」**ということを、会社を始める際に決めておくべきです。

　今までの日本では、ベンチャーの創業時から弁護士などの専門家やベンチャーキャピタルが入るということが少なかったこともあり、共同創業者がそれぞれそこそこの割合の株式を持つケースについての考察はあまり行われてこなかったと思いますが、エンジェルやインキュベーターによる投資が活発化しつつある昨今、こうしたことについて最初からきちんと考えておくことが、今後は必須になっていくはずです。

共同創業の資本政策上の問題点

　「資本政策上の問題」を、もうちょっと詳しく説明してみます。
　仮に3人の共同創業者が、創業したベンチャーがあるとしましょう。共同創業者が辞めても大丈夫にするための方法の1つは、誰か中心になる人物が圧倒的多数の株式を持つことです。3人の誰かが飛び抜けて優秀だとか、先に1人で事業を始めていたところに、あとから残りの2人が加わったといった場合には、たとえば社長が90％を持って、

残りの2人が5％ずつ、ということでも納得感があるかもしれません。

しかし、さほど3人の実力にも経緯にも差がない場合で、全員が一緒に会社を始めた場合などは、そのうちの1人が、「オレが90％持つから、おまえら2人は5％ずつな」とは、なかなか言いにくいと思います。

「仲良し」な資本構成の実例

図表1-4は、Googleが上場したときの目論見書（S-1）に記載されていた大株主構成です。

図表1-4　Google上場時の大株主構成

Name of Beneficial Owner	Class A Common Stock		Class B Common Stock		% Total Voting Power
	Shares	%	Shares	%	
Officers and Directors					
Eric Schmidt	0	*	14,389,635	7.6	7.3
Sergey Brin	0	*	38,007,435	20.1	19.2
Larry Page	0	*	38,110,785	20.1	19.3
Omid Kordestani	0	*	4,569,994	2.4	2.3
Wayne Rosing	0	*	1,397,851	*	*
L. John Doerr	0	*	21,043,711	11.1	10.6
John Hennessy	0	*	65,000	*	*
Arthur Levinson	0	*	65,000	*	*
Michael Moritz	0	*	23,893,800	12.6	12.1
Paul Otellini	0	*	65,000	*	*
K. Ram Shriram	0	*	4,933,900	2.6	2.5
All executive officers and directors as a group(15persons)	157,000	*	149,111,875	77.9	74.6
5% Security Holders					
Entities affiliates with Kleiner Perkins Caufield & Byers	0	*	21,043,711	11.1	10.6
Entities affiliates with Sequoia Capital	0	*	23,893,800	12.6	12.1
Entities affiliates with Legg Mason	4,290,216	5.1	0	*	*
Entities affiliates with Fidelity	5,214,477	6.2	0	*	*

出所：Googleの上場申請資料（S-1）

このGoogle創業者のSergey BrinとLarry Pageの例は、アメリカのベンチャーの創業者の持分としては低いほうではありませんし、

Googleが2,000億円規模の資金を未上場時に調達したことを考えれば、高い持株比率をキープしていると言えます（それだけGoogleが「イケて」た、ということかと思います）。

この例では共同創業者2人とも20.1％でほぼ同じ割合の株を持っています。これは、創業者2人が一緒に会社を始めて、ほぼ同じ比率を持っていた「仲良し」なパターンですが、こうしたケースでどちらかの共同創業者が会社を辞めると大変なことになるわけです。[*10]

創業株主間契約の例

このように共同創業者数名で起業する場合、シリコンバレーなどでは、「途中で辞めたら、株の全部又は一部を返す」と契約で定めることが多いようですし、[*11]日本でもこうした契約を結ぶ必要性を認識している人は増えてきています。

この契約書の核心部分を日本の契約書的に書くと、下記のような例が考えられます。[*12]

（この例は、主要な経営メンバーが2人だけで、「乙」が元々の創業者、「甲」が新たに共同経営者になる人で、元々の経営者の「乙」が途中で退任することは考えにくいというケースです。）

[*10] おそらく、世界で最も大規模に資本政策でトラブった会社はFacebookだと思います。共同創業者の脱退、フロリダ法人からデラウェア法人への切り替え（おそらく第6章で説明するような、新設法人を使った旧法人の買収による資本構成の是正）、経営者であるザッカーバーグ氏への税務上不利なストックオプションの付与など、資本政策の悪い見本のオンパレードです。逆に言えば、巨大企業に成長してしまえば、よくある資本政策の失敗はなんとかなる、とも言えます。ただし、普通のベンチャーのほとんどすべては、そこまでの成長はしませんので、資本政策で失敗することはあまりお勧めできません。

[*11] 「Restricted Stock Purchase Agreement」といった契約です。

[*12] 別添1に「株式譲渡に関する覚書（創業株主間契約書）」全文のひな型があります。このひな型は、AZX総合法律事務所のひな型をベースに同事務所と共同で作成し、同事務所の許諾を得て掲載しております。ただし、掲載にあたって文言を一部修正していますので、文責は筆者にあります。

1. 甲が本会社の取締役及び従業員のいずれの地位も喪失した場合（以下「退任等」という。）には、その喪失の理由を問わず、甲は乙からの請求に基づき乙又は乙の指定する第三者に対し、本件株式から、当該時点に応じた以下の比率分を控除した数の本会社の株式のうち、乙が指定する株式数を譲渡するものとする。
   (1) 本覚書締結日より12カ月以内に退任等をした場合：本件株式の0％
   (2) 本覚書締結日より12カ月の翌日以降24カ月以内に退任等をした場合：本件株式の25％
   (3) 本覚書締結日より24カ月の翌日以降36カ月以内に退任等をした場合：本件株式の50％
   (4) 本覚書締結日より36カ月の翌日以降48カ月以内に退任等をした場合：本件株式の75％
   (5) 本覚書締結日より48カ月の翌日以降に退任等をした場合：本件株式の100％

2. 前項の場合における本件株式1株あたりの譲渡価額は、甲による本件株式の1株あたりの取得の価額（以下「本件取得単価」という。）と同額、又は乙が定める本件取得単価以上の価額とする。但し、当該取得後に本会社において株式分割、株式併合、株式割当ての方法による株式の発行若しくは処分、又は株式の無償割当てが行われた場合には、当該分割、併合又は割当ての比率に基づき、第1項の本件株式数及び本項の本件株式1株あたりの譲渡価額は乙により合理的に調整されるものとする。

ストックオプションなどで、行使できる量が勤務年数とともに増えていくのを「ベスティング（vesting）」と呼びますが、上記の例のように、最初に100%株式を与えておいて、途中でやめたら返してもらうのは「リバース・ベスティング（reverse vesting）」と呼ばれます。

また、この契約例で、
「本件株式から、当該時点に応じた以下の比率分を控除した数の本会社の株式のうち、乙が指定する株式数を譲渡するものとする。」
としているのは、返してもらう株式数の上限は定めておいて、乙（社長）の裁量で、返してもらう株式数を減らせるようにもしているということです。
なぜかというと、たとえば、共同経営者（甲）が辞める場合には、会社に多大な損害を与えてケンカして辞めていくケースもあれば、親族の病気といったやむを得ないケースなど、いろいろなパターンが想定されるので、そうしたケースに応じて買い戻す株式数を調整できるようにしておく必要があるからです。
同様のことは種類株式でも設計できなくはないですが、このように契約書で制限をかけておくだけの方式だと、発行するのはごく普通の株式ですみ、登記も必要なく、数枚程度の簡単な契約書を結ぶだけですむところがシンプルで良いと思います（このケースのひな型を別添1にまとめてあります）。

持分の多さと返還のパターン

この契約の目的の主眼は、**「万が一仲間割れ等の事態が発生したときにも、資本政策がガタガタになって会社の重要な意思決定ができなくなったり、残されたメンバーのやる気が失われるような最悪の事態は避けたい」** ということです。

図表1-5　リバース・ベスティング（例1）

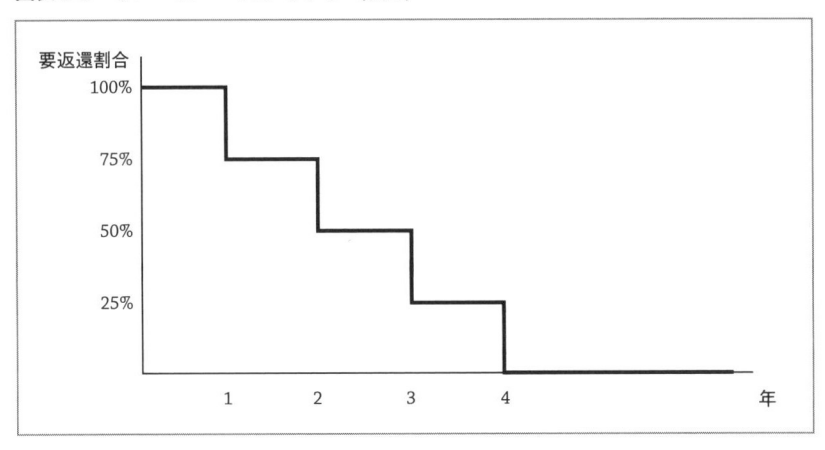

　前項の契約書の例では図表1-5のように、4年間この会社で勤務すれば、すべての株式は完全に自分のものになる（株式を返還しなければならない量はゼロになる）契約にしていました。

　しかしこれは、たとえば発行済株式総数の5％だけを持っている共同経営者であればいいですが、株式の40％を持つ共同経営者だったら、4年間働いて、40％全部を持って辞められてたら、資本政策的には非常に困るわけです。

　このため、比率の高い共同経営者ほど、以下の別の契約例のように、「上場前に辞めたら、ほとんどの株式は返してくれ」ということにしておく必要があります。

　この例では、数人の経営メンバーがいて、原則として他の経営株主が譲受人となる形としながら、取締役会の承認を得て他の譲受人を指名することもできる形にしています。[*13] また、この契約は上場前に終了することにしてある、とします（つまり上場前に辞めた場合だけに株式を返還してもらうことにしています）。

各経営株主に以下の事由が発生した場合には、以下の(1)から(4)で定められる発行会社の株式を、以下の(1)から(4)に該当する経営株主以外の経営株主（以下「譲受経営株主」という）又は譲受経営株主が取締役会の承認を得た者に対し、譲渡する。（譲渡する株式数は、1株未満を切り上げ、株式分割又は株式併合等があった場合には合理的に調整するものとする。）

(1) 各経営株主が、発行会社の代表取締役、取締役又は従業員のいずれでもなくなった場合。本契約締結直後に当該各経営株主が保有する発行会社の株式数の10%の株式に相当する数の普通株式（1株未満を切り捨てるものとする。）を除き保有するすべての株式。

(2) 前号の辞任、退任又は退職につき、やむを得ない理由があると取締役会が認めた場合には、以下の数式で計算される株式数の普通株式を除き保有するすべての株式。
「当該経営株主が取締役又は従業員として勤務した期間の日数」×（保有株式数の5％／365日）
（ただしこの数式で計算される株式数が保有株式数の10%未満の場合は保有株式数の10%、保有株式数の20%超の場合は保有株式数の20%とする。）

(3) 前各号にかかわらず、(i)当該各経営株主が発行会社の競合会社を設立したり、発行会社の競合会社に出資したり、発行会社の競合会社に就職したり、発行会社の競合会社との重要な取引を行う場合、(ii)当該各経営株主が会社法第339

---

*13　日本の場合、ベンチャーの取締役会の過半は創業メンバーで占められていることもあるので、投資家は「お手盛り」になる可能性を懸念して別途投資契約等で制限が付く可能性があると思います。また、取締役会設置会社でない場合には、別の記載にする必要があります。

　　　　条第 2 項に定める「正当な理由」により解任された場合
　　　　又は(ⅲ)当該各経営株主が本株主の一部若しくは全部との間
　　　　で締結した契約に関して当該各経営株主による重要な表明
　　　　保証違反若しくは重要な契約違反があった場合には、保有
　　　　する株式のすべて。
　　(4)　前各号にかかわらず、辞任、退任又は退職する取締役と発
　　　　行会社の合意により、譲渡する株式の種類及び数を変更で
　　　　きるものとする。
（譲渡価格の項省略）

　つまり、図表1-6のように、仮に 4 年働いて、やむを得ない事情で辞めたとしても、もらえる株式は最高で元の株式数の20%までで、バイアウトされるか上場まで働いて初めて全部の株式が完全に自分のものになる、ということになります。
　これであれば、仮に役員 3 名が33.3%ずつ株式を保有していたとし

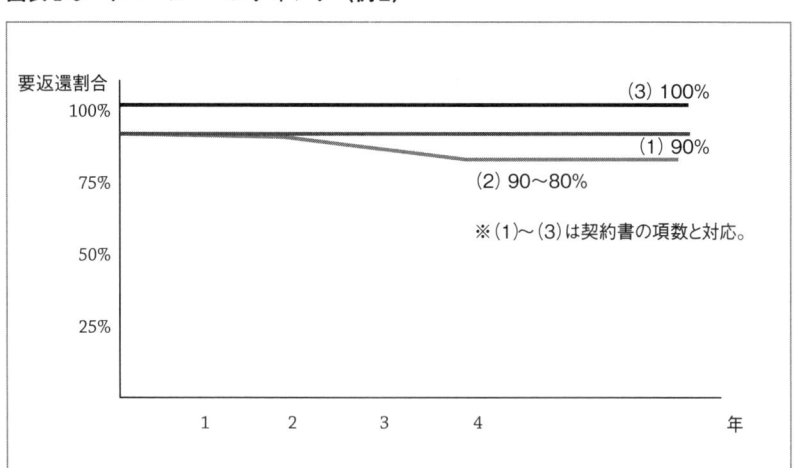

図表1-6　リバース・ベスティング（例2）

要返還割合
- (3) 100%
- (1) 90%
- (2) 90〜80%

※(1)〜(3)は契約書の項数と対応。

（横軸：年　1, 2, 3, 4）
（縦軸：25%, 50%, 75%, 100%）

ても、上場等の前に辞めた役員の手元に残る株式は、最大でも全体の6.7%（33.3%の20%）程度ということになります。

これなら、（たとえば会社が100億円の時価総額で上場することを考えていただければと思いますが）設立初期の極めてリスクが高い時期から参画してくれた労に報いるとともに、上場後の安定株主対策にも支障が出ないことがおわかりいただけるかと思います。

意外に怖い、返還時の税務

この契約によって退職時に株式を返還する局面での税務は、当事者にとってはかなり怖いことになる可能性もあります。

ベンチャーの企業価値（つまり株価）は、会社が成長しているときにはどんどん上がります。仮に、もともと10万円で取得した株式が1億円の時価になり、辞めるときにこの株を取得した10万円で返還してしまったら、誰にどういう課税関係が発生するでしょうか？

日本の税制では、譲渡する人と譲り受ける人が、法人か個人かで、以下のような5パターンが考えられます。

図表1-7　株式返還の5パターン

	譲渡する人		譲り受ける人
1.	個人	→	個人
2-a.	個人	→	法人（発行会社以外）
2-b.	個人	→	法人（発行会社）
3.	法人	→	個人
4.	法人	→	法人

今回は個人である共同経営者が保有していた株式を返還してもらうケースなので、1.と2.のケースを考えます。

1.「個人→個人」の譲渡のケース

たとえば、共同経営者が就任するときに株式を渡し、辞めるときには、契約や取締役会の指示で決まる**個人**に元の値段で株式を返してもらう、といった場合には、譲渡する側（共同経営者）に課税は行われず、譲り受ける（社長などの）個人に**贈与税**がかかります。

贈与税は基礎控除額（110万円）を差し引いたあとの金額によって10%から50%（2015年より55%）の累進税率になるので、株式の時価によって課税のインパクトは異なってきます。

たとえば、10万円で取得して300万円の時価になっている株式を退職時に10万円で返す場合には、贈与の額は290万円ですので、基礎控除額110万円を引いて税率10%を掛けると、贈与税の額は18万円程度でおさまります。これくらいの贈与税の額なら、どんな人でもたいていは払えそうです。

しかし、仮に時価1億円になった株式を10万円で譲渡したら、譲渡益9,990万円の半分近く、5,000万円弱の贈与税がかかってくることになります。株式を受け取った個人は、たいていは手元に5,000万円ものキャッシュはないでしょうから、この贈与税はキツいはずです。

つまり、共同経営者が辞めるときに社長などの個人が本当に買い取れるかどうかは、そのときの株価（時価）、社長が持っているキャッシュの量、そのときの税制等、いろいろな要因が関わってきます。

52頁の契約書例で、取締役会が指定する第三者に対し譲渡することにしているのは、将来がどうなるかわからないので、そのときの状況に

応じてフレキシブルに譲渡先を決められるようにしておこう、という理由からです。

2-a.「個人→法人」の譲渡のケース

　社長を含め、株式を買い取れるキャッシュを持った個人が見つからないので、発行会社以外の会社に売却するといった場合は、2-a.の「個人から発行会社以外の法人へ」のケースとなります。
　日本の税制上、個人が法人に非常に安く（時価の2分の1未満で）売却する場合には、譲渡する側（退職する共同経営者個人）は、時価で譲渡したとみなされて、譲渡額との差額に課税されてしまいます（ただし、時価以下で譲渡した場合であっても、時価の2分の1以上の価格で譲渡した場合には、その譲渡した価格を時価と認めてもらえます。つまり、売却する個人の側は、時価と譲渡額との差額には課税されません。[所法59、所令169]）。

　つまり、仮に株式の価値が1億円になっていた場合に、辞める個人が発行会社以外の法人に10万円で株式を売却すると、約2,000万円もの税金（非上場の株式の譲渡益の税率約20％）が退職する共同経営者にかかってきてしまうわけです。
　共同経営者が受け取る金額が10万円ぽっちだとすると、退職して株が取り上げられるうえに、2,000万円もの税金まで支払うのは「踏んだり蹴ったり」です。
　受け取る会社のほうも、10万円で購入できても時価が1億円ということであれば、9,990万円は受贈益になり、約4,000万円の法人税等がかかってしまいます。[*14]

2-b. 発行会社自身が引き取るケース

　発行会社自身が株式を引き取る場合にも、時価の2分の1以上での譲渡なら、譲渡する側の個人は時価との差額に課税されませんが、時価の2分の1未満で譲渡すると、時価との差額に課税されることになります。また発行会社自身が株式を引き取る場合には、税務上、単純に株式の譲渡益ではなく、一部が「みなし配当」になって配当所得として課税される部分も出てくる可能性があり、複雑になります。

　受け取る発行会社が受贈益として課税されるのは、2-a.の場合と同様です。

譲渡時の税のまとめ

　つまり、辞める共同経営者としては、社長など個人相手に株を譲渡するのが、税金がゼロで一番いいわけですが、受け取る社長などの個人は、時価が安ければいいですが、時価が高くなっていると税負担が重過ぎることになってしまいます。

　逆に、譲渡の相手先を法人にすると、辞める共同経営者側に税金がかかってくる可能性があります。

　しかし、「譲渡側の課税の負担が最小限になるように考慮するものとする」といった条項を入れてしまうと、個人への譲渡しか選択肢がなくなってしまい、譲渡先のフレキシビリティを欠くことにもなりかねません。

＊14　契約当事者以外のまったくの第三者の法人に譲渡した場合には、確実に受贈益が発生してしまうと思います。しかし、2-bのように株式の発行会社自身がこの契約の当事者となっていれば、契約とセットになってるものとして扱ってもらえる可能性もあるかもしれません。詳しくは顧問税理士等とご相談ください。

このため、両者のバランスを取る形で、以下のような文言を第(5)号として入れるという手が考えられます。

> (5) 取締役会は、経営株主の退任等の経緯並びに本会社、甲及び乙それぞれの課税その他の負担を考えて、株式の譲渡先及び、本条第 1 項の譲渡先及び本条第 2 項の 1 株あたりの譲渡価額を合理的に決定するものとする。

これでも、具体的にどういう判断をしてもらえるのかが退任する共同経営者からはわからないですが、何も書いてないよりはマシかと思います。この場合、逆に、あとに残される経営者や会社にリスクが出てくる可能性はあります。

いずれにせよ、税務上の原則から最悪のケースを考えると、株の時価が上がっていた場合には、誰かが税金を負担しなければいけません。
考えないといけないことは、
- 共同経営者が辞めるに至った経緯（どの程度、会社に迷惑をかける辞め方か？　等）
- 元の譲渡価格、株式の時価
- 会社の利益剰余金の溜まり具合
- 社長や会社が持っているキャッシュの量
- 上場や買収の見込み、上場等までに予想される期間

等によっても、ケースバイケースです。

一緒に起業したときは、基本的には「何かあっても辞めずにがんばろうぜ！」という気持ちでしょうが、もちろん、株を受け取る共同経営者にもこうしたリスクも説明したうえで株を持ってもらうのがフェアだと思います。

会社法上の問題

　共同経営者の株を、個人でなく、そのベンチャー（発行会社）自身が買い取る場合には、会社法上の制約も問題にもなってきます。
　日本の場合、自己株式は会社法の「分配可能額」の範囲内でないと購入できません。一般にベンチャーは利益があまり出てないことが多いので、仮にキャッシュがあっても、そのままでは株式を買い戻せないことも多いわけです。
　つまり、（「分配可能額」の計算はややこしいのですが、今までに配当や自己株式の取得等を行っていないとして）、ざっくり言って、会社の過去の損失と利益の累計がプラスになった分しか買えません。
　投資家等から増資して資本金や資本準備金が大きくなっている場合には、「資本金の額の減少」や「資本準備金の額の減少」で取り崩した額だけ自己株式を買える枠が増えます。
　ただし、これは取引先（債権者）等に「資本の減少」（減資）や「資本準備金の減少」をしますという通知しないといけないなど、世間に対してミスリーディングなことになる可能性もあります（「減資」をするというと、「潰れそうなのか？」と思う人は多いです）。
　また、取り崩せるまとまった金額の資本金や資本準備金を持っているベンチャーは、ベンチャーキャピタルなどの投資を受けたあとということが多く、締結した投資契約に「資本の減少や資本準備金の減少の際には、ベンチャーキャピタルの了解を得る」といった条項が入っていることもよくあります。[*15]

「株＋契約」で一体とみなせるか？

　そもそも、この株式は最初から契約で「辞めたら10万円で返す」と

決めているわけですから、辞めた場合に契約にしたがって10万円で返したものについては、そもそも、その株の時価は「10万円」だったとは考えられないでしょうか？

　たとえば貸付をする場合の債権担保の方法に「譲渡担保」という方法があります。これは、土地等の担保物件を、形式上は譲渡の形で債権者に譲って担保とするものですが、判例上、今では、この譲渡や返還のときに時価が上がっていても課税は行われないことになっています。
　また、新聞社が、株式が分散して第三者の支配を受けることを防ぐために、株式を従業員に「(旧)額面」（1株100円）で渡して、退職時に1株100円で返してもらうという決まりにしていた契約が有効だとされた最高裁判決もあります。[*16]
「特約の付された株券貸借取引に係る特約権料等の課税上の取扱い」という国税庁の質疑応答事例もあります。このケースでは「株のまま返せば課税なし、現金で返したら課税あり」となっています。

　今回の共同経営者がもらう株式は、「辞めたら返すけど、辞めなければそのまま自分のもの」になりますので、必ずいつかは株を返す前提の新聞社の株式や譲渡担保のケースとは異なるともいえます。
　しかし、「株と契約がバラバラの存在ではない」という点は同じです。オプションなどと同様、「辞めたら価値がなくなるタイプの金融商品」

[*15] 合理的なベンチャーキャピタルならいいですが、時々、ヘンなことを言う投資家の方もいらっしゃるので、要注意です（弊ブログ「isologue」の記事、「減資にまつわる不思議な風習」参照）。
[*16] 日本経済新聞社の例。ただし、この最高裁判決は税務に関する判決ではなく、こうした契約は成り立つということを言っているだけです。
　　　こちらも弊ブログの過去記事もどうぞ。
　　　　新聞社の事業構造改革と「日刊新聞法」(2)
　　　　従業員持株の譲渡〈新聞社の事業構造改革(6)〉

という理解で押してみたら、契約どおり譲渡した価格が時価であると認めてもらえる可能性はないでしょうか。[*17]

優先株式発行時の普通株式の譲渡

　第3章で詳しく述べますが、優先株式と普通株式など、内容の異なる複数の種類の株式を発行している場合には、当然、それらの種類ごとに、株式の価値（時価）は違うはずです。このため、たとえば、もともと1株1万円で普通株式を発行して共同創業した会社がベンチャーキャピタルから1株10万円で資金調達を行ったとしても、それは必ずしも普通株式の価値が10万円になったことは意味しません（普通株式の価値は1万円またはそれ以下かもしれません）。

　特に、残余財産分配権（111頁参照）などで優先株式（投資家）に非常に有利な条項が付いている場合は、優先株式の価値が高く、それだけ普通株式の価値が低くなります。利益があまり出ていない（損失が発生している）ベンチャーが、残余財産の優先分配権が付された優先株式で資金を調達した場合、その調達直後の普通株式の価値はゼロに近いと評価される可能性もあります。

　たとえば純資産が1,000万円の会社が、残余財産優先分配権が投資額

[*17] 同じ性質を持つ種類株式、すなわち、A種は1年後以降、B種は2年後以降、C種は3年後以降、D種は4年後以降に普通株式に転換できるけど、それまでに退職した場合には会社が無償で取得することができるという4種類の種類株式を発行するとします。もし、こうした種類株式があったとして、共同創業者が1年半後に辞めたとしたら、A種は普通株式に転換できるので、普通株式と同じ価値があるけど、B種とC種とD種の時価はゼロのはずです。
　日本公認会計士協会のレポート（租税調査会研究資料第1号「種類株式の時価評価に関する検討」平成19年10月22日　日本公認会計士協会）によると、そうした取得条項がついた株式の取得条件に当てはまることになった場合、あらかじめ定められた（種類株式を取得するための）金銭の額が時価だ、としています。つまり、この調査会の考え方が税務上も認められるのであれば、この取得条項付種類株式の時価は10万円のはずですし、まったく同様の性質を持つ「普通株式＋返してもらう契約」のセットも、それと同じ10万円の時価とは考えられないでしょうか？

の2倍まで付いた株式で1億円の資金調達をした場合、その直後に会社が解散したら2億円の分配まではすべて投資家が取る決まりなので、投資家が1.1億円の財産全部の分配を受け、普通株主（創業メンバー等）への分配はゼロなわけですから、こうした純資産的な考え方からは普通株式の価値はゼロと考えられます。

税務の通達でも、種類株式の評価に関するものがいくつも出ていますし、普通株式と優先株式の価値は一般に大きく異なるのだということを明確化した、経済産業省の「未上場企業が発行する種類株式に関する研究会報告書」も出ていますので、合理的に理論付けすれば、税務当局にも「ベンチャーが使う優先株式と普通株式の時価は異なる」ということは、納得いただける可能性はあるはずです。

すなわち、高い株価で資金調達をする場合、普通株式で調達するより、優先株式を使って資金調達をするほうが、万が一、共同経営者が辞めた場合に普通株式を返還してもらう場合の税務上のリスクは小さくすることができる可能性があります。

本章のまとめ

上記で提示した契約書案は、必ずしもすべてのケースを網羅した完璧なものにはなっていませんが、「共同経営者が辞めるとき」という非生産的なケースのために、高いリーガルコストを払って、複雑な場合分けをしたり、誰もやったことがない複雑な種類株式や契約を締結するのは、必ずしも得策ではないと思います。共同経営者が辞めなけりゃ何も問題ないわけですし、辞めないような人を共同経営者に選んでいるはずだから、ということもあります。

起業が盛り上がってきている今、会社を共同創業するケースは多くなると思いますので、少なくとも、こうした契約を結んで、「高い持株比率の人が辞める場合には、資本政策上の問題が発生する」ということを共同創業者全員が認識し、「その場合には株式の一部または全部を返す」ということだけでも明確化しておくことが必須だと思います。

第2章
シード・ラウンドの投資契約

VENTURE EQUITY FINANCE
STOCKS AND CONTRACTS
FOR ECONOMIC REVOLUTION

この章では、シード向けの簡単な投資契約書のひな型をベースに、投資契約書の基本的な考え方を解説します。
次章で考えるベンチャーキャピタル相手のラウンドにおける投資契約は、もっとページ数も多く、内容もより厳しく、優先株式が使われてより複雑なものになることもあります。いきなりそうした複雑な契約を見ても全体像がつかめないと思いますので、このシード向けのひな型で概要をつかんでいただきます。

なぜ投資契約を結ぶのか？

　現在の日本における設立間もないシードの段階の投資では、普通株式を発行して登記するという最低限のシンプルなことを行うだけで、投資契約までは締結しないというケースも多いと思います。実際、シード期のベンチャーは、法律やベンチャー・ファイナンスに関する知識も少ないことが多いので、弁護士や司法書士などの専門家に相談することもなく株式を発行してしまったりしますし、投資するエンジェルやアクセラレーターの側も、投資契約には無頓着だったりします。

　1990年代までの日本では、ベンチャーキャピタルが投資する場合ですら投資契約を締結することは稀で、締結してもB4用紙に1枚程度のものがほとんどでした。加えて、従来のベンチャーキャピタルの投資は主にIPOが見えてきたベンチャーに対するものが中心で、設立したばかりのシードやアーリーのベンチャーに積極的に投資をするようになったのは、まだここ10年程度のことです。
　このため、日本では現在でも「シード段階のベンチャーには、投資契約は不要じゃないか？」と考えている人も多いです。

　こうした歴史的経緯から、起業する側にも投資する側にも、シード段階の投資がどうあるべきか、ベンチャーとはどういったものなのか、といった共通イメージがまだ形成されていないことが多いので、投資契約を通してそのイメージを作るのが良いのではないかと考えました。

　また、そうしたシード段階の少額の投資は、受けたらそれで終わりではなく、次にベンチャーキャピタル等の投資家から、より大きな資金を調達し、その投資家がexitできる上場やM&A等も目指さないといけま

せん。しかし、ベンチャーというのは非常にリスクがあるものなので、思い描いていた理想的な道筋でものごとが進むとは限りません。

もしうまくいかなくなったときにどうするのかについて、起業家と投資家との間で、目指すところを明確に合意しておいたほうが、あとで金銭的、心情的なトラブルになりかけたときに、うまくいく可能性は高まるはずです。それがシード・アーリー期の投資契約の最大の役割の1つです。

なぜ数百万円の出資なら、数％程度に持株比率を抑えるべきなのか？

　昨今、こうしたシード期のベンチャーに対して数百万円程度の投資を行う個人のエンジェルやインキュベーターが増えており、そのこと自体は非常に喜ばしいことです。

　しかしながら、今の日本のシード期のファイナンスには大きな問題があります。

　それは、「**エンジェルやインキュベーターの持株比率取り過ぎ問題**」です。仮に上場までに億円単位の資金が必要なのに、最初の数百万円程度の資金調達で20％とか40％といった割合の株式をエンジェルやインキュベーターにとられてしまったら、その後に追加の資金調達をして成長することが困難になってしまいます。

　米国のY Combinatorや500 Startupsなどのアクセラレーターでも、シード期の投資としては日本円で200万円〜300万円程度で、株式割合は6％平均程度（次回ラウンドの投資後）が相場です（さらに最近、Y Combinatorが120Kドル≒1,200万円で7％程度という新しい投資基準を発表しました）。

　しかし、序章でもお伝えしたとおり、**日本は米国に比べてシード・ラ**

ウンドに資金を供給するエンジェルの層が圧倒的に薄い(=市場原理が働かない)ので、ベンチャー側の資本政策に対するリテラシーが低いと、投資が適正な条件に自然に収束する可能性は低いと思います。

　加えて、**日本のベンチャーの資本政策では、米国よりさらに経営陣の持株(議決権)比率は高めであることが望まれる**と考えます。たとえば米国のベンチャーは、ほとんどがデラウェア州の法人で、デラウェア州の会社法が適用され、日本の特別決議にあたる合併や定款の変更まで含めて、たいていは全体の議決権の2分の1超を確保すれば、どんな決議でも通せてしまいます。これに対して日本では、合併や清算はもちろん、株式やストックオプションの発行や定款のちょっとした変更まで、全体の議決権の3分の2以上ないと議案を可決できません。つまり、**(逆だと思っている人が多いと思いますが)法令上は、日本の会社のほうが米国の会社より少数株主の権利が強い**のです。このため、上場してからも、米国より日本のほうが、安定株主対策は大変だということになります。

　したがって、シード期にたった数百万円程度で20％、40％といった比率をエンジェルやインキュベーターがとってしまうと、その後の資本政策がうまく組めなくなるし、上場も難しくなる可能性が高まってしまいます。

　投資家は、上場でなくても、M&Aによって会社ごと買収されて投資した株式が高値で売却されるのでもかまわないかもしれませんが、ベンチャーの経営者には、上場したあとに大株主の顔色を見て、説明や説得に業務の大半を割かれるのは勘弁してほしいという人も多いでしょう。

　上場でなくM&Aを選択する場合にしても、(第1章でも書きましたが)「当社は上場もできますが、御社に売却してもいいですよ」というスタンスで交渉するのと、「当社は上場することが困難なので、なんと

か御社で買っていただけないでしょうか？」というモードで交渉するのとでは、交渉力や売却時の価値も違ってきます。つまり当然のことながら、**「上場も可能」という選択肢を残しておいたほうが、経営としても、投資としても、可能性が広がる**わけです。

　投資家は、「上場が見えてきて、安定株主の比率を高める必要があるなら、その時点で株式を安定株主に売却すればいい。そのときはそのときだから、今はおまえは経営に専念しろ」といったことも言うかもしれません。しかし、上場が見えてきて高くなることがわかっている株を投資家が本当に売ってくれるかどうかは謎ですし、上場が確定していない株を一部だけ引き取る安定株主がうまく見つかるとも限りません。

　というわけで、将来上場を目指す企業のシード期の投資としては（事業の性質によってケースバイケースではありますが）、**数百万円の資金調達なら数％程度（preのvaluationで5,000万円以上）が望ましい**と考える次第です（ちなみに、**「pre」**〈のvaluation〉とは「増資する直前の株式数に増資する株価を掛けた金額」のことで、**「post」**とは「増資した直後の株式数に増資した株価を掛けた金額」になります）。

　残念ながらこれは、「すべてのベンチャーが必ずpre5,000万円以上の条件で投資を受けられる」ことは意味しません。たとえば300万円が５％ということは、postで6,000万円ほどの企業価値になるわけですが（300万÷５％）、どんなにイケてない、将来にわたって年間数百万円程度の利益しか出なさそうな企業までもが、すべてその価値で評価されるなんてことは、ありえません。

　逆にもったいないのは、本来なら大きく成長する可能性のある会社が、「資本政策をちゃんと考えなかったせいで、成長できない状態に陥ってしまう」ということです。そうした悲劇を防ぐことが社会的にも非常に重要かと思います。

投資契約書のひな型解説

　さて、こうしたシード期に投資家から投資をしてもらうのには、どのような投資契約を締結するのがいいでしょうか？

　以下でご紹介するのは、シード向け投資を行うフェムト・スタートアップLLPで使用している投資契約書のひな型です。[*1]

　このひな型は、

- 設立間もない「シード」のベンチャーで
- 近い将来、ベンチャーキャピタルなどからさらに資金を調達する予定があり
- 上場やM&Aでexitを考えている企業に対して
- いわゆるエンジェルやインキュベーターなどが数百万円から1,000万円前後の金額を投資し
- 発行済株式数の10％以下程度を取得するような投資

を想定したものとなっています。

　これ以降のラウンドで優先株式での投資が行われる可能性がある場合、この投資契約書は、第5章で解説する「みなし優先株式（日本版convertible equity）」と一緒に使うのがオススメなのですが、みなし優先株式は次章の優先株式を理解してから考えるほうがわかりやすいと思いますので、ここではひとまず投資契約書のみを解説します。

　また、会社法施行以降、株式会社は必ずしも監査役を置く必要がなくなり、取締役会の設置も義務ではなくなりましたので、このひな型は**取**

[*1]　この投資契約書は、AZX総合法律事務所と共同で、フェムト・スタートアップLLPの投資契約書ひな型として作成したものをベースとしており、同事務所のひな型文言が含まれております。ただし、掲載にあたって文言を一部修正していますので、文責は筆者にあります。

締役会非設置会社を前提としています。

> 投資契約書
>
> □□□□（以下「投資者」という。）、株式会社○○○○（以下「発行会社」という。）、○○○○（以下「経営株主」という。）は、発行会社が発行する株式を投資者が取得するにあたり以下のとおり合意し、本契約（以下「本契約」という。）を締結する。

「投資者」が投資家、「発行会社」がベンチャー、「経営株主」は代表者をイメージしています。このひな型では創業者1名がほとんどすべての株式を持っている場合を想定していますが、共同創業者が数名いて、それぞれの持分が多い（たとえば3人で3分の1ずつ持っているといった）場合には、社長1名では株主総会の特別決議等が通りませんので、共同創業者も経営株主として、この投資契約書を一緒に結ぶ必要があります。

なお、発行会社等と投資家が相対で締結する投資契約と、株主間に共通することを定める株主間契約を別途締結することもありますが、株主数が少ない場合は複雑になりすぎるきらいがあります。このため**この「投資契約書」は投資契約と株主間契約で定められるべき株主間に共通の内容も盛り込んで、簡素にしています**。

投資の目的

続いて、第1条の投資目的です。

> 第1条　投資目的
> 1. 本契約当事者は協力して発行会社の企業価値の最大化に向けて

> 合理的に最善の努力をすることとし、投資者はその目的のために本契約第2条で定める投資を行う。
>
> 2. 発行会社は、201○年○月以降201○年○月までを目処に、発行会社が発行する株式（以下「発行会社株式」という。）の上場その他投資者が本契約の履行により取得した発行会社株式を売却できる機会を提供するべく合理的に最善の努力を尽くす。

　第1条は、企業価値の最大化及び株式の売却（exit）が、この投資の目的であることを明確にしたものです。

　株式の投資では、配当を期待する場合もありますので、必ずしも投資のすべてがexit目的とは限りません。しかし、誰もやったことがないイノベーティブなことをして急成長する企業が株式でファイナンスをする場合には、創業者の株式より投資家の株式のほうが格段に高い株価にする必要があります。この場合、投資家の資金の回収は、上場や買収などで株式を売却することが中心となってきますし、高い株価で投資を受けるからには、経営陣はその回収の道（exit）を用意する（経済的な）責任が発生します。
　起業して間もないベンチャーには、そうした観念がないことも多いので、最初に契約書で意識合わせをするために、この条項を入れてみました。

　「ベンチャー」という言葉に対する意識はさまざまです。ベンチャーが単なる中小企業のことだと思っている人もいますし、起業さえすれば全員ベンチャーだと思っている人もいます。リスクさえあれば、それに見合うリターンがなくてもベンチャーだ、とか、ベンチャーに投資をする投資家はNPOのように利益を追求せずに投資するべきだと思っている

方もいたりして、人によって「ベンチャー」という言葉の捉え方は実に多様なので、(投資に詳しい方には当たり前過ぎるかもしれませんが)目的は明確化しておく必要があると考えました。

また、こういう話をすると「金だけが人生ではないのでは？」といった意見が出てきます。そのとおりです。

ベンチャーは、金儲けを追うよりも、「このサービスで社会や人々の生活をよりスゴいことにしたい！」といった壮大なことを考えている人のほうが成功する気がします。[*2]

ただし、意思さえ強く持てばそうした壮大な目標を実現できるかというと、必ずしもそうではありません。優秀な人材に役職員として働いてもらい、いい取引先と取引し、いい機材やソフトウエアなどを使う必要が出てきます。そのためには、リスクに耐えられる余裕を持たせた資金を調達しておく必要がありますし、ストックオプションや給料などのインセンティブもそれなりに用意しないといけません。企業価値を高く認めてもらえないと、そのストックオプションや株式の発行のために、より多くの持分を外部の（ことによると、事業への理解度が低い）株主に持たれてしまって、ベンチャーの成長がうまくいかなくなることもあります。

つまり、**企業価値は、ベンチャーが成長していく際の「ガイド」「指標」として非常に有用**なのです。企業価値の最大化[*3]という目的は、将来のキャッシュフローの増加や、そのキャッシュフロー獲得のための可能性を高めることに要素を分解できますし、将来のキャッシュフローの増加は、より大きなマーケットを狙う、よりシェアを上げる、売上を増加

[*2] 個人の感想です。
[*3] 企業価値の「極大化」という言い方もありますが、「極大」というのは数学的に「局所的な最大値」といったニュアンスがあるので、局所的にではなく「全体を見渡したうえでの最大」を狙う高い志を設定しようということで、「最大化」という用語を用いています。

させる、原価率を低減させる、といった目標にブレイクダウン（ドリルダウン）できます。どの施策を取るのか迷ったら、基本的に**「その施策は企業価値を上げるのか？」**という観点から判断すべきです。

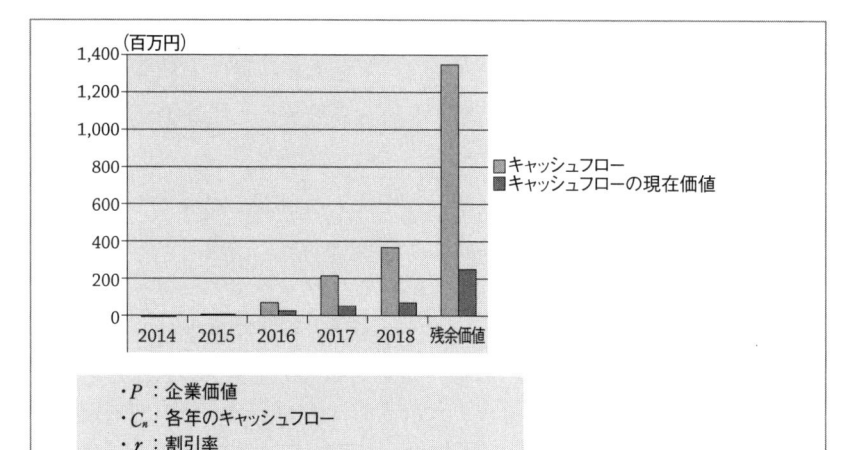

図表2-1　DCF法による企業価値のイメージ*4

- P：企業価値
- C_n：各年のキャッシュフロー
- r：割引率

$$P = C_0 + \frac{C_1}{(1+r)} + \frac{C_2}{(1+r)^2} + \frac{C_3}{(1+r)^3} + \cdots + \frac{C_n}{(1+r)^n}$$

出所：『起業のファイナンス』より一部修正

　第1条第1項には「合理的に」という言葉が付いています。これは、「最善の努力」と言っても「寝ずに働け」という意味ではなく、休養や学習の時間も取りながら、中長期的に最大の効果を発揮するようなサス

＊4　DCF法＝Discounted Cash Flow法
　　将来獲得できるであろうキャッシュフローを一定の割引率で割り引いて現在価値に引き直し、それらを合計したものが企業の価値であるという考え方。つまり、企業価値を上げるには、将来のキャッシュフローを大きくするか、そのキャッシュフローの発生の確実性を高める（割引率を小さくする）ことが求められます。詳しくは拙著『起業のファイナンス』をご参照のこと。

テイナブルな努力をしましょう、という考え方を示したものです。

　IPOについての「201○年○月以降201○年○月までを目処に」というのは、5年程度の期間を想定しています。個人のエンジェルはともかく、第三者から**ファンド**として資金を預かっているアクセラレーターやベンチャーキャピタルなどには**通常10年程度の期限**が存在しますので、投資家は余裕をもってその期間内にexitしたいわけです。

　世のエンジェルやインキュベーター、アクセラレーターなどのシード・ステージの投資家は、必ずしも「1秒でも早く上場してくれ」といったせっかちなことを言う人ばかりではありませんが、高額な資金を出せるファンドほど、ビジネスとして強くexitを志向していると考えられますので、次回ラウンド以降の投資家のファンドの期限も考えると、その程度の期間を設定する必要があるだろうということです。

　「その他投資者が本契約の履行により取得した発行会社株式を売却できる機会」というのは、主としてM&Aで買収されることによるexitを考えています。会社全体がM&Aで買収されるのはイヤだ、ということになった場合には、投資家の持っている株式を第三者に譲渡したり、または経営者や発行会社自身が買い取るという選択肢もありえます。[*5]

資金調達の概要

　次に、この資金調達の概要を書いた第2条を見てみます。

[*5]　以前は「一定の期間内にexitできなかった場合に、経営者や発行会社自身が投資家の株式を買い取れ」という買取条項が付いている投資契約を多く見かけましたが、これは、<u>経営者としては絶対に避けるべき</u>だと思います。ここでは、契約書で強制されるのではなく、経営者や発行会社が任意で投資家から株式を買い取る可能性について述べました。

> 第 2 条　募集株式の発行及び取得
> 1. 発行会社は、201〇年〇月〇日開催予定の株主総会の決議に基づき下記の要領で募集株式の発行を行い、投資者は、この株式のうち普通株式〇株（以下「本件株式」という。）を引き受けるものとする。
>
>   (1) 募集株式の数　普通株式〇株
>   (2) 募集株式の払込金額　1 株につき金〇円
>   (3) 払込金額の総額　金〇円
>   (4) 増加する資本金　増加する資本金の額は金〇円とする
>   (5) 資本準備金に関する事項　増加する資本準備金の額は金〇円とする
>   (6) 募集方法　第三者割当の方法により、投資者に〇株を割当てる
>   (7) 払込期日　201〇年〇月〇日
>   (8) 払込口座　〇〇〇〇銀行〇〇〇〇支店
>   普通〇〇〇〇〇〇〇　カ）〇〇〇〇〇〇〇〇
>
> 2. 発行会社は払込期日後 1 ヶ月以内に、投資者の保有する発行会社株式に関する株主名簿記載事項証明書を発行するものとする。

　このひな型では、普通株式で投資をすることになっています。
　シード期の投資では、優先株式やconvertible note（転換社債型新株予約権付社債など）が使われることもありますが、**シード期に特に考えないといけないことは、ベンチャーの事務手続き等の負担と、将来の資金調達の支障にならないようにフレキシビリティを残すこと**です。

02 シード・ラウンドの投資契約

増資(募集株式の発行)手続きは、原則として、

(a) 発行する株式に関する内容(募集事項)の決定(株主総会/取締役会)
(b) 決定した募集事項を引受予定者に通知
(c) 引受予定者からの株式引受けの申込み
(d) 申込者の中から株式を割り当てる者を決定(株主総会/取締役会)
(e) 申込者に割り当てる株式数を通知
(f) 出資の履行(出資金の払込み)

の順に進みますが、(e)の通知を払込期日の前日までに行う必要があるので(会社法第204条第3項)、この手続きで進めると(a)の決定日と(f)の払込みの期日が同日付けにはできません。

会社法第205条に定められている「総数引受契約」を締結する場合には、上記の(b)から(e)までが適用されないことになっていますので[*6]、手続きを急いでいる場合には、(a)の決定日と払込みの期日を同日付けに設定することも可能になりますが、この総数引受契約を作成するには、発行会社・投資者双方が同一の書面に捺印をする必要があり、書面の持ち回りも必要になってきますので、かえって面倒かもしれません。[*7]

[*6] 会社法第205条「前二条の規定は、募集株式を引き受けようとする者がその総数の引受けを行う契約を締結する場合には、適用しない。」

[*7] シリコンバレーでは現在、こうした投資関係のドキュメントの署名は、紙を製本したりFAXを使ったりではなく、ほとんどが「DocuSign」というネットの電子署名のサービスを使って行われるようになっています(先日聞いた例では、サンフランシスコで購入した不動産の契約書の署名もDucuSignだったそうです)。
　こうした「相手がある話」はネットワーク外部性が働き、自分だけががんばっても相手が使っていないと意味がないので、日本ではまだ当面、製本した紙の契約書に押印をする必要がありそうです。

このため、出資者が単独で捺印したシンプルな株式申込証を提出してもらうほうが手続的に進めやすいということであれば、(a)の決定日（株主総会等の開催）の1日後以降に(f)の払込みの期日を設定する必要があります。

逆に、この投資契約書自体で、会社法第205条の総数引受契約を兼ねるのでなければ、総数引受契約の締結義務を、ここに規定しておくことも考えられます。

資金の使途

次は、調達した資金の使途についてです。

> 第3条　資金使途
> 発行会社は、本件株式の発行手取り金を、投資者に提出した事業計画、及び、当該事業計画を払込期日以降に合理的な理由に基づき変更した事業計画に従った目的に使用する。

「提出された事業計画に従った目的のみに資金を使用する」といった文言になっている契約もありますが、**シード期のベンチャーの事業計画がそのとおりにいくということはまずあり得ないので、過去の事業計画どおりにしか支出できないとすると、会社にとっては大きな足かせとなりえる**ので注意が必要です。

「投資者（投資家）と協議のうえで変更した事業計画に従った目的に使用する」といった制限を付けることも考えましたが、これはシードでエンジェルなども使うことを想定していますので、次回ラウンドの増資以降は新しい投資家（ベンチャーキャピタル等）がリードインベスターとして経営指導にあたる可能性も高いことを考えて、事業計画の変更に、

投資家の了承や投資家との協議が必要ということにはしていません。
（事業が軌道に乗ってきたあとに、経営の指導をしてもらってもいいリードインベスターとなれるベンチャーキャピタル等から投資を受ける際には、そうした文言を付けてもかまわないと思います。）

つまり、このシード期向きの投資契約書では、起業家側が合理的に考えて事業計画を変更（pivot）しやすいようにしてあります。

表明と保証

投資は、その前提となる会社の状態やビジネスプランなどを元に判断して決定しますので、そうした前提がウソだと投資家は困ってしまうわけです。

このため、第4条では、投資の前提となる事項について会社と経営者に表明して保証してもらっています。

> 第4条　表明及び保証
> 発行会社及び経営株主は、それぞれ、下記の各事項が本契約締結日現在において真実であることを表明し、保証する。
> (1) 発行会社は、本契約の締結及び義務の履行並びに本契約に基づく株式の発行について、必要な能力及び権限を有し、かかる締結、履行及び発行に必要なすべての手続きは適法かつ有効に行われていること。
> (2) 経営株主は、本契約の締結及び義務の履行について、必要な能力及び権限を有していること。
> (3) 発行会社の発行可能株式数は、［普通］株式〇株であり、本契約締結日現在そのうち［普通］株式〇株が発行済みであり、経営株主はそのうち〇株を保有している。発行会社の発行済株式はす

べて適法かつ有効に発行されたものである。発行会社は、それ以外の株式、又は潜在株式等（新株予約権、新株予約権付社債、その他株式への転換、株式との交換、株式の取得が可能となる証券又は権利（会社法その他の法令の改正により本契約締結後に発行又は付与が可能となったものを含む。）を意味する。以下同じ。）の発行若しくは付与又はその決議を行っておらず、いかなる者との間でも株式又は潜在株式等を将来発行する旨の約束をしていない。また、本件株式の発行直後時点における、投資者の保有する発行会社株式数の、発行会社の発行済株式総数に占める割合は〇％となる。

(4) 発行会社が投資者に提出した、定款、株主名簿（又は株主構成が分かる書面）、事業計画書、財務諸表、登記事項証明書（登記簿謄本）、その他発行会社の事業運営、財務、人事等に関連する書類に記載されている情報が、本件株式の発行を除き、発行会社についての最新の内容を正確に反映しており、重要な点において適正かつ十分であること。

(5) 発行会社及び経営株主の信用状況等に悪影響を及ぼすべき裁判その他の法的手続又は行政・税務その他の手続が現在係属していないこと、及び、発行会社及び経営株主の知る限り、その可能性もないこと。

(6) 投資者に報告済みの事項以外に、投資者による本件株式の取得の判断に影響を及ぼしうる重大な事項が存在せず、かつ、発行会社及び経営株主の知る限り、投資者による本件株式の取得の判断に影響を及ぼしうる事象が今後発生するおそれがないこと。

(7) 発行会社及び経営株主、並びに発行会社の役員及び従業員は、暴力団、暴力団員、反社会的勢力、その他これに準ずるもの（以下「反社会的勢力等」という。）と一切の実質的な関係を持っていないこと。

> (8) 発行会社が借入れ又は第三者のために保証債務を負担していないこと、及び経営株主は所有する発行会社の株式及び潜在株式等（以下総称して「発行会社株式等」という。）などを担保に借入れをしていないこと。

これらの表明がもしウソだった場合のペナルティは、90頁の第 9 条で定義しています。

また、以下のような条項も、一般の投資契約に入っていることが多いですが、シード期の数％程度の株式で数百万円程度の投資の契約に付ける項目としては、一般にはやり過ぎになることが多いのではないかと考えますので、今回のひな型には入れませんでした。

> (a) 発行会社による本契約の締結及び履行は、発行会社に対して適用のある法令、規則若しくは発行会社の定款その他の社内規則のいずれにも違反していないこと。
> (b) 発行会社が投資者に提出した貸借対照表、損益計算書が、法令及び定款に適合し、かつ一般に公正妥当と認められる企業会計基準に準拠して作成されていること等。
> (c) 発行会社は、現在行っている事業の運営に関し法令上要求されるすべての免許、許可又は認可の取得、登録又は届出を行っていること等。
> (d) 発行会社は、本契約締結日現在行っている事業を適正に遂行するために使用しているすべての有形又は無形の資産につき、その使用のために必要な有効かつ対抗要件を備えた所有権、特許権等の知的財産権、賃借権又は使用権を保有していること等。
> (e) 発行会社が当事者となっているすべての重要な契約は、有効かつ執行可能であること等。
> (f) 本契約以外に、発行会社とその役員等、従業員又は株主のすべ

て又は一部との間で締結されている契約は存在しないこと等。
(g) 発行会社は、すべての役員等に対して法令に定める範囲内において報酬等（退職金を含む。）を適正に支給していること等。
(h) 発行会社は、これまで適法に納税申告書を作成、提出しており、支払うべき税金の不払い、滞納等の事実は存在しないこと等。
(i) 発行会社又は経営株主が、投資者による発行会社に関するデュー・ディリジェンスその他の調査において提出した資料及び説明した内容は、すべて真実かつ正確であること等。

たとえば、設立したばかりの会社が作る、監査法人等によって監査も行われていない財務諸表が、「一般に公正妥当と認められる企業会計基準に準拠して」作成されている可能性は極めて低いはずです。そういった財務諸表だったということで表明と保証違反になってしまうのも、シード期のベンチャーにとっては酷なのではないかと考えました。

払込義務

基本的には、この投資契約書を締結して払込みが行われない可能性は低いですが、会社や経営者がウソを付いていた場合や、会社の事情がまったく変化してしまったような場合には、払込義務がなくなることにしてあります（投資契約としては当然かと思います）。

第5条　払込義務
払込義務投資者の払込期日における払込義務は、以下のすべての事項が充足されることを条件とする。（ただし、以下のすべての事項が充足されていない場合であっても、投資者が書面により希望した場合は払込を行うことができる。）
(1) 発行会社及び経営株主の第4条における表明及び保証が、

> 払込期日現在においても真実であること。
> (2) 本契約締結日以後払込期日までに、発行会社の運営、財政状態、経営成績、信用状況等に重大な影響を及ぼす事態が発生していないこと（但し、投資者に事前に報告済みであり、かつ、投資者が了承した事項は除く。）及び、発行会社及び経営株主の知る限り、その発生の予定もないこと。

　上記のとおり、(1)と(2)の事項が充足されていなくても、投資家側の裁量でクロージング（契約で定めたことを実行）させることもできることにしてあります。ただしこの場合は、「前提が変わってしまった」ということですから、クロージング後の会社や経営者などの誓約事項などを別途の書面で合意してもらうことも必要になる可能性があります。

払込後の経営者の義務

　第6条では、投資が行われたあとの発行会社から投資者への報告義務等のほか、ベンチャーとして当然行うべき最低限の規律について定めています。ここに書かれていることは、企業や経営者が行うべき最低限の常識的なことですが、シードの段階では、今まで企業経営の経験が少ない経営者も多いでしょうから、教育的意味合いも込めて記載してあります。

> 第6条　払込後の発行会社及び経営株主の義務
> 発行会社及び経営株主は、本件株式の払込後、以下を遵守する。
>
> (1) 法令及び発行会社の定款を遵守して経営を行うこと。特に会社法上の事業報告及び計算書類、その他開示情報等を法令に定められたとおり投資者に送付すること。

(2) 他の株主に対して、月次試算表その他の情報について継続的な提供を開始することとなったときは、投資者に対しても同等の情報の提供を行うこと。
(3) 事業計画書の達成可能性に関する重大な変化及び事業計画書の重大な変更について投資者にすみやかに通知するとともに、更新した事業計画書等をすみやかに投資者に交付すること。
(4) 発行会社及び経営株主が、反社会的勢力等と一切の実質的な関係を持たず、また、発行会社の役員及び従業員が反社会的勢力等と関係を持たないように適切に指導すること。
(5) 経営株主は、疾病その他やむを得ない事情がある場合又は投資者が事前に了承した場合を除き、発行会社の取締役を辞任せず、かつ、任期満了時に発行会社の取締役に再選されることを拒否しないものとし、また、発行会社の取締役としての業務に専念し、他の会社（発行会社の子会社及び関係会社（子会社及び関係会社の定義は会社計算規則に定めるところによる。））を除く）、団体、組織の役員等又は従業員を兼務又は兼職しないこと。
(6) 経営株主は、発行会社の取締役としての地位にある間、並びに、発行会社の取締役でなくなった日から1年間経過するまでは、自ら又は第三者をして、発行会社における事業と競合する事業を直接又は間接に行わないこと。

　本条も、シード期のベンチャーであることを考えて、過度な負担とならないように配慮してあります。たとえば、多くのベンチャーキャピタルの投資契約書には、「毎月試算表を提出」といったことが入っていると思いますが、シード期アーリー期のベンチャーでは経理専任の担当者もいなかったりで困難なことも多いと思われますので、そうした条項は入れていません。

ただし、次回ラウンドの投資後に、ベンチャーキャピタル等とそうした報告義務のある契約を締結した場合には、追加的な負担は軽いでしょうから、このシード期の投資家にも報告してもらうことにしてあります。

株主数が増えてきた場合に、こうした会社側の義務や株主の権利を、個別の投資契約書で別々に定めていると、それらの個別の契約書の権利や義務が、お互いに果たして整合性が取れているのかどうか、チェックすることが困難になる可能性があります。このため、**投資家の数が3人とか5人以上に増えてきた場合には、そうした権利や義務は個別の投資契約ではなく、株主間契約[*8]で定めるほうが望ましくなってきます。**

ただし、株主数が投資家の場合を含めて、まだ3〜5名程度までの場合には、投資契約と株主間契約を分けることは、かえってベンチャーや投資家の負担を大きくしてしまいますので、このシード期の契約では、前述のとおり、投資契約と株主間契約を一体化させたシンプルな契約にしてあります。

(5)の「ずっと経営者を続けます」という条項は、他の条項が一般の投資契約よりマイルドなのに比べてやや厳しいと思われるかもしれませんが、経営者に専念することは成功のためには必須と考えますので、あえて厳しくしてあります。他業との兼職が予想されるときには、あらかじめ、どういった兼職については投資家に承諾を求める必要がないかを決めておくことになります。

なお、取締役の辞任について、「疾病その他やむを得ない事情がある

[*8] 株主間契約は、文字どおり、株主間で締結する契約です。企業どうしが共同でジョイントベンチャーなどを行う場合には、主要な株主間で締結することもありますが、第3章のようにドラッグ・アロング権（139頁参照）や株式の譲渡でM&Aする場合の買収対価の分配などを定める株主間契約の場合には、原則として全株主間で締結することになります。

場合……を除き」としてありますが、何をもって「やむを得ないか」はあいまいです。「疾病その他やむを得ない事情があると投資者が合理的に判断する場合」としておくことも考えたのですが、投資家の判断次第で絶対辞められないという過度なプレッシャーを与えてしまうことを避けるために、シード投資の契約書としては、「やむを得ない事情がある場合」とボカした形でいいのではないかと考えました。

「やむを得ない事情」かどうかについて両者が折り合わないときには裁判ということにもなるでしょうが、たとえば「この事業に飽きたから」という理由は、裁判所も「やむを得ない事情」とは認めないと思います。また、どういう理由をつけるにせよ、そもそも、やる気を失った経営者を無理矢理会社に縛り付けても、上場するようなスゴい会社にしてくれることはまずないと思いますので、個人的にはあまりそこを縛ってもしょうがないと考えています。

事前協議事項

この契約書は、あまり投資家が口出しせず、経営者がプレッシャーを受けずに経営に専念できるように考えてあるつもりですが、さすがに、会社の命運が大きく変わるような場合には、事前に協議するということにしました。

第7条　事前協議事項
発行会社及び経営株主は、以下の事項を決定又は承認する場合、事前に投資者と協議するものとする。
(1)　定款の変更、株式の譲渡、発行会社株式等の発行、取締役及び監査役の選任又は解任、合併、株式交換、株式移転、会社分割、事業譲渡、事業譲受、その他発行会社の株主総会を開催すべき事項。

> (2) 破産、会社更生手続開始、民事再生手続開始、その他の倒産手続開始の申立て、又は解散、清算。

　本条も、一般の投資契約に比べると、項目をばっさり削ってあります。また「**投資者の事前の了承**を得ないと変更できない」といった厳しい内容にもなっていません。数％かつ数百万円程度の投資で、そこまで縛る（「拒否権」まで持つ）のは、いき過ぎだと考えたためです。

　ただし、投資家としては「寝耳に水」は避けたいと思いますので、事前に協議はしてもらうことにしました。特にシード期のベンチャーは、これらの非常に重要な項目については不慣れなことも多いと思いますので、独断で進めて間違うのを防止したいという配慮でもあります。

投資家の保有する株式の譲渡

　シード期はリスクが大きく、また、よほどうまくいかない限り、投資してから5年以内で上場といった早いタイミングでのexitも難しいでしょうから、投資した株式については、「上場やM&Aのときまで絶対に売りません」といった制約は付けないことにしています。

> 第8条　投資者の保有する発行会社株式の譲渡
> 1. 投資者は、法令及び発行会社の定款に従い、本件株式の全部又は一部を譲渡することができる。
> 2. 前項の譲渡にあたっては、投資者は発行会社と、譲渡先、譲渡の条件等について誠実に協議するものとする。
> 3. 投資者は発行会社株式が上場された後は、法令に従い本件株式の全部又は一部を自由に譲渡することができる。

「ずっと応援してくれると思っていた初期の投資家が、株式を第三者に譲渡したいと言い出してゴタゴタする」ということはベンチャーでは非常に多いので、ここは経営者側にとってはリスクです。そのため、せめても、ということで、そういうことになった場合には、「誠実に協議する」ということにしてあります。

もちろん通常の非上場企業は定款で株式の譲渡制限を付けていますので、株主総会（取締役会設置後は取締役会）で承認された相手にしか売却することはできません。

発行会社側が譲渡先を気に入らんという場合には、会社法の手続きに従って、買い取る相手を探してくるとともに、売却する株価について交渉する必要がでてきます。会社法では、この交渉がまとまらない場合に裁判所を介在させるプロセスについても定められていますが、こうしたプロセスはベンチャー側投資家側双方にとって面倒なので、お互いの関係が悪化していないたいていのベンチャーのケースでは、話し合いで譲渡先や譲渡する株価が決まっています。

買取請求権

当初の前提がウソだったような場合に、ペナルティーとして投資家が買取りを請求することができることを定めています。

> 第9条　買取請求権
> 1. 以下のいずれかの事由が生じた場合において、投資者が本件株式の買取を請求したときは、発行会社及び経営株主は連帯して、法令で認められる範囲内で本件株式を自ら買取るか、又は別途指定した第三者をして本件株式を買い取らせる義務を負うものとする。この場合、発行会社は、本項に基づく買取りが有

効になるために必要な社内手続を行うとともに、経営株主は発行会社のかかる社内手続に最大限の協力をするものとする。
  (1) 第4条に規定された事実の表明及び保証が重要な点で虚偽であった場合。
  (2) 発行会社又は経営株主が、故意又は重大な過失により本契約に違反し、投資者の是正要請にもかかわらず違反を相当期間内に是正しないとき。
  (3) (i)発行会社の株式が上場の要件を充足しており、かつ、発行会社の企業価値最大化のために上場が必要と合理的に考えられるにもかかわらず、発行会社が発行会社株式の上場を行わないとき、又は、(ii)発行会社に対する買収（発行会社の発行済株式総数の50％以上を保有することとなる株式譲渡、合併、株式交換、株式移転、又は発行会社の事業の全部又は重要な一部を対象とした事業譲渡、会社分割を意味する。以下同じ。）の提案があり、かつ、発行会社の企業価値最大化のために買収提案に応じることが必要と合理的に考えられるにもかかわらず、発行会社が買収提案に応じないとき。

2. 前項における1株当りの買取価額は、次のうち最も高い金額とする。
  (1) 投資者の取得単価（但し、株式の分割、併合、交換等持株比率を変動させない株式数の変動があったときは適切に調整されるものとする。）。
  (2) 投資者の買取請求時における最近取引事例の単価（但し、次号の算定を行った場合には、その単価を超えない額）。
  (3) 監査法人、公認会計士等、投資者及び発行会社が合意する第三者が算出する単価。

> 3. 本条前各項の規定は、第9条第1項各号に該当する事由により投資者が被った損害を連帯して賠償することを別途発行会社又は経営株主に対して請求することを妨げないものとする。

「○年以内に上場できない場合には買い取れ」といった、できるかどうかわからないリスクを起業家側に押し付ける買取請求権は、投資契約等で付けるべきではないと考えますが、会社や経営者が言うことがウソだったり、この契約で定めているような基本的な約束も破った場合には、当然のことながら買取りを請求されても仕方ないと考えます。

　第1項の第(3)号の「上場やM&Aの要件を充足しているのに、それらを行わないとき」という項目が最も問題になると思いますが、「企業価値最大化のために必要と合理的に考えられるにもかかわらず」という要件を入れています。
　つまり、目先の利益を追う「極大化」ではなく、長期的に考えて上場することが企業価値の向上に役立つと考えられるのに、それをしない場合、ということです。

　また、第2項の買取価額が問題になると思いますが、「最低でも取得価額の3倍」といった利回り追求の条項は入れていません。ただし、投資時より時価（最近取引事例の単価や、専門家が算定した価格）が上がっている場合は時価で、ということにしてあります。

共同売却権

「他の株主は放っぽらかして経営者だけ売り抜け」という事態を避けるため、経営者と一緒に売却する権利を付けています（この権利は、タグ・アロング権〈tag-along rights〉、co-sale rightsなどと呼ばれます）。

> 第10条　経営株主の保有する発行会社株式等の譲渡
> 経営株主が、経営株主の保有する発行会社株式等を、発行会社又は第三者（以下総称して「経営株主の売却先」という。）に譲渡する場合には、投資者は、当該経営株主の売却先への譲渡の条件と同等の条件で、投資者の保有する発行会社株式等を経営株主の売却先に譲渡することができるものとし、発行会社及び経営株主は、投資者が当該譲渡を行えるよう、株主総会等の開催、経営株主の売却先との交渉等において最大限の努力をするものとする。

　通常は、経営者が売却する株式を投資家がまず買い取る権利があるとして、その権利を行使しない場合には売却、といったプロセスで進むことが多いと思いますが、エンジェルなどシード期の投資家は追加投資を行わないことも多いので、相乗りする権利だけに絞っています。

　また、経営者が売却するときに投資家も応じなければいけない権利や、逆に、投資家が売却する際に経営者も株式を売却しないといけない権利等も、数%、数百万円程度の投資では強過ぎると考えて、付けておりません。

機密保持義務

> 第11条　機密保持義務
> 1. 本契約当事者は、他の本契約当事者全員の同意がある場合を除いて、本契約の内容を第三者に開示してはならない。但し、発行会社の資金調達及び上場準備に必要な範囲で開示する場合、又は投資者が一般的なひな型として開示する場合はこの限りではない。

2. 被開示者は、本契約に基づき、開示者が被開示者に対し提供する情報その他被開示者が知り得た開示者に関する一切の情報（以下「機密情報」という）につき、開示者の承諾なしに第三者に開示しないものとする。但し、当該情報のうち次の各号は、機密情報にあたらないものとする。
   (1) 開示者から開示された時点で既に公知又は公表されているもの。
   (2) 開示者から開示された時点で被開示者が既に保有していたもの。
   (3) 開示者からの開示後に公表されたもの又は被開示者の責めに帰すべき事由に基づかずに公知となったもの。
   (4) 正当な権限を有する第三者より適切に取得したもの。

3. 前各項にかかわらず、本契約当事者は、本契約の内容又は機密情報に接触する必要のある自らの役職員（投資者については投資者の組合契約の組合員及び組合員の役職員）、弁護士、公認会計士、税理士及び、本契約当事者が保有する発行会社の株式の譲渡候補先（譲渡候補先については、事前に他の本契約当事者全員に書面により通知した先に限る。）に開示する場合に限り、本契約の内容及び機密情報を開示できるものとし、当該被開示者に対し、本条と同旨の義務を遵守させるものとする。

4. 第1項及び第2項の規定にかかわらず、本契約当事者は、法令又は裁判所若しくは政府機関の命令、要求若しくは要請に基づき、本契約の内容又は機密情報を開示することができる。但し、当該命令、要求又は要請があった場合、速やかにその旨を開示者に通知しなければならない。

一般的な機密保持契約ですが、資金調達及び上場準備に必要な範囲で開示する場合、又は投資者が一般的なひな型として開示する場合には適用されない旨を定めてあります。

「ハンズオン」の責任の限定

投資家は、ベンチャーをいろいろサポートしてくれるものですが、そうした場合で最も多いのが、人や取引先の紹介です（投資家が口であれこれアドバイスするより、その領域に詳しい人を連れて来るのが一番話が早かったりします）。

> 第12条　紹介者の免責
> 1. 投資者又はその出資者（投資者の組合契約の組合員等を意味する。あわせて、以下本条において「紹介者」という。）が、発行会社に企業又は個人（以下本条において「被紹介者」という。）を紹介した場合であっても、発行会社は自己の責任で被紹介者との取引等の決定を行い、紹介者に紹介責任その他の責任を追及しないものとする。
>
> 2. 紹介者は、被紹介者の紹介にあたり発行会社に提供した情報の真実性について責任を負わないものとし、発行会社は自己の責任と費用で当該情報の真偽を確認するものとする。

紹介された取引先等とどういう関係を築くかの主体は、あくまで会社自身であり経営者なので、「あの投資家の紹介だから安心だ」と思考停止するのではなく、ちゃんと経営者自らが考えてください、という主旨です。

その他雑則

以下、契約書として定めておくべきさまざまな雑則を定めています。

第13条　契約の終了
1. 以下のいずれかの事由が発生したときは、本契約は終了する。
   (1) 本契約当事者全員で、本契約を終了する旨の合意をしたとき。
   (2) 発行会社株式が公開されたとき。
   (3) 投資者が本件株式の払込後、発行会社の株主ではなくなったとき。

2. 前項によって本契約が終了した後も、第11条、第12条及び第14条については、その効力を有するものとする。但し、第11条については本契約終了後2年間に限り存続するものとする。

この投資契約がどのような場合に終了するかについて定めています。

契約が終了しても、第11条の2年間の「機密保持義務」、第12条の「紹介者の免責」と第14条の「準拠法、裁判所」については存続するものとしています。

第14条　準拠法、裁判所
本契約は日本法に準拠し、日本法に従って解釈される。本契約に関して、本契約当事者間で訴訟を行う必要が生じた場合、東京地方裁判所を第一審の専属合意管轄裁判所とする。

第15条　契約の見直し・変更
発行会社の株式公開審査において、引受幹事証券会社又は証券取引

> 所が本契約の内容につき発行会社の株式公開のために支障があると判断した場合、本契約当事者の合意の上、その都度変更契約書を作成するものとし、変更契約書は本契約と一体をなすものとする。

　上場審査の過程で、過去に締結した契約が引っかかるということがありえますので、(この契約が引っかかるとは思いませんが) 仮にこの契約書が問題となった場合には変更しましょう、ということを定めています。

> 第16条　協議
> 　本契約に定めのない事項及び解釈の疑義については、投資者、発行会社及び経営株主は誠意をもって協議解決を図るものとする。

本章のまとめ

　以上、シード期にエンジェル等から投資を受ける場合の、比較的簡単な投資契約書のひな型について考えてみました。以上のとおり、非常に基本的なことのみに絞った (当たり前のことも含んだ) 内容にしてありますが、それでもA4で7ページほどの分量になっています。

　ベンチャーは非常に大きなリスクがありますが、特にシード期のベンチャーは「まだ海のものとも山のものともわからない」状態ですので、「もしうまくいかなくなったとき」も含めて、将来に備えておく必要があります。今後何をどうするのかを起業家と投資家との間で投資契約として合意しておくことで、目標も明確になり、トラブルになりかけたときにも、うまく収拾することができる可能性が高まるはずだ、というのが、投資契約を結ぶ目的です。

前掲の投資契約は、本書の他のひな型同様、必ずしもすべてのケースに当てはまるものではありません。しかし、本章に書いたような「なぜこうした条項を入れることにしたか」という目的や、防ごうとしているトラブルの事例などを考えていただくことで、実際の投資契約を考える際の役に立つのではないかと思います。
　次章では、より複雑で内容も厳しい投資契約や優先株式の内容等を考えます。
　次章の優先株式とともに用いられる投資契約や株主間契約は、投資される金額も大きくなるので一般に内容はより厳しくなります。また、投資家の数が増えると、投資契約の内容は投資の内容や表明及び保証等に絞り、経営株主や発行会社の義務は、株主間契約として整理されることが望ましい場合もあります。
　次章の優先株式を用いるラウンドの投資契約のひな型は本書には載せていませんが、本章で基本的な考え方を理解していれば、投資家や弁護士から提示される案も理解しやすくなると思います。

第3章
優先株式を使った投資実務

VENTURE EQUITY FINANCE
STOCKS AND CONTRACTS
FOR ECONOMIC REVOLUTION

　この章では、ベンチャーキャピタル等がリスクが高めの投資をする場合に、優先株式がどのように用いられるかを検討します。
　優先株式での投資は、定款における優先株式の定義だけで実現するものではなく、投資契約や株主間契約と合わせることで、投資家と起業家が納得する効果がうまく実現するようになっています。このため、以下の本文では、定款の条項と各種契約の条項をそれぞれ引用して解説していきます。

優先株式を活用する

重要さを増す優先株式

　今後のベンチャー・ファイナンスを理解するうえで重要な柱の1つは**優先株式**です。

　従来、日本のベンチャー投資に使われてきた株式はほとんど「普通株式」でした。しかし、シリコンバレーをはじめとする世界のベンチャーキャピタルがベンチャーに対して投資する場合には、ほぼ必ず優先株式（preferred stock）が使われます。

　日本でも、投資家に有利な条件がついた会社法の種類株式を優先株式として使うことが可能ですし、アーリー・ステージなどで1億円以上の投資が行われる場合には、優先株式が使用されることが増えてきました。そして**今後10年、M&Aの増加や投資額の増大と表裏一体に優先株式が使われるケースは増えていく**と想定されます。

M&Aの増加に優先株式の普及が必要な理由

　M&Aが増えるとなぜ優先株式が必要になるのでしょうか？

　それは、**想定より低いvaluationでexitした場合の、経営陣と投資家の分け前をフェアにするため**です。

　具体例で考えてみましょう。

　創業者も投資家も**普通株式だけ**で投資をした場合、会社が売却されたときや清算されたときの分配割合は、持株比率で固定されてしまいます。

　たとえば図表3-1のように投資家が20%の株式を持っていれば、20%の分配しか受けられません。

03 優先株式を使った投資実務

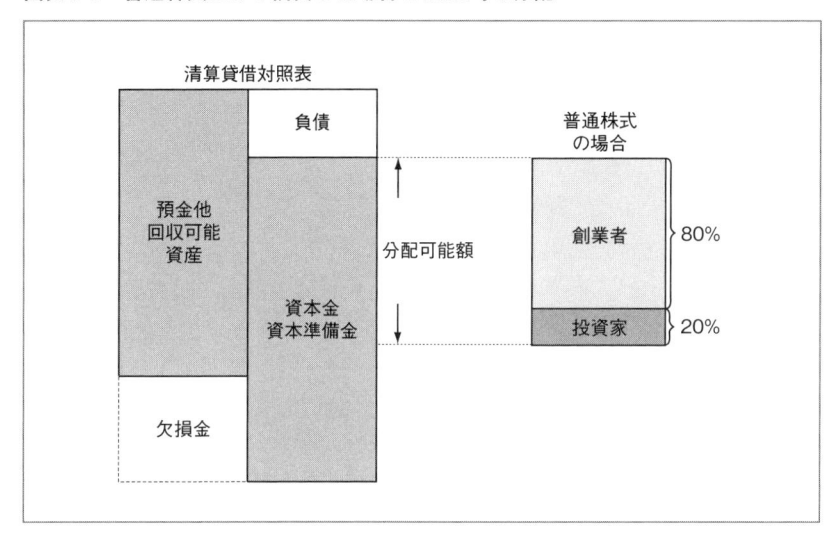

図表3-1　普通株式だけで投資した場合のM&A時の分配

［清算貸借対照表］
- 預金他回収可能資産／欠損金
- 負債
- 資本金・資本準備金
- 分配可能額

［普通株式の場合］
- 創業者　80%
- 投資家　20%

　投資したときの企業価値評価を超える額で売却されたのなら、まだ問題は大きくはありません。すなわち、創業者が資本金100万円で設立したベンチャーのpreの企業価値を8億円と評価して投資家が2億円を普通株式で投資し、20%の株式を持っている場合には、投資後の企業価値（post-money、post）は10億円ですから、10億円以上で会社が売却されれば、2億円は返ってくることになります。

　では、このベンチャーが4億円でしか売却できなかった場合にはどうでしょう？

　売却額が4億円の場合、4億円に投資家の持分20%を掛けると8,000万円で1.2億円の損が出てしまいます。一方、創業者は会社設立時に100万円しか投資していないのに、3.19億円の売却額を手にするわけです。

　どちらのケースでも普通株式を持っている経営者は儲かるわけですから、経営者としては投資家により条件の悪い普通株式で投資してもらう

ほうがラッキーと思うかもしれません。
しかし、そうとは限らないのです。

　投資契約も何も締結せず、単に普通株式で投資をしただけなら、起業家だけが得をして投資家が損して終わりです。しかし、ベンチャーキャピタルなどのプロの投資家が投資をする場合、投資契約で「ベンチャーキャピタルが反対した場合には、M&Aは行えない」と定められていることも多いのです。つまり、ベンチャーキャピタルは、自分に損失が発生するM&Aのディールには難色を示しますので、「こんな低い売却価格で満足せずに、上場目指してがんばれ」ということになってしまうでしょう。もちろん、それで将来上場して100億円の時価総額になれば、起業家もベンチャーキャピタルも双方ハッピーですが、「全体では儲かるのに起業家だけが儲かるのが許せないから売り時を逃がした」ということになるとしたら、結果として双方にとって損になってしまいます。

　もともとこのベンチャーに投資された金額は、創業者の100万円＋投資家の2億円の合計2億100万円で、売却額は4億円ですから、これでも全体では1億9,900万円の利益が出ていたわけです。全体で損失が出るならともかく、全体では利益が出ているのに「分け前」で揉めて、ディールが流れてしまう可能性があるわけです。

　一方、図表3-2のように、投資家が2億円の投資をしたのが、残余財産の優先分配権が付いた優先株式だったらどうでしょうか？
　この場合、残余財産優先分配額が「1倍」（米国風の表記だと「1x」）なら、まず、優先株式に2億円が分配されてから、はじめて、普通株式に分配が行われます。
　つまり、4億円でexitした場合、まず2億円が投資家に分配されます。これが後述する「参加型」の場合、さらに、残りの2億円を普通株式80：優先株式20という株式数の比で配分することになります。

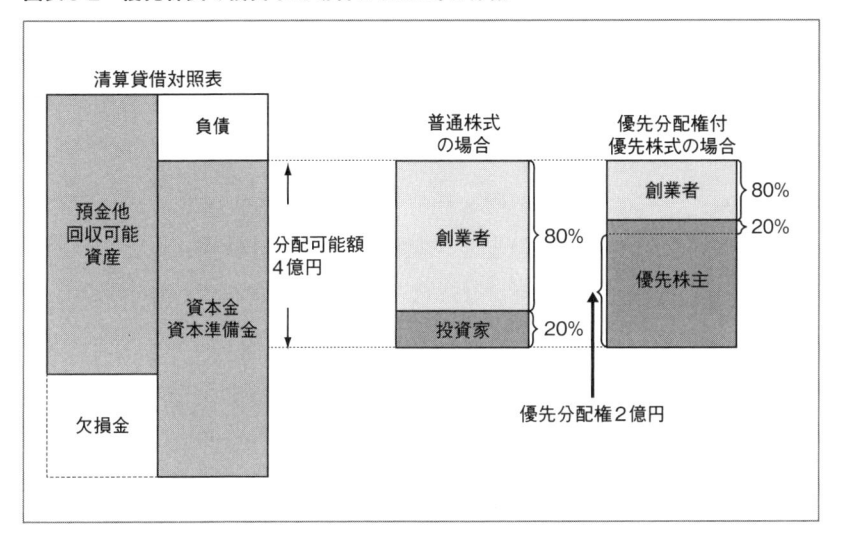

図表3-2　優先株式で投資した場合のM&A時の分配

清算貸借対照表／負債／預金他 回収可能資産／資本金 資本準備金／欠損金／分配可能額 4億円／普通株式の場合：創業者80%、投資家20%／優先分配権付優先株式の場合：創業者80%、20%、優先株主／優先分配権2億円

　結果として、投資家は2.4億円、創業者は1.6億円の収入を得ました。もちろん、これで満足してハッピーかどうかは、創業者や投資家のマインド、そのベンチャーの内容や環境等にもよりますが、少なくともこの優先株式を使ったケースでは、全員に利益が出たわけです。

投資額の増大に優先株式が必要な理由

　こうした優先株式が使われることのもう1つの効果は、（投資家が優先株式の性質をよく理解して高い株価を付けてくれれば、ですが）**投資家が、リスクの高いベンチャーにも、より思い切って高いvaluationを付けることが可能になり、創業者の希薄化を防ぐことが可能になって、より大きな企業価値のベンチャーを目指すことができるようになる**というところです。

　たとえば、成功すれば500億円くらいの時価総額で上場するかもしれ

ないが、失敗したら5億円くらいでしか売却できない可能性も高いアーリー・ステージのベンチャーがあるとします。

このベンチャーに投資家が普通株式で3億円を投資する際は、exit額が下ぶれした場合を想定して、投資家はなるべく高い比率を確保しなければなりません。

つまり、たとえばpre3億円と評価して3億円を投資し、postの評価額が6億円ということになると、投資家に50%もの持分を取られてしまうことになります。しかし投資家のほうとしても、万が一将来5億円でしか売却ができなかったとしたら、それだけpreを安く評価したにもかかわらず損が出てしまうわけなので、これでも投資家としてはリスクを顧みずに大盤振る舞いをしたつもりかもしれません。

しかし、将来本当にこのベンチャーが500億円の価値になるのだとしたら、仮にpre17億円で3億円を投資してpost20億円としても、25倍にもなるはずですから投資家は大儲けです。[*1]

そして、残余財産優先分配額が「1倍」での参加型の場合、仮に将来5億円でしか売却できなくても、投資家は投資した3億円を先に回収できますし、さらに「参加型」(後述) 分として株式数に比例して3,000万円分の分配も受けられるわけです【計3.3億円の分配←3億円+(5億円−3億円)×15%】。

「pre」「post」は企業価値を表しているか？

pre17億円というと、「現在の企業の価値が17億円もある」と考えが

[*1] このあとに第三者割当増資をするとすれば、この投資家の持分はもっと薄まりますので、企業価値500億円の15%より下の金額になる可能性も高いですが、話を単純化してあります。
また、前回のvaluationより低い企業価値で投資を受ける「ダウンラウンド」は、既存株主の調整その他いろいろな意味で実現が難しくなるので、浮かれて株価を上げ過ぎないようにする必要があるのは言うまでもありません。

ちですが、残余財産の優先分配権が付いた優先株式を使う場合には、pre17億円というのは、必ずしも投資前の企業の価値が17億円なくてもいいどころか、**投資前の企業価値はゼロでもいい**（自分が投資した3億円程度で売却できれば元本は回収できる）わけです。

17億円の企業価値というのは、たとえばPER（株価収益率）が15とすると、年間1億円超の税引後利益が出る水準です。税引前なら2億円くらいの利益が出るのが確実でないと、なかなか17億円の企業価値は付けられません。いわんや、利益が出てないどころか、売上も全然立っていない企業に17億円の価値があるというのは、なかなか難しいわけです。

一方、普通株式が発行されている会社に優先株式で投資をする場合には、株式の種類が違うので、投資したときには普通株式の価値はゼロで優先株式しか価値がないと考えることもできます。昨今、「まだ売上も立っていないアーリー・ステージの企業のvaluationが上がってバブルの様相を呈してきている」といったことが言われますが、単に普通株式で高いvaluationを付けている場合ならともかく、投資家に有利な条件が付いた優先株式で投資をしている場合は、まったくバブルではない（今の普通株式や企業にはまったく価値を認めていない）こともあるわけけです。

つまり、普通株式と優先株式が混在する場合の「pre」や「post」のvaluationは、「今それだけの価値がある」ということではなく、将来上場した場合には、その持株比率で分け前を分け合いましょうというくらいの意味しかないわけです。

優先株式を使って高いvaluationでの投資が行われるようになれば、ベンチャーはより大きな額の資金調達をして、より大きな目標にチャレンジすることができるようになります。

「日本ではなぜGoogleやFacebookのような企業が出てこないのか？」といった疑問に対して、「日本人がリスクを取らない国民だからだ」とか「日本のベンチャーのレベルが低いからだ」といった理由付けで納得してしまっている識者の方をよく見かけます。しかし私は、こうした**優先株式の性質を知ってそれを活用していないという技術的な理由が最も大きな要因の1つ**だと思います。「民族性」といった思考停止に陥る前に、優先株式を普及させてみるべきです。

仮に将来1兆円の企業価値になるかもしれないビジネスがあっても、普通株式だけの投資では、まだ売上も立っていない企業を100億円の価値があると評価して、10億円を投資するといったことは困難だったわけですが、優先株式を使えば、1兆円になる場合はもちろん、仮に10分の1の10億円で売却されることになっても、投資家は損をしないわけですから。

優先株式の問題点

いいことばかりのようですが、優先株式には問題もあります。

1つには（本章をパラパラと眺めるだけでおわかりいただけると思いますが）、優先株式を使った実務が**非常に複雑**だということです。「複雑だけど、デファクト・スタンダードの形式が決まっているのでそれさえ覚えればいい」というならまだいいのですが、（ある程度表現のパターンや幅は決まっているものの）さまざまな要素のバリエーションの組み合わせになるので、優先株式を発行するときの定款や契約は、非常に個別性が強いものになります。

2つめに、1度優先株式を発行したら、その後は原則として株式の種類ごとに「種類株主総会」を開催する必要があるということです。たとえば、普通株式とA種優先株式、B種優先株式という3種類の優先株式を発行している場合、株主総会の他に、普通株主総会、A種優先株

主総会、B種優先株主総会と、4つの株主総会を開催しないといけないことになります。ベンチャーは、ストックオプションの発行、株式による資金調達、オフィスの移転など、しょっちゅう株主総会を開く必要があるので、とりわけ大変です。もちろん、省略できる場合もあるのですが、仮に行わなければいけない種類株主総会を飛ばしていた、ということになると、その後の決議がすべて無効だったということになりかねません。**実際に種類株主総会が抜けていたために、上場審査が止まってしまって上場できない、といった恐ろしい話を多数聞きます**。つまり、何かするたびに必ず、優先株式に詳しい弁護士などのチェックを受ける必要があり、その分コストや手間もかかることになります。

これらのことから、**優先株式は、数百万円から数千万円程度の比較的少額の資金を調達する場合にはお勧めしにくい**ことになります。実際、優先株式が使われているのは1億円以上の資金調達の場合が多いと思います。

優先株式はどうすれば普及するか？

日本でも優先株式の活用は増えてきてはいるのですが、この優先株式を積極的に使ってシード・ステージやアーリー・ステージのベンチャーに億円単位で投資をするベンチャーキャピタルは、残念ながら日本にはまだ10社前後しかありません。そして、ベンチャーキャピタルは、銀行などの金融機関と違って、いつでも資金を出せるわけではありません。次のファンドを組成中だったりすると投資してもらえませんし、ファンドや担当者によって、注力している領域や好き嫌いもありますので、実際に相談できる先はさらに少なくなります。

つまり、アーリー・ステージの企業が1億円以上の資金を調達したいと考えた場合、相談できるベンチャーキャピタルは数社程度しかないということになってしまうわけです。[*2]

なぜ、シード・ステージやアーリー・ステージのベンチャーに億円単位の資金を投資するベンチャーキャピタルが少ないのでしょうか？
　もちろん、「シード・ステージのベンチャーのことがわかるベンチャーキャピタリストが少ない」「リスクを取る根性があるベンチャーキャピタリストがいない」といった理由がないとはいいません。しかし私は、**優先株式を使いこなせないと、リスクの高いアーリー・ステージのベンチャーに1億円以上といった大きな資金を投資することが難しい**という技術的な理由も大きいと考えています。

　優先株式の知識やノウハウは、限られた人にだけ許される特権的な知識であるとか、その理解に常人をはるかに上回る頭脳が必要というわけではありません。基本的には誰でも、使えるひな型があって何回か投資実務を経験すれば理解できることだと思います。

　逆に言えば、今まで巷で日本のベンチャーキャピタルに対して言われてきた"悪口"、たとえば「ベンチャーキャピタルのくせにリスクを取らない」「売上や利益がまだない会社には投資しない」「少しの資金しか出さないくせに、過大なシェアを取る」「『上場できなかったら経営者が株を買い戻せ』といった、リスクをベンチャー側に押し付ける条項を投資契約に入れてくる」などは、なにもベンチャーキャピタルをやっている人たちの性格が悪いとか、能力が低いといったこと（だけ）が理由で

＊2　もちろん、ライフネット生命保険のように、ベンチャーキャピタル以外の金融機関や事業法人からも含めて、創業期に132億円も資金調達した例もありますので、ベンチャーキャピタルだけから資金調達を考える必要はありません。日本には1,000兆円単位（ベンチャーキャピタルが投資している金額の1万倍規模）の資金があるので、計画が合理的で、それをきちっと説明できる能力があれば、資金調達はできるはずです。……が、ベンチャー投資を専門でやっている人以外にリスクの高い投資を説明するのは極めて骨が折れますので、ベンチャー投資専門であるベンチャーキャピタルが増え、資金量も増加することが望ましいのは、言うまでもありません。

はないということです。つまりそのうちのかなりの部分は、「普通株式だけで投資をしてきたことで必然的に陥る帰結」だったと言えます。

　また、ファイナンスの知識は一方が知っているだけでは用いることができません。ベンチャー投資における優先株式の内容や投資契約等は、相手がいて、その相手とのやりとりの中で内容が決まっていくわけですから、**「コミュニケーション」とか「プロトコル」としての要素があります**。優先株式や株主間契約は、一部の弁護士やベンチャーキャピタルだけが理解していればいいわけではなく、ベンチャー経営者や、そのベンチャーキャピタルが投資する前のエンジェル投資家など、ベンチャーの生態系に属する人全体が理解していないと、話がまとまりづらいわけです。つまり「ネットワーク外部性」が働くことなので、1社だけがいくらがんばっても問題は解決しないわけです。

　起業家の側も、この意味を知らないと、（世間がバブっているときはいいですが）そうでないときには高いvaluationで投資が受けられないし、希望する資本政策も取れないことになります。**この優先株式の知識をベンチャー生態系にいる人々に広く理解してもらうことこそ、ベンチャーを巨大な企業にまで急速に発展させていくために必要なことの1つだと考えています**（そして、それこそが本書を書いた最大の動機です！）。

優先株式とは何か

　この本で「優先株式」と言っているのは、普通株式より優先的な条件が付いた種類株式のことです。日本の法律上では、会社法の「株主の権利」（第105条第1項）に定められている株式のメインとなる性質は以下の3つです。

1. 剰余金の配当を受ける権利
2. 残余財産の分配を受ける権利
3. 株主総会における議決権

　1.と2.が株式の経済的な権利、3.が会社をコントロールする権利です。
　そして、会社法の「異なる種類の株式」（第108条第1項）では、次に掲げる内容について異なる定めをした内容の異なる2以上の種類の株式を発行できることになっています。

1. 剰余金の配当を受ける権利
2. 残余財産の分配を受ける権利　☆
3. 株主総会における議決権の範囲の制限
4. 株式の譲渡制限
5. 株主からの取得請求権（プットオプション）　☆
6. 会社による取得条項（コールオプション）　☆
7. 全部取得条項（株主総会の特別決議で取得）
8. 種類株主総会での決議事項
9. 取締役又は監査役の選任権

　このうち、ベンチャー企業が投資を受ける際の優先株式に使われる重要なものは、主に上記に「☆」を付けた3つです。[*3]これらがどういったものであるか、以下、契約書やひな型を交えながら説明します。

---

*3　投資契約や株主間契約も含めれば、7の全部取得条項以外の要素はだいたい用いられます。米国では、株主数が多く調整コストが大きいことから、優先株式の要項にこれらの要素をすべて盛り込んでしまうことが多いですが、後述のとおり日本の実務ではフレキシビリティを考えて、優先株式の要項ではなく契約でこれらの定めをするほうがふさわしい場合が多いと思います。

残余財産分配権

残余財産分配権とは

　残余財産分配権は、ベンチャー投資で用いられる優先株式の権利の中でも、最も重要なものの1つです。
　本章の冒頭でも紹介したように、残余財産の優先分配権が付いていると、優先株式を持っている株主は、ベンチャーが清算した際に普通株式より優先して残余財産の分配を受けることができます。

　たとえば、ベンチャーに株主が、普通株式を保有する「創業者」と、優先株式を保有する「投資家」の2人しかおらず、投資家が2億円（1株あたり2,000円×10万株）の残余財産の優先分配権がある株式で投資をしたときに、会社を清算した場合の残余財産（債権者に債務を支払ったあとの残りの額）がどう分配されるかということを示したのが図表3-3です。[4]

　この図のように、清算した際の残余財産の額が2億円までは、投資家が持っている優先株式に優先的に分配が行われますので、普通株式を持っている創業者には、1円も分配が行われません。
　そして、この優先株式は**参加型**と言って、分配額が増えれば増えるほど、株式数に比例してたくさんの分配を受けられるようになっていますので、たとえば残余財産が10億円の場合には、先に優先株主に2億円を分配したあと、残りの8億円を、創業者と投資家の持株比率である

---

[4] 以下、この例では、1株1,000円で10万株（1億円）の投資をして、20％の持株比率となっており、2倍（2,000円）の残余財産分配権の優先権が付いているケースを想定します。

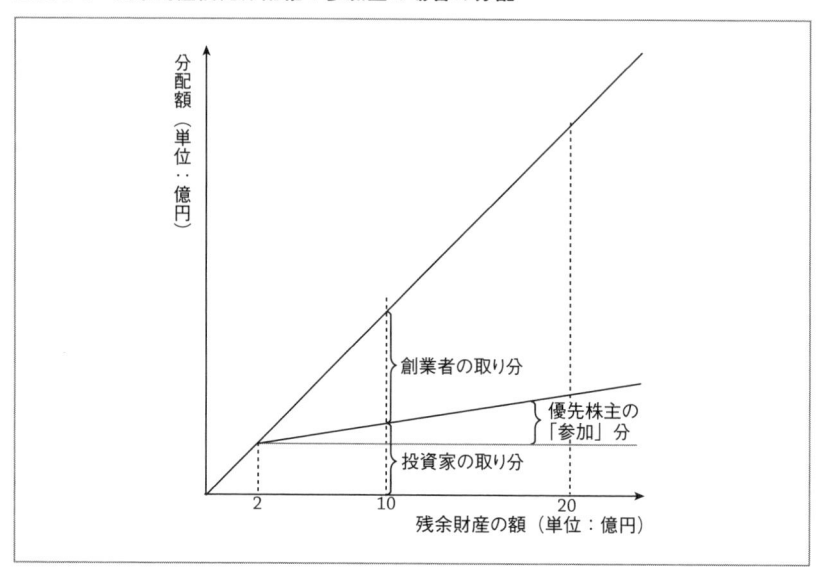

図表3-3　残余財産優先分配権＋参加型の場合の分配

80%と20%の比で分配することになります。このため、創業者の取り分は6.4億円（8億円の80%）、投資家の取り分は3.6億円（8億円の20%＋2億円）となります。

こうした分配によって、投資家は20%の株式しか持っていないのに、残余財産2億円までは100%の分配を受けられるし、残余財産10億円でも36%の分配を受けられます。

つまり、普通株式のように単純に持株比率に比例する分配ではないので、投資家は、あまり成功しないときでも、それなりの利益を確保することができるし、大きく成功するほど投資家も創業者も、それぞれが儲かることになっているところが特徴です。たとえば残余財産が20億円のときには、創業者14.4億円で投資家5.6億円。残余財産が100億円のときには、創業者78.4億円と投資家21.6億円となり、金額が大きくなるほど徐々に80：20の持株比率に近づいていきます（図表3-4）。

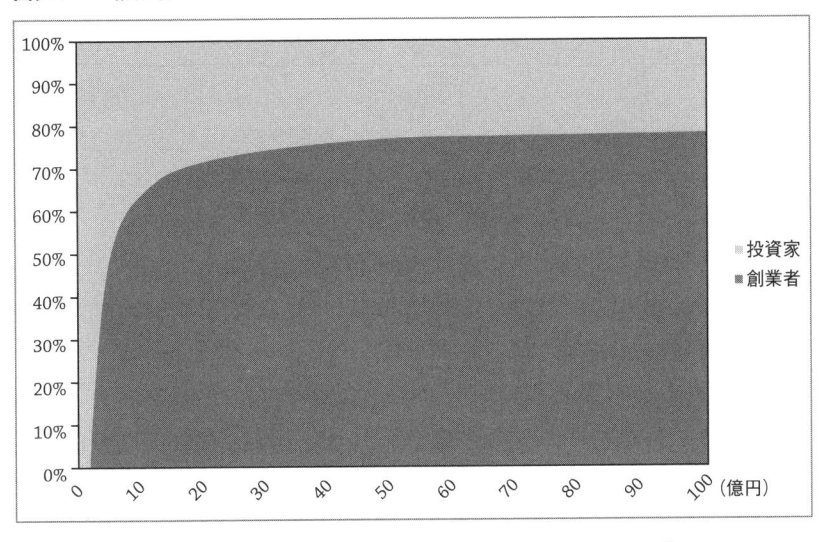

図表3-4　創業者と投資家との残余財産の分配割合（参加型の場合）

こういう条件になっているからこそ、投資家は、リスクの高いシード・ステージやアーリー・ステージのベンチャーに対しても、思い切った大きな額の投資を行うことができるわけです。

「AND型」の残余財産優先分配権

　上述のような参加型は、まず投資した額の1倍の（または1.5倍、2倍といった額の）残余財産の分配を優先的に受けてから、それに加えて、持株比率分の分配を受けることができるものでした。
　残余財産優先分配権と参加型の両方をもらうことができるので、これを仮に「AND型」の残余財産分配権と呼ぶことにします。

　ところが、図表3-5を見ていただくとわかるように、この「AND型」の残余財産分配権の場合（濃いグレー）、どこまでいっても普通株式の

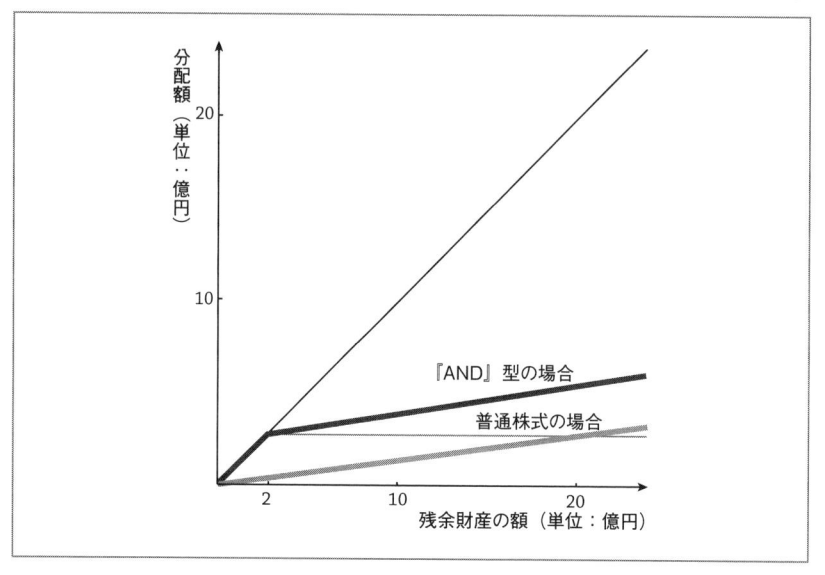

図表3-5 「AND型」の残余財産優先分配権（黒い太線）と普通株式の分配（グレーの線）

場合の分配（薄いグレー）より残余財産の優先分配権の額の分だけ多くなります（濃いグレーの線と薄いグレーの線は、どこまでいっても平行です）。上場するときには、「AND型」の優先株式も普通株式に転換されるので、残余財産分配権の分だけ分配額は小さくなってしまうわけです。

残余財産の優先分配額が1億円程度であれば、たとえば100億円の時価総額で上場するのであれば、差は1％程度になるので大したことはないとも言えますが、Series Aの場合ならともかく、Series B、Series C[*5]と上場に近づくラウンドになるにつれて、この差の矛盾は気持ち悪くなってきます。

[*5] 主にベンチャーキャピタルが最初に投資するラウンドを「Series A」、その後のラウンドは「Series B」「Series C」……と呼ばれることになります。

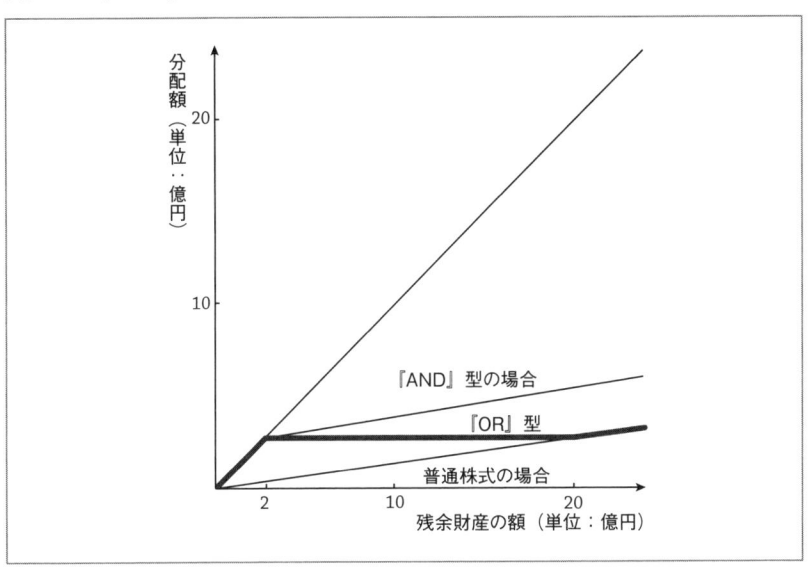

図表3-6 「OR型」の残余財産優先分配権（黒い太線）

「OR型」の残余財産優先分配権

　このため、米国で上場する企業の上場直前の優先株式の内容を見ると、図表3-6のように、優先分配額か、普通株式に転換した場合の額か、どちらか大きい額の分配を受けられるという方式になっていることが多いようです。これを仮に「OR型」と呼ぶことにします。

　この方式は合理的ではあるのですが、上記のとおり、たとえば2億円の残余財産優先分配権があって、10%の投資をしている場合、2億円から20億円までのexitの場合には、投資家の取り分は2億円のまま横這いになってしまいます。

　すでにIPOが確実で、経営陣側にM&Aに長けたスゴ腕CFOがいるといった場合とか、投資家がハンズオンしない純粋な金融投資家の場合に

は、「元本か普通株式での分配か、どちらかいいほうを取れる」というだけでも投資家は満足かもしれません。

しかし、会社側にまだスゴ腕CFOといった人がおらず、投資家がM&Aの交渉の戦略も一緒に練ってくれるような場合には、投資家に「exit額を10億円から20億円まで引きあげよう」というインセンティブは働きにくいことになります。「OR型」のほうが一見、普通株主に有利にも思えますが、そうとは限らないわけです。

2億円から20億円にexit額が上がれば、普通株式を持つ経営陣にもより多くの分配が行われることになるわけですから、企業価値を上げることに寄与しそうなアーリー・ステージの投資家には、企業価値を上げれば上げるだけ投資家の取り分が増える（横這いの部分がない）「AND型」の優先株式のほうが向いているかもしれません。

将来もし仮に、そのベンチャーが成長して、企業価値評価もたとえば200億円は下らないだろうといった状況になり、Series B、Series Cなどでは「OR型」を採用するのであれば（そしてそのラウンドの投資家が、Series Aも「OR型」に合わせてほしいと希望するのであれば）、Series Aの投資家とも交渉をして、OR型に変更をしてもらってもいいかもしれません。

「3倍」の残余財産優先分配権

「3倍の残余財産優先分配権」という場合、日本では図表3-7のように、まず投資家が投資額の3倍（ここでは1億円の3倍の3億円）を取り、残りを株式数に応じて（ここでは10％を）分配するというケースを多く見かけます。

これは、横這いになる部分がないので、ハンズオンして企業価値を上げてくれる投資家のインセンティブを上げるにはいいのですが、実際に経営をする経営陣のインセンティブとしてはどうでしょうか？

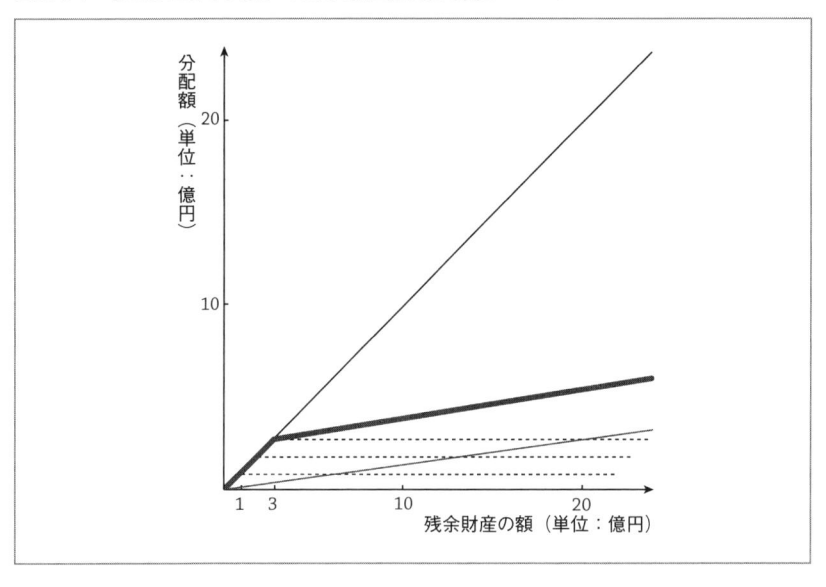

図表3-7 「AND型」「3倍」の残余財産優先分配権

経営陣は、このケースでは3億円までのexitでは1円も分配を受けることができません。投資額が1億円なのでまだいいですが、たとえば5億円の投資を受けて3倍なら、15億円のexitまでは経営陣は1円も分配が受けられないことになってしまいます。つまり、実際に経営をする経営陣の取り分のグラフが、0円から15億円までの間はフラットになってしまうので、経営陣の企業価値を高めようというインセンティブにはつながらない可能性があるわけです。

米国で上場する会社の優先株式に「3倍」の残余財産分配権が付いている場合の要項を見ると、図表3-8のように、
 (1) まず投資した元本（1億円）は優先株主に優先的に分配するが
 (2) その後は株式の比率に応じて分配を行う
 (3) ただしその後は、(a)投資額の3倍か、(b)普通株式の分配額か、

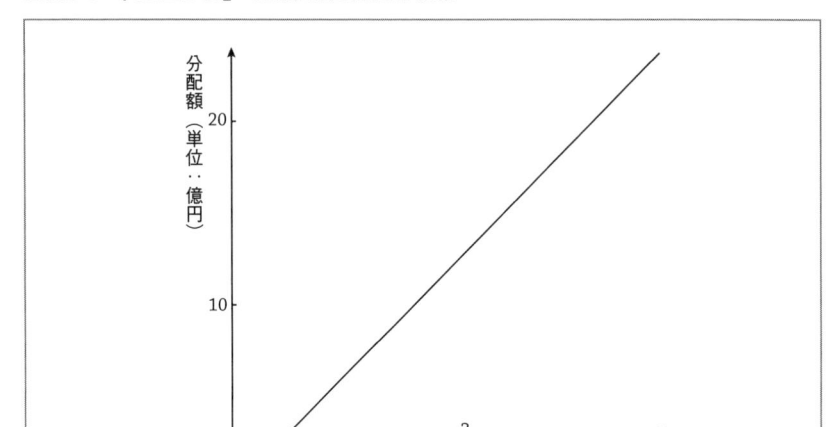

図表3-8 「OR型3倍」の残余財産優先分配権

（グラフ：縦軸 分配額（単位：億円）、横軸 残余財産の額（単位：億円））

どちらか多いほうを上限とする
というパターンを見かけます。

これなら、投資された元本の合計額以上のexitの場合には、経営陣にも企業価値を上げようというインセンティブが湧きますし、投資家への分配額が横這いになる範囲による弊害も小さくなります。

これも、最初からこうした形になっていたのかもしれませんし、あとのラウンドの投資の際に、修正されたのかもしれません。

以下では、「2倍」で「AND参加型」の優先株式で投資をする場合のひな型を考えてみます。

定款での残余財産分配権の定め

優先株式は、単に優先株式を定款で定めるだけでなく、株主間契約や

03　優先株式を使った投資実務

投資契約と組み合わせて用いられます。以下、優先株式の具体的な条項について見ていきましょう。*6

（何を見ているのかをイメージできることが大切ですので、定款、投資契約の条項に、それぞれ 定款 　 投資契約 　というタグを付けてあります。）

定款の冒頭（下記で第13条としてあります）では、A種優先株式を持つことになる投資家（A種優先株主）が残余財産分配で優先権があることを定めています。

定款

第13条 （残余財産の分配）
1. 当会社は、残余財産を分配するときは、A種優先株式の保有者（以下「A種優先株主」という。）又はA種優先株式の登録株式質権者（以下「A種優先登録質権者」という。）に対し、普通株式の保有者（以下「普通株主」という。）又は普通株式の登録株式質権者（以下「普通登録質権者」という。）に先立ち、A種優先株式1株につき、金2,000円（以下「A種優先分配額」という。）を支払う。

---

*6　この定款案は、AZX総合法律事務所のひな型をベースに同事務所と共同で作成し、同事務所のひな型文言が中心となっております。ただし、掲載にあたって文言を一部修正していますので、文責は筆者にあります。
　　なお、優先株式に関する投資契約や株主間契約の締結は、実際には弁護士等の専門家の協力がないと自分で設計や運用をするのは困難ですし、ケースに応じて記述の仕方もまちまちなので、本書では一部を紹介するにとどめ、別添にひな型として掲載していません。投資契約のごくシンプルなもののイメージとしては第2章（別添2）の「投資契約書（シード・ラウンド用）」、株主間契約のイメージとしては第4章（別添4）の「株式の転換等に関する合意書（みなし優先株式）」が、（どちらも、そのまま優先株式を使った投資に使えるわけではありませんが）参考になるかもしれません。

上記のとおり、「残余財産分配権」として、そのベンチャー企業が清算する場合に、債権者に債務を支払った残りの財産（残余財産）を投資家が優先的に分配を受けられる権利について定めています。
　つまり、創業者・経営者は、優先株に劣後する普通株式を持っていることが多いので、普通株主に先だって残余財産の分配を受けられる権利があれば、投資家としては「ダウンサイドリスク」がヘッジできますし、創業者・経営者は、優先株を持っている株主にしかるべき分配をしたあとにまだ財産が残っていないと、残余財産の分配を受けることができないので、なんとか投資家の優先分配権以上の企業価値にまで高めようと頑張るはずなわけです。

　しかし、残余財産というのは会社を清算するときの話です。清算というと、会社がつぶれたときのことを想像するかもしれませんが、ベンチャーの場合、失敗して債権者に債務を払ったら、あとに何も残らないことがほとんどなので、実際には会社がつぶれたときにこの条項が使われるということは、あまりありません。
　この残余財産分配権の規定は、後述のとおりM&Aで買収されるときに準用されることに大きな意味があるのです。

残余財産分配権の「倍率」

　前述のように、「全体としては調達額合計を上回るM&Aなのに、投資家だけが損をする」といった事態を避けるためには、投資家としては最低でも「1倍」の残余財産分配の優先権を付けることが必要になります。
　前述のとおり、1株1,000円で投資をしたときに、まず1,000円を投資家が優先して分配を受けられる場合には「1倍」（米国流の表記では「1x」）、投資額の2倍の2,000円の優先分配を受けられる場合は「2

倍」（2x）の残余財産分配権と呼ばれます。

　しかし、そうした「投資額の1倍」「投資額の2倍」といった記載は、この定款案には出てこず、1株あたりの残余財産優先分配の「額」で表示されているので注意が必要です。

　実はこの投資は、前述の前提のとおり1株1,000円で行われているのですが、2倍の残余財産分配権なので2,000円と設定されています。つまり、「清算するときは、投資家（A種優先株主）に先に1株あたり2,000円を返す」ということです。

登録株式質権者

「A種優先株式の保有者（以下「A種優先株主」という。）又はA種優先株式の登録株式質権者（以下「A種優先登録質権者」という。）」と書かれていますが、ベンチャーキャピタルのファンドは通常、借入れはしないので、株式に質権が設定されるということは、まずないはずですが、投資家としては（悪影響がない限り）付けられる権利はすべて付けておきたいはずです。

　会社法も、株式会社は株主の投資資金の回収を保証する考えを取っています。つまり株式を「自由に売れることが原則」なわけです。[7]

　もちろん、非上場企業のほとんどでは、株式に譲渡制限[8]を付けて、不本意な人が株主になることを阻止していますが、「売却禁止」という

---

[7]　「株式譲渡自由の原則」会社法第127条。株式会社は有限責任で、債権者は会社の財産だけが頼りなので、株主に対して安易に会社の財産を払い戻すことは禁止されています。その見返りとして、株主は原則として自由に株式を売却できることになっています。そうすることによって、投資家が資金を出しやすいようにしているわけですし、17世紀初頭の東インド会社など以降、この有限責任で譲渡自由な「株式」が発明されたおかげで、世界は暗い中世を脱して、資本主義社会をここまで発達させてきたわけです。

[8]　取締役会の承認（取締役会非設置会社では株主総会）の承認がないと、望みの相手に株式を譲渡できないという制限。

ことにはできませんし[*9]、会社とベンチャーキャピタル間の投資契約でも、「投資家の意思でいつでも自由に売れる」と定めていることが多いと思います。「投資家が売却する場合には、その売り先は会社と誠実に検討することとする」くらいのことは書いてあるかもしれませんが、「会社の承認がないと売却できない」という投資契約で投資をしてくれるベンチャーキャピタルは、少ないと思います。

同様に、質権についても将来どういうスキームを使うことになるかわからないですし、付けても悪影響はないと思いますので付けてあります。

「参加型」の分配

第13条第2項では、「参加型」の分配について定めています。「参加型」とは、「1株1,000円まで」などと分配額の上限を設けるのではなく、分配する財産が多ければ多いほど、株式数に応じて多く分配が受けられる方法のことです。

> **定款**
>
> 第13条
> 2. 前項による分配の後なお残余財産がある場合には、普通株主及び普通登録質権者並びにA種優先株主及びA種優先登録質権者に対して分配を行う。この場合、当会社は、A種優先株主又はA種優先登録質権者に対しては、前項の分配額に加え、A種優先株式1株につき、普通株主又は普通登録質権者に対して普通株式1株につき分配する残余財産に第15条に定めるA種取得比率を乗じた額と同額の残余財産を分配する。

[*9] 株主の譲渡先が気に入らない場合には、代わりの売り先を譲渡希望者が見つけてくる必要があります。

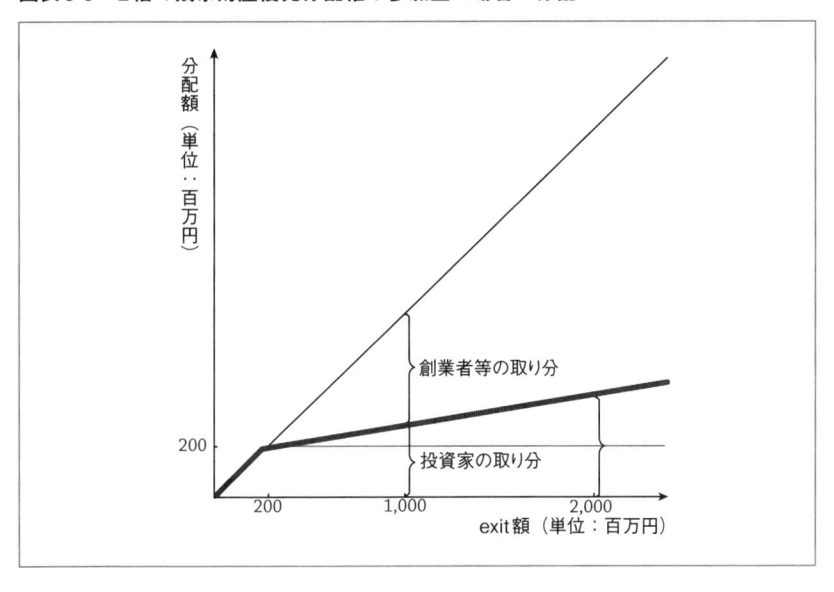

図表3-9　2倍の残余財産優先分配権＋参加型の場合の分配

これも文章で考えるより、図にしたほうがわかりやすいと思います。

たとえば、投資家が1億円（株価1,000円×10万株）を投資して20％の持分を得た場合（pre-money 4億円、post-money 5億円）の場合で、2xの残余財産分配権が付いているとすると、創業者達（今までの普通株主）と投資家との分配額は、図表3-9のようになります。

投資家は1億円を投資したので、2倍の残余財産分配権で2億円までは投資家だけが分配を受けることになります。

このとき、普通株主である経営者は、「当社は、50億円、100億円、1,000億円といった企業価値になることを目指しているのであって、数億円程度の企業価値でexitすることは考えてない」と思っているはずです（もちろん、「背に腹は代えられない」という状況でシブシブ了承した、という可能性もないわけではありませんが）。

投資家も、はじめから「この会社、どうせ3億円くらいが関の山じゃ

ないの？」と思いながら投資したわけでもなく、会社が大きく成長する可能性を確信したから投資をするということがほとんどでしょう。

しかし、特にネット系の企業などだと、目先の収入はさておいて（「フリーミアム」[*10]などで）ユーザー数を増やそう、といった戦略を取ることが多く、そこそこの成功だと、exitの金額がほとんど付かないといったケースもたくさんあります。

exit額が小さい場合にも、元本を回収するだけでなく、そこそこのリターンがあるというほうが、ベンチャーキャピタルは投資委員会やベンチャーファンドに出資してくれた投資家（LP出資者）にも説明がしやすいことが多いと思います。

このため「1.5」倍とか「2倍」にするのは、1億円とか2億円の投資の場合には、双方で合意できる可能性は十分にあると思われます。

株式分割、株式併合や低価発行の想定

この定款では、「普通株式を2分割したらA種優先株式も2分割する」ということにしています（「普通株式だけ2分割してA種優先株式は分割しない」とする方法も考えられますが、1株1議決権とすると、分割しないと議決権が減ってしまいます）。

定款

第19条 （株式の分割、併合及び株主割当て等）
1. 当会社は、株式の分割又は併合を行うときは、全ての種類の株

---

*10 基本的なサービスなどを無料で提供し、追加的な機能などについて料金を課金する仕組みのこと。

> 2. 当会社は、株主に株式無償割当て又は新株予約権（新株予約権付社債に付されたもの含む。以下本条において同じ。）の無償割当てを行うときは、普通株主には普通株式又は普通株式を目的とする新株予約権の無償割当てを、A種優先株主にはA種優先株式又はA種優先株式を目的とする新株予約権の無償割当てを、それぞれ同時に同一割合で行うものとする。
> 3. 当会社は、株主に募集株式の割当てを受ける権利又は募集新株予約権の割当てを受ける権利を与えるときは、普通株主には普通株式又は普通株式を目的とする新株予約権の割当てを受ける権利を、A種優先株主にはA種優先株式又はA種優先株式を目的とする新株予約権の割当てを受ける権利を、それぞれ同時に同一割合で与える。

　定款の第13条の第3項は、株式分割や株式併合を想定して、優先分配額を調整することにしています。

> **定款**
>
> 第13条
> 3. A種優先分配額は、下記の定めに従い調整される。
> (1) A種優先株式の分割又は併合が行われたときは、A種優先分配額は以下のとおり調整される。なお、「分割・併合の比率」とは、株式分割又は株式併合後の発行済株式総数を株式分割又は株式併合前の発行済株式総数で除した数を意味するものとし、以下同じとする。
>
> $$調整後分配額 = 当該調整前の分配額 \times \frac{1}{分割・併合の比率}$$

(2) A種優先株主に割当てを受ける権利を与えて株式の発行又は処分（株式無償割当てを含む。）を行ったときは、A種優先分配額は以下のとおり調整される。なお、下記算式の「既発行A種優先株式数」からは、当該発行又は処分の時点における当会社が保有する自己株式（A種優先株式のみ）の数を除外するものとし、自己株式を処分する場合は下記算式の「新発行A種優先株式数」は「処分する自己株式（A種優先株式）の数」と読み替えるものとする。

$$調整後分配額 = \frac{既発行A種優先株式数 \times 当該調整前分配額 + 新発行A種優先株式数 \times 1株当たり払込金額}{既発行A種優先株式数 + 新発行A種優先株式数}$$

(3) 第1号及び第2号における調整額の算定上発生した1円未満の端数は切り捨てるものとする。

たとえば、2,000円の優先分配額がある株式を100分割したら、1株の優先分配額は20円になる調整をすることにしているわけです。

普通株式への転換（取得請求権と取得条項）

この定款では、原則として上場の際に、A種優先株式を普通株式に転換することにしています。上場時に優先株式を普通株式に転換するのは、上場後は複数の種類の株式があると、上場後の一般投資家には、非常にわかりづらくなる（平たく言うと証券会社が投資家に株式を売りづらくなる）からです。

このため、上場する際には通常、種類株式をすべて普通株式に転換し

ます。

　第15条は、株主の側から会社に対して株式の取得を請求する「取得請求権」（プット）を使って、A種優先株式を普通株式に転換する場合についてです。

> **定款**
>
> 第15条　（普通株式と引換えにする取得請求権）
> A種優先株主は、A種優先株主となった時点以降いつでも、保有するA種優先株式の全部又は一部につき、当会社がA種優先株式を取得するのと引換えに普通株式を交付することを当会社に請求することができる権利（以下「取得請求権」という。）を有する。その条件は以下のとおりとする。
> (1)　A種優先株式の取得と引換えに交付する普通株式数
> 　　A種優先株式 1 株の取得と引換えに交付する当会社の普通株式の株式数（以下「A種取得比率」という。）は次のとおりとする。かかる取得請求権の行使により各A種優先株主に対して交付される普通株式の数につき 1 株未満の端数が発生した場合はこれを切り捨て、金銭による調整を行う。
>
> $$\text{A種取得比率} = \frac{\text{A種優先株式の基準価額}}{\text{取得価額}}$$
>
> (2)　上記(1)のA種優先株式の基準価額及び取得価額は、当初1,000円とする。

　株式を会社が取得する代わりに、株主には普通株式が交付されます（「取得」して「交付」するので「転換」と同じことです）。2006年に施行された会社法では「株主から株式を取得して、代わりに別の種類の株

式を交付する」という形で整理しましたので、こういった表現になります）。

　当初の投資額は１株1,000円ですので、株式分割や株式併合がなければ、「取得価額」は当初の1,000円のままで、１株のＡ種優先株式は１株の普通株式に変わるわけです。たとえば株式の２分割が行われても、基準価格と取得価額の両方が500円になって、１株のＡ種優先株式が１株の普通株式に転換されることには変わりがありません。

強制的な転換と端数処理

「Ａ種優先株主は、Ａ種優先株主となった時点以降いつでも（中略）請求することができる」と書いてありますが、Ａ種優先株式は普通株式より、いろいろな点で優遇された条件が付いているわけですから、通常であれば、Ａ種優先株主が進んで普通株式に転換するはずはありません。

　では、なぜこういう条項が定められているかというと、会社法上のテクニカルな理由によります。次の第17条の取得条項（会社の側から株主に対して強制的に取得する条項）をよく読むと謎が解けます。

> 定款
>
> 第17条　（普通株式と引換えにする取得）
> 当会社は、Ａ種優先株式の発行以降、当会社の株式のいずれかの金融商品取引所への上場（以下「株式公開」という。）の申請を行うことが株主総会（取締役会設置後は「取締役会」と読み替える）で可決され、かつ株式公開に関する主幹事の金融商品取引業者から要請を受けた場合には、株主総会（取締役会設置後は「取締役会」と読み替える）の定める日をもって、発行済のＡ種優先株式の全部を

> 取得し、引換えにA種優先株主に当会社の普通株式を交付すること
> ができる。かかる場合に交付すべき普通株式の内容、数その他の条
> 件については、第15条及び第16条の定めを準用する。但し、A種
> 優先株主に交付される普通株式の数に1株に満たない端数が発生
> した場合の処理については、会社法第234条に従うものとする。

　株主に交付する際の株式に端数がある場合は、会社法第234条の規定によりその端数は現金にして渡さなければなりません。この現金化をするために、原則は「競売(けいばい)」をしなければなりませんが、非上場企業は誰が株主になるかわからない競売をするのは普通はイヤですので、その場合は株価等について裁判所の許可を得ないといけないことになっています。

　この裁判所の許可は、上場企業がMBOなどで株式を非公開化したうえで、少数株主を追い出す(スクイーズ・アウト)場合などによく用いられますが、そうしたMBOの例で裁判所の許可を得るのは、数ヶ月から1年以上かかることもあります。

　普通に「2分割」「100分割」といった株式分割をしているだけでは、A種優先株式1株が取得する株式は普通株式1株のはずなので、取得条項を使っても端数は出ないはずなのですが、何かの理由(たとえば、今回の増資時の株価より低い価格で将来株式を発行〈低価発行〉したときの調整式によるものなど)で端数が出ることになってしまった場合に裁判所で許可を得ないといけないのでは、上場前の忙しいベンチャーにとって大きな手間になってしまいます。

　一方、A種優先株主が「取得請求権」を使って、「株主の側から」普通株式への転換を要求すれば、その場合は端数処理について裁判所の許可を得なくてもいいという決まりなので、スムースに事が運ぶというわ

けです。

　また、第17条の取得条項は、会社からＡ種優先株式の優先権を取り上げるという、投資家にとっては怖い条項なので、「上場時」といった明確な場合しか規定していません。

　これらを担保するために、（原則として全株主間で締結する）株主間契約で、発行会社が株式公開の申請を行うことを取締役会で決めた場合には、優先株主の側から取得請求権を行使して普通株式に転換することを定めておきます。
　これにより、前述のとおり、端数処理の問題が出なくなります。

　第16条（取得価額等の調整）には、いろいろな調整が書いてありますが、どれもＡ種優先株式1株を普通株式に転換する際の株式数を調整するためのことが書いてあります（こうした調整は、どれも例外的なもので、通常のケースではＡ種1株は普通株式1株に転換されるようになっています）。

> 定款
>
> 第16条　（取得価額等の調整）
> 前条に定めるＡ種優先株式の基準価額及び取得価額は、以下の定めにより調整される。
> 　(1)　株式等の発行又は処分に伴う調整
> 　　　Ａ種優先株式発行後、下記①又は②に掲げる事由により当会社の株式数に変更を生じる場合又は変更を生じる可能性がある場合は、前条の取得価額（以下「取得価額」という。）を、下記に定める調整式に基づき調整する。調整後の取得価額の適用時期は、下記①及び②のそれぞれに定めるところによる。調整額の算定上発生した1円未

満の端数は切り捨てるものとする。
① 調整前の取得価額を下回る払込金額をもって普通株式を発行又は処分する場合（株式無償割当てを含む。）。但し、A種優先株式の取得請求権の行使、又は潜在株式等（取得請求権付株式、取得条項付株式、新株予約権、新株予約権付社債、その他その保有者若しくは当会社の請求に基づき又は一定の事由の発生を条件として普通株式を取得し得る地位を伴う証券又は権利を意味する。以下同じ。）の取得原因（潜在株式等に基づき会社が普通株式を交付する原因となる保有者若しくは当会社の請求又は一定の事由を意味する。以下同じ。）の発生による場合を除く。調整後の取得価額は、募集又は割当てのための基準日があるときはその日の翌日、それ以外のときは株式の発行又は処分の効力発生日（会社法第209条第2号が適用される場合は、同号に定める期間の末日）の翌日以降にこれを適用する。
② 調整前の取得価額を下回る潜在株式等取得価額をもって普通株式を取得し得る潜在株式等を発行又は処分する場合（無償割当てを含む。）。本②にいう「潜在株式等取得価額」とは、普通株式1株を取得するために当該潜在株式等の取得及び取得原因の発生を通じて負担すべき金額を意味するものとし、以下同様とする。調整後の取得価額は、募集又は割当てのための基準日がある場合はその日、それ以外のときは潜在株式等の発行又は処分の効力発生日（会社法第209条第2号が適用される場合は、同号に定める期間の末日）に、全ての潜在株式等につき取得原因

が発生したものとみなし、このみなされる日の翌日以降これを適用する。

記

$$\text{調整後取得価額} = \frac{\text{既発行株式数} \times \text{当該調整前分配額} + \text{新発行株式数} \times \text{1株当たり払込金額}}{\text{既発行株式数} + \text{新発行株式数}}$$

なお、上記の調整式で使用する「既発行株式数」は、調整後の取得価額を適用する日の前日における、(i)当会社の発行済普通株式数と、(ii)発行済A種優先株式の全てにつき取得原因が当該日において発生したとみなしたときに発行される普通株式数との合計数から、同日における当会社の保有する自己株式（普通株式のみ）の数を控除した数を意味するものとする（但し、当該調整の事由により上記(i)若しくは(ii)の普通株式数又は自己株式（普通株式のみ）の数が変動する場合、当該変動前の数を基準とする。）。

会社が自己の保有する株式又は潜在株式等を処分することにより調整が行われる場合においては、上記の調整式で使用する「新発行株式数」の「新発行」は「処分する」と読み替えるものとする。

会社が潜在株式等を発行又は処分することにより調整が行われる場合においては、上記の調整式で使用する「新発行株式数」とは、発行又は処分される潜在株式等の目的たる普通株式の数を、「1株当たり払込金額」とは、上記②に定める潜在株式等取得価額を、それぞれ意味するものとする。

上記①又は②に定める普通株式又は潜在株式等の発行又

は処分が、株主割当て又は無償割当てにより行われる場合は、前条に定めるA種優先株式の基準価額も、取得価額と同様に調整されるものとする。

上記の定めにかかわらず、本号に基づく調整は、(i)A種優先株式の発行済株式総数の三分の二以上を保有するA種優先株主（複数名で三分の二以上の保有比率となる場合を含む。以下「主要優先株主」という。）が書面により調整しないことに同意した場合、又は(ii)当会社がストックオプション目的で当会社の取締役、監査役又は従業員に対して新株予約権を発行する場合（但し、新株予約権の1株当たりの行使価額が、当該新株予約権の目的たる株式の時価として合理的に認められる金額以上である場合に限る。）には行われない。

(2) 株式の分割又は併合による調整

A種優先株式発行後、株式の分割又は併合を行う場合は、取得価額は以下の調整式に基づき調整される。調整後の取得価額は、株式分割の場合は割当基準日の翌日以降、株式併合の場合は株式併合の効力発生日の翌日以降、それぞれ適用されるものとする。調整額の算定上発生した1円未満の端数は切り捨てるものとする。また、この場合A種優先株式の基準価額も、取得価額と同様に調整されるものとする。

$$\text{調整後取得価額} = \text{当該調整前取得価額} \times \frac{1}{\text{分割・併合の比率}}$$

(3) その他の調整

上記に掲げた事由によるほか、次に該当する場合には、当会社は取締役の決定（取締役会設置後は「取締役会の

決議」と読み替える。）に基づき、合理的な範囲において取得価額及び／又はA種優先株式の基準価額の調整を行うものとする。
① 資本減少、時価を超える価格での普通株式若しくは潜在株式等の有償取得、合併、会社分割、株式移転又は株式交換のために取得価額の調整を必要とする場合。
② 潜在株式等の取得原因が発生する可能性のある期間が終了した場合。但し、潜在株式等の全部について取得原因が発生した場合を除く。
③ 潜在株式等にかかる第1号②に定める潜在株式等取得価額が修正される場合。
④ 上記のほか、当会社の普通株式数に変更又は変更の可能性を生じる事由の発生によって取得価額の調整が必要であると取締役（取締役会設置後は「取締役会」と読み替える。）が合理的に判断する場合。

みなし清算条項

　前述のとおり、ベンチャーが実際に清算されて、残余財産が分配されるということはめったにありません。それよりも投資家にとって重要なのは、M&Aでベンチャーが買収されるケースです。
　こうしたケースに備えて、定款または株主間契約で、M&A時にも清算の場合と同様に株主間で分配が行われることを定めた「みなし清算」について定めることが増えています。

　日本の現在の税制では、対価に現金が含まれる合併や株式交換、株式

移転などは「適格組織再編」に相当せず、買収される側の会社を清算したとみなして含み益がある場合などには課税も行われますし、買収される側の会社に繰越欠損金がある場合にも、それは引き継げないことになります。このこともあって、日本のベンチャーの買収は、**ベンチャーの全株主が買収者に全株式を譲渡する形で行われることがほとんど**で、合併や株式交換等が行われる場合には、たいていは対価は株式100%のことが多いと思います。

もちろん、先に一部の株式を現金で買い取ってもらい、残りを合併するなどの方法や、特に経営陣に対しては買収側企業のストックオプションを付与するなどの方法で、適格組織再編のメリットを享受しつつ、対価を現金と株式のミックスにするケースもあります。

また、ベンチャーのM&Aの場合、株式の一部だけを取得するのではなく100%すべてを買収することが多いと思いますが、ここでは例外的なケースにも優先株主を保護するために、ベンチャーの既存の株主の影響力が50%未満となって、コントロール（支配）を失う場合には適用があることとしています。

「みなし清算」の規定を定款で定めておくことにより、これに違反する分配の有効性が問われますので、定款に定めておくだけでも一定の効力があるはずですが、逆に日本では現在のところまだ、こうしたみなし清算の定款の規定の有効性が裁判で争われたケースもありませんので、定款とともに全株主の間で株主間契約でも同様のことを定めるケースを多く見かけます。[*11]

[*11] みなし清算条項については、その有効性等の見解が日本でまだ定まっていない面があるので、ひな型にはあえて掲載しませんでした。

例外的なexitへの対処

　上記のとおり、日本のベンチャーの買収は基本的には株式の譲渡で行われますし、そうでない場合も、合併と株式交換が多いと思いますが、そうした第20条で想定した以外のスキームで買収が行われるケースも考えられないわけではありません。このため、**この定款案では、そうした尻抜けを防ぐために、例外的なケースでも投資家が保護されるように**しています。

事業譲渡等の場合

　まず第14条では、資産譲渡、現物出資、事業譲渡、会社分割[*12]といった方法で実質的に事業を他社に買収させる場合にも、清算の場合と同様、フェアに分配が行われるようにしています。

> 定款
>
> 第14条　（金銭と引換えにする取得請求権）
> 1.　A種優先株主は、当会社が、資産譲渡、現物出資、事業譲渡又は会社分割等により発行会社の資産又は事業の重要部分を第三者に移転させた場合、当会社が支配する会社が当該資産又は事

---

*12　資産譲渡は「会社全体」ではなく、会社の個別の資産（たとえばパソコンやプログラムなど）を売却する方法。現物出資は、そうした資産（現金でなく現物）を出資して、その出資先企業の株式を会社が得る方法。事業譲渡は、会社をバラバラの資産ではなく、一体の事業として見て譲渡をする方法。会社分割は、事業を分割して、子会社にしたり、他の会社に承継させたりする方法です。会社法や税務などが非常にややこしい割に、ベンチャーのM&Aではほとんど使われないので、本書では詳しく解説しません。もし買収される際に、そのスキームのほうがいいということになったときに、弁護士や税理士などの専門家とご相談ください。

> 業を継続的に保有する場合を除き、かかる移転の効力発生日を初日として30日間（以下、本条において「取得請求期間」という。）に限り、保有するA種優先株式の全部又は一部を取得しその取得と引換えに本条の定めにより金銭を交付することを当会社に請求することができる。なお、本条において「当会社の資産又は事業の重要部分の移転」とは、当該移転した資産又は事業の価値が発行会社の企業価値の三分の二以上に相当する部分を移転する場合を意味する。この場合の資産又は事業の価値及び企業価値については、A種優先株式の発行済株式総数の三分の二以上を保有するA種優先株主（複数名で三分の二以上の保有比率となる場合を含む。以下「主要優先株主」という。）が合理的に当該対価の評価額を算定するものとする。
> 2. 前項の請求は、対象とする株式を特定した書面を当会社に交付することにより行うものとし、取得請求期間の満了時に効力が生じるものとする。
> 3. 本条によるA種優先株式の取得と引換えに交付される1株あたりの金銭は、下記に定める金額の合計額（以下「取得金額」という。）とする。なお、A種優先分配額の調整にかかる第13条第3項の規定は、取得金額に準用するものとする。
> (1) 2,000円
> (2) 取得請求期間の初日に当会社が解散したとみなして、第13条第2項の定めに準じて（ただし、「前項による分配」は「前項による交付」と読み替える。）算定される金額

　特にアーリー・ステージのネット系のベンチャーなどの場合は、売上はまったく立っておらず、プログラムやサーバー等が稼働して、ユーザー数を増やすことに注力していることがあります。このユーザー数がたとえば1,000万人とか1億人に達していたら、たとえ売上はゼロで

利益がマイナスであっても、この事業が何十億円、何百億円といったすごい価値を持つこともありえます。

ところが、そうしたプログラムやサーバー、顧客データといった資産をバラバラに譲渡したら、会社法上、必ずしも事業の譲渡とは言えないこともあります。このため、事業譲渡や会社分割の場合だけでなく、資産譲渡や現物出資のケースも含めてあります。

また同様の理由により、「移転した資産の簿価」と「会社の総資産の簿価」との比で（会社法的に）重要性を考えるのではなく、「移転した事業等の価値（時価）」と「現在の企業価値（時価）」の比で考えることにしてあります。

こうした企業価値は、対価を現金でもらった場合には明確ですが、対価が株式等の場合には、相手企業の株価を公認会計士などの第三者に算定してもらわないとなかなか決定できません。ただし、こうしたスキームを取るケースは、かなり例外的だと思います。[*13]

以上のことは、株主間契約でも同様のことを定めるべきです。

なお、第14条第1項にある「主要優先株主」とは、発行会社の発行済優先株式の総数の3分の2以上を保有する優先株主（複数名で3分の2以上の保有比率となる場合を含む）のことです（必ずしも3分の2以上でなくても2分の1など、そのときに一緒に投資をする投資家間で定められることになりますが）。ともかく、実質的に買収と同じことをする場合には、優先株式を持つ投資家が会社に解散、清算をして残余財産を分配しろ、と請求することができるようになっています。

[*13] それでも、たとえば、買収される側のベンチャーにトラブルなどがあって訴訟される可能性（偶発債務）があるとか、帳簿の管理がしっかりしていなくて簿外債務が存在する可能性がある場合などには、こうしたスキームが取られることもあります。そういうケースでも優先株主がフェアな分配を受けられるように、例外的な定めも規定してあるわけです。

ドラッグ・アロング（drag-along）権

　一定の条件を満たす場合、投資家が主導して経営陣や他の株主も巻き込んでM&Aでexitを強制できる権利です。

　経営陣は、会社がうまくいって生活が安定してくると、「IPOやM&Aなど面倒なことをしなくてもいいや」と思うかもしれませんが、それではリスクを負って投資をした投資家は浮かばれませんので、こういう定めを入れています。

　これは、他の株主にも売却を強要するものですので、株主全員で締結する株主間契約で定めておく必要があります。[*14]

　この場合、**どういう条件が満たされればドラッグ・アロング権が発動することにするか**、というのが重要です。**会社のビジネスモデルや、将来のシナリオに深く関係してきますので、ここの条件は法律家まかせにせずに、ぜひベンチャーや投資家がじっくり話し合って決めてください。**

　プライベート・エクイティ投資の世界では、ファンドが投資してすぐにドラッグ・アロング権を使えることになっていて、ファンドは投資の翌日から売却先を探しまわるということも行われたりするようです。しかし、シード・ステージやアーリー・ステージのベンチャー投資では、「いつ売られるかわからない」という状態で、経営者が企業価値の向上

---

*14　もし、日本でも米国のように、現金対価合併や現金対価株式交換などが税務上適格組織再編に該当することになっていたら、特別決議をし、主な株主間だけで合意すれば、反対する少数株主がいても売却を成立させることができます（しかし、今のところ税制上の原則では適格組織再編になりません）。このため、1人が反対するために大きく税務上の効果が異なったり、コストや手間が変わってM&Aのディールがまとまらないことを避けるためには、株主全員の合意を取っておいたほうがより安全です。

に注力することは難しい場合がほとんどだと思います。
　このため、
- ◯年経っても上場していなかったら
- ◯◯億円以上の買収のオファーがあったら
- 設定された目標(マイルストン)を達成しなかったら

といった条件を付けることが考えられます。

　しかし、特にネット系のベンチャーの場合、「ユーザー数◯◯人」「◯年後に売上◯◯億円」といった目標を立てても、ビジネスモデルが変わる(「pivot」する)こともよくあるということを考える必要があります。たとえば、最初は課金をする計画だったけど、ライバルが無料で同様のサービスを提供しはじめたので、当方も無料で対抗して、シェア競争に勝つことに注力することにするといったケースもあります。こういう場合にも投資時に立てた目標をクリアしないとドラッグ・アロング権が発動してしまうということだと、経営陣は、本来企業価値を高める行動は別なのに、意味のない経営努力をして無駄な目標を達成しようとしてしまう、ということになりかねません。

　このため、「(発行会社の経営計画の変更に合わせて適時見直すものとする。)」といった文言を入れておくのもいいかもしれません。

　また、このドラッグ・アロング権は「先買権」とセットにすることも考えられます。たとえば、ドラッグ・アロング権が有効になっている状況で、起業家は「うちの会社の企業価値は100億円を下らないはずだ」と思っているにもかかわらず、投資家が「10億円の買収話に応じろ」と迫ってきた場合には、投資家の優先株の取り分が3.6億円なら、経営陣が他の投資家を見つけてくるなどして3.6億円で買い取ればOKということにしておけば、起業家側はある程度安心だと思います。

経済的権利以外の権利
（コントロール権）

　続いて、議決権などの経済的な権利以外の権利（コントロール権）がどのように定められているかを見てみましょう。

　今後ますますベンチャーに巨額の資金が投下されるようになると、優先株式で経済的なリスクを小さくすることが求められるようになりますが、それと同時に、投資家の責任として、ベンチャーをモニタリングしたり、適切なアドバイスをしたり、間違った方向に進もうとしたときにそれを正す必要が出てきます。**つまり、適切な「コーポレート・ガバナンス」が行われる必要**があります。

「コーポレート・ガバナンスとは何か」ということにはいろいろな説明の仕方があると思いますが、著者流に平たく言うと、**「リスクを適切に抑えたうえで企業価値を最大化するための行為」**と言えるのではないかと思います。細かい内部統制の規定を作ったり、経営者の活動にケチを付けたり、重箱の隅をつつくのがコーポレート・ガバナンスだと思ってる人がいますが、私はそうは思いません。

　投資家にどういった「コントロール権」を与えるかは、起業家がその力を存分に発揮して企業価値の最大化に邁進できるかどうかに大きな影響を与えます。今までも多くのベンチャーを育ててきた経営アドバイス能力のある投資家に、強めのコントロール権を持たせるのはいいかもしれませんが、目線の低い投資家に強いコントロール権を持たせたら、リスクのあることにチャレンジさせてくれない（ゴルフのティーグラウンドで第1打を打つのに「ドライバーでフルスイングするとOBになる可能性があるから、パターで転がしていけ」といった）ことにもなりかね

ません。

　前述のとおり、日本はまだ投資家を選べる状況ではないかもしれませんが、投資家にどこまでどんな条件を持たせるかは、（自分の人生を大きく左右することにもなりますので）慎重に考えてください。

議決権

　要項の第18条では、A種優先株式には 1 株につき 1 個の議決権があるとしています。

> 定款
>
> 第18条　（議決権）
> A種優先株主は、当会社株主総会及びA種優先株主を構成員とする種類株主総会において、A種優先株式 1 株につき 1 個の議決権を有する。

　日本では、90年代の金融危機の際に、政府が公的資金を銀行に注入する方法として議決権がない優先株式を使い、優先株式である限りは、政府が直接、銀行を議決権でコントロールしないという方法を採用しましたし、また、相続対策などで優先株を使う場合にも、議決権のない優先株を使うことが多いため、「優先株というのは議決権がない株式のことだ」と思っている弁護士さんや税理士さんがよくいらっしゃいます。

　しかし、優先株式を使うベンチャーキャピタルは議決権を使ってベンチャーの経営に積極的に関与するのが原則なので、ベンチャー投資では、議決権のある株式を使うのが普通です。[*15]

役員選任権

取締役の指名についての条項を投資契約に入れてみました。

> 投資契約
>
> 第11条　取締役、監査役及びオブザーバーの指名
> 1. 投資者は発行会社の取締役又は監査役を1名指名する権利を有する。
> （以下略）

もちろん、優先株式の要項に盛り込んで株主総会で決議するとしておいたほうが、会社法上も強力ではあるのですが、会社と投資家の間の投資契約で定めることにしておいたほうがフレキシブルであると考えて、要項には盛り込んでいません。

報告受領権と拒否権

投資契約では、投資家は会社法上の議決権以上の権利を持っていることが多いです。たとえば、発行済株式数の3分の1以上の株式数を保有していなくても、株主総会で特別決議が必要な事項について拒否権を

---

*15　さらに、米国（少なくともベンチャーの大半を占めるデラウェア州の会社）の場合、1株で1議決権とは決まっていませんので、優先株式が将来転換される普通株式の数の議決権を持っているのが普通です（つまり経済的価値が1株で1.3株分あれば、議決権も1株で1.3議決権あるのが素直です）。この要項でも、株式分割や株式併合の場合には優先株式も普通株式と同じ比率で分割や併合が行われることになっていますから、主に低価発行が行われたなどの例外的な場合のみに経済的価値と議決権が乖離することになります。その場合も、投資契約や優先株式の要項で、取締役の選任権や、合併などの主要なアクションに対して投資家の拒否権があるなどすれば、議決権の差はあまり問題にならないことが多いと思います。

持つケースが多いということです。投資契約では、たとえば以下のような事項を定めることが考えられます。

投資契約

第13条　重要事項の通知及び承認
1. 発行会社及び経営株主は、発行会社が別紙7記載の事項を決定する場合には、遅滞なく決定すべき事項の概要を投資者に通知し、事前に投資者の承諾を得るものとする。
（以下略）
2. 発行会社及び経営株主は、発行会社につき別紙8記載の事項が発生した場合には、速やかに発生事項の概要を投資者に通知する。

投資契約

第16条　株式発行等に関する承認
発行会社及び経営株主は、発行会社が以下の事項を決定する場合には、遅滞なく（可能な場合はその決定の14日前までに）決定すべき事項の概要を投資者に通知し、事前に投資者の書面による承諾を得るものとする。
（以下略）

別紙7、別紙8では、それぞれ事前承認事項と通知事項を箇条書きで定めておくイメージです。事前承認事項は、合併などの「特別決議が必要な事項＋α」が設定されることが多いと思います。

このケースでは、投資家にそれなりに判断能力があるという前提で、以上のように株式の発行まで含めて、すべて事前に投資家の承認が必要だということにしてあります。

もしベンチャー側に経験のあるCEOやCFOがいて、「株式は契約で

は制限を付けずに発行させてほしい」という場合であれば、以上のような項目は、投資家の「承認」ではなく、投資家との「協議」といったことに変更してもらってもいいかもしれません。

逆に、まったく経営の経験がない経営陣が「全部オレらの自由にやらせてくれ」と言っても、投資家がそのとおりの条件で投資をしてくれるかどうかはわかりません。

会社法（第108条）で種類株式の内容として定められることのうち、「種類株主総会での決議事項」を使えば、たとえば、「5,000万円以上の設備投資を行う場合には、A種優先株主総会の決議を必要とする」と定めたりできますし、「取締役又は監査役の選任権」で、「A種優先株主総会で1名の取締役を選任できる」と定めることも可能です。

しかし、種類株式の要項としてこれらを盛り込むと、会社の調子がいいとか、投資家もヤル気まんまんなうちはいいのですが、たとえば、この会社の調子があまり良くなくなってexitの可能性がほとんどなくなったり、次のリード投資家が表れてこの投資家が取締役を派遣する必要がなくなった場合などにも、種類株主総会を開いてこうした事項を決議しなければいけなくなります。

つまり、面倒なわけですね。そのため、上記のようなことは定款の条項としては定めず、投資契約だけで定めたほうがいい場合が多いかもしれません。

本章のまとめ

本章では、今後来るであろう、ベンチャーが大量の資金を調達して急速に巨大なベンチャーに成長する時代にも、優先株式を使えばM&A時に経営者や投資家がフェアな分配を受けられる可能性があることを見て

みました。

　また、経済的な権利だけでなく、会社を誰がどこまでコントロールできるかという「コントロール権」も非常に重要だということもご理解いただけたかと思います。起業家と投資家のどちらがどこまで自由に決められるかは、当然のことながら、起業家・投資家それぞれの経験やリテラシーにも依存してきます。おそらく、今後10年の間に、起業家と投資家の力関係も変わり、こうした「ひな型」のトレンドも変わっていくと思います。

　以上のように、ここで掲げたひな型は、「これがデファクト・スタンダードで、社名や金額だけを書き加えたら、あとはハンコを押すだけ」といったものではまったくありません。

　誇張ではなく、この中には起業家の人生を左右しかねない項目がいろいろと盛り込まれています。繰り返しになりますが、決して他人任せにはせずに、自分でよく中身（将来、これらの規定によって発生しうる「ドラマ」）を考えてみることが重要です。

　将来何が起こるかなんてことは誰にもわかりませんが、自分で納得したうえでリスクを取るのと、よく理解していないのに適当にOKして、あとで「こんな条件が付いているなんて知らなかった」と青ざめるのは、まったく違う話だと思いますので。

第4章
優先株式の投資に備える「みなし優先株式」

VENTURE EQUITY FINANCE
STOCKS AND CONTRACTS
FOR ECONOMIC REVOLUTION

　この章では、前章の優先株式の知識を踏まえて、再びシード段階の投資に戻ります。
　米国のシード（エンジェル）・ラウンドでの投資は、その過半が「convertible note」で行われています。日本でも優先株式での投資が多くなると、シード・ラウンドで発行された単純な普通株式が、将来発行される優先株式に対して、著しく権利が弱いことになりかねません。また、リスクが高いのに権利が弱いと、それを補うために、シードの投資家が大き過ぎる比率を取ってしまうことにもなりがちです。
　本章ではconvertible noteの課題を改善し、日本でのシード・ラウンドの投資に適合する投資スキームを考えます。

まず「convertible note」を理解する

　現在の米国のシード（エンジェル）・ラウンドの投資の半分はconvertible noteによって行われていると言われます。米国のconvertible noteは、貸付金で資金を供給して、将来ベンチャーキャピタルなどによる優先株式でのファイナンスが行われた際に、株式に転換するという約束を契約書だけでしておくというものです。つまり、(a)手続きがシンプルで、(b)資金調達時にはその株式に転換する価格（valuation）を明確には定めなくてよく、(c)普通株式に対して優先性を確保できるところが特色と言えます。

　このconvertible noteは一見、転換社債に似ています。しかし、上場企業などが発行する転換社債（転換社債型新株予約権付社債）が、
(1)　一定の期間いつでも転換が可能で
(2)　投資家側の選択によって株式に転換することができ
(3)　（転換価格が変動するMSCBもありますが概ねは）資金調達時点から転換する価格が決まっている

といった特色があるのに対し、convertible noteは、
(1)　転換するのは次のファイナンスが実行されたときなどの決まったタイミングのときだけであり
(2)　投資家は基本的には転換に対する選択権はなく
(3)　転換する価格は次のファイナンスの条件によって変動する

といった特色があるもので、かなり異なります。

　つまり、概ね**一般的な転換社債よりは、convertible noteのほうが（投資家より）会社側にとって有利な条件**となっています。

　その次回の増資のときに、貸付金を株式に転換する価格（転換価格）をどう設定するかが、convertible noteの最大のポイントです。

図で見てみましょう。

図表4-1は、「次回の増資の株価に対して、20%ディスカウントした株価で転換することができる」という条件（discount）の例です。

図表4-1　discountの例

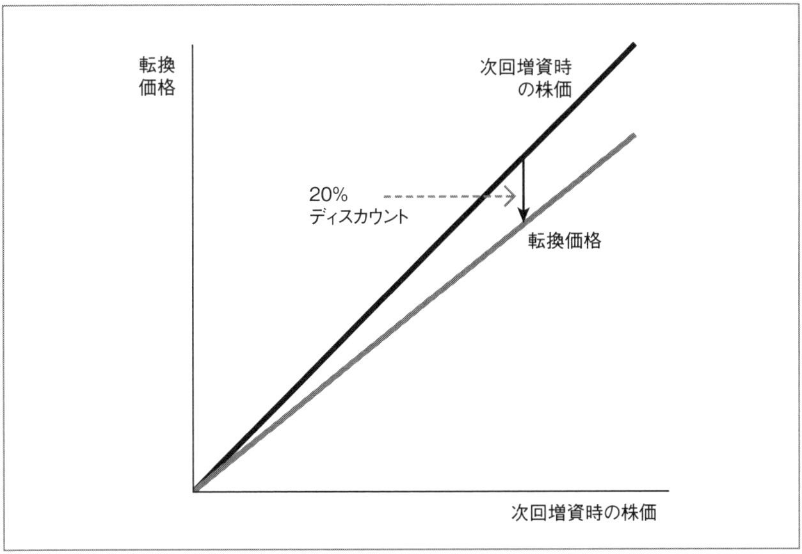

転換
価格
次回増資時
の株価
20%
ディスカウント
転換価格
次回増資時の株価

つまり、シード・ラウンドで投資をしておくことで、次回の増資（ベンチャーキャピタルなどが参加するSeries Aなど）に新たに応ずる投資家に比べれば20%安い金額で増資に応じることができます。

続いて「cap（上限価格）」が付いている例が図表4-2です。

たとえば、「企業価値最大2億円（1株5万円）まで」と定めておけば、次回の増資の株価がいくら上がっても、投資家の貸付金が株価に転換する価格は、上限価格を超えることはありません。

図表 4-2　cap（上限価格）の例

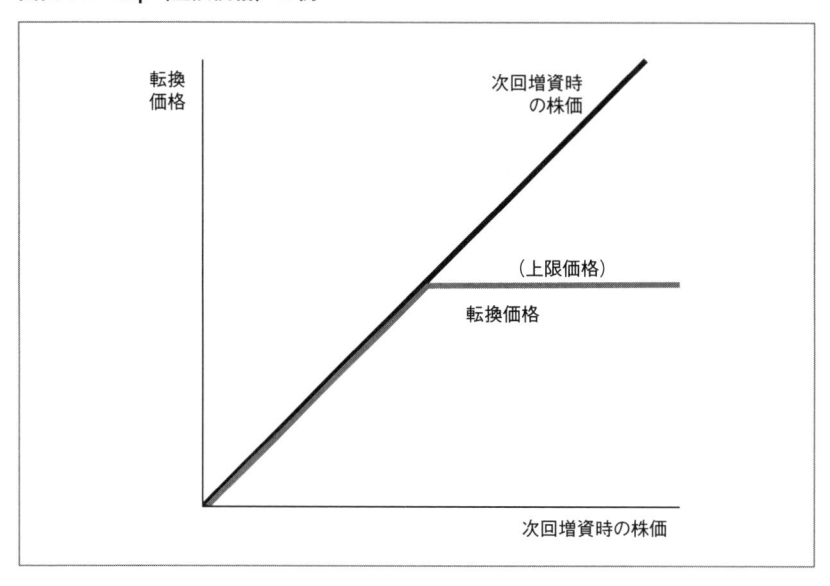

図表 4-3　discount と cap が両方付いている例

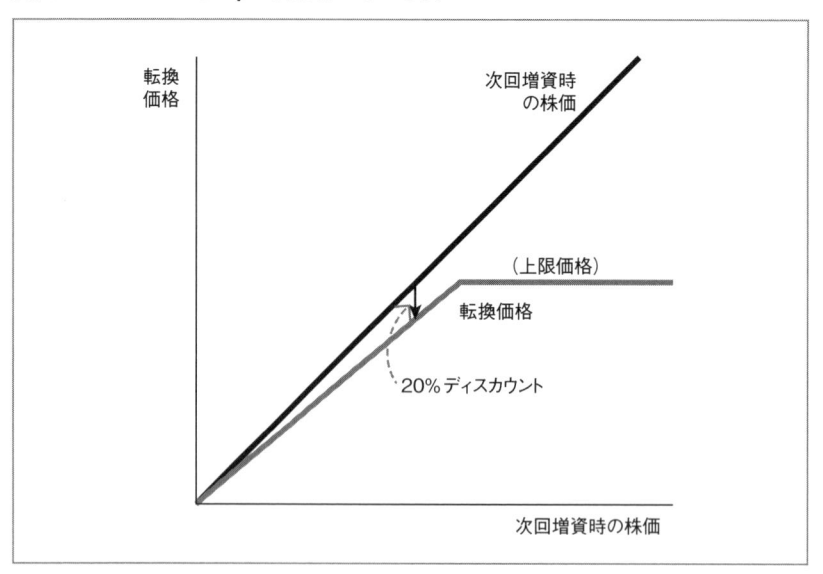

04 優先株式の投資に備える「みなし優先株式」

このdiscountとcapを組み合わせた例が図表4-3です。

この場合、convertible noteで投資をするエンジェル投資家は、次のラウンドで優先株式で投資をするベンチャーキャピタルなどの投資家よりは20%安く株を取得できるし、上限として決めた価格以上を払う必要もないわけです。

逆に、discountやcapがまったく付いていないケースもあります。[*1]

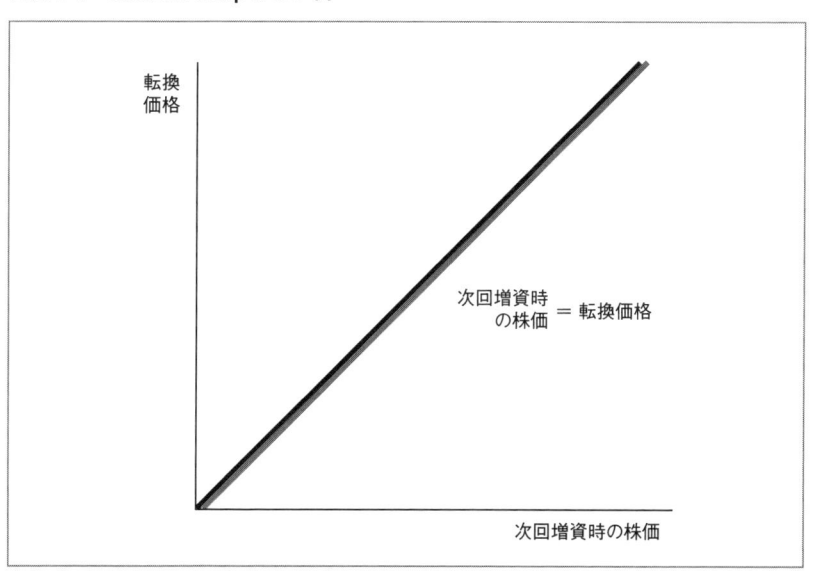

図表4-4　discountもcapもない例

（グラフ：縦軸「転換価格」、横軸「次回増資時の株価」、直線が原点から右上に伸びており「次回増資時の株価 = 転換価格」と示されている）

米国では、日本より格段にベンチャーやエンジェルの数も多く、競争も激しいので、1つのシードの投資案件をじっくり（何ヶ月も）検討している暇がありません。このため、(3)の転換についての条件として「投資する時点では転換価格を決めずに、次回ラウンドの条件に合わせて後付けで転換価格を決める」というニーズが生まれてくるわけです。

しかし、日本においては、そこまでベンチャーの数は多くありませんし、シード・ラウンドで資金を出してくれるエンジェルやアクセラレーターの数も限られ、米国に比べればエンジェル等の側の立場も強いし、じっくりvaluation等を検討する時間もあると言えます。
　このため、日本では(3)の「valuationを決めなくていい」というニーズは相対的に小さいと言えるのではないかと思います。

「日本版」を考える際に考慮すべきこと

　日本において、このconvertible noteと同様の貸付金方式や転換社債（転換社債型新株予約権付社債）で投資することを考えると、以下のような問題点があります。

- すぐに債務超過になってしまい、倒産可能性を高めてしまうこと
- 貸付金を使った方式は、貸金業法に触れる可能性があること
- 新株予約権付社債は、発行の手間や登記の制約などが重いこと

---

*1　capもdiscountもなく、次回の増資と同じ価格（時価）で株式を買う権利は、オプション理論的にはオプションとしての価値はないはずです。つまり、時価で株式を買えるのは本来当たり前の話で、リスクを負って先に資金を提供しているのに、次のラウンドの投資家とまったく同じ条件でしか株式が手に入らないなら、好き好んで先に資金を提供する人はいないはずです。
　しかし、未公開のベンチャーの株式は誰しもがいつでも買えるわけではありません。特に「非常にイケてる」ベンチャーの場合、次のラウンドではベンチャーキャピタルなどだけが出資して、エンジェルが入れないこともありえます。つまり、「有利な価格で買える」という意味では価値はゼロでも、「必ず株式が手に入る」というメリットはあるので、このタイミングで資金を提供しておかないと投資機会を逸すると考える投資家なら、discountもcapもなしでも投資する可能性はあります。しかし、日本のシード段階での投資家の層の薄さから考えれば、よほどベンチャーの立場が強くないと、こうした条件のconvertible noteでの投資は行われないでしょう。

| 04 | 優先株式の投資に備える「みなし優先株式」

以下、これらについて図解で説明します。

「負債」だと債務超過になりやすい

まず、convertible noteや転換社債は「負債」ですので、自己資本比率を低くしてしまいます。

エンジェル等の投資を受ける前のベンチャーの設立直後の貸借対照表を模式的に図にしてみると、図表4-5のようになります（資本金100万円程度で設立して、経費をすでに40万円程度使ってしまった、といった場合をイメージしています。図の高さが金額の大きさを表します。損失は本来、純資産〈右側〉のマイナス勘定ですが、図ではマイナスが書けないので左側の項目として表記しています）。

図表4-5　エンジェル投資前のベンチャーの貸借対照表

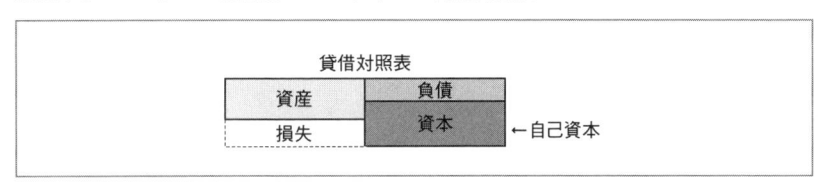

```
          貸借対照表
        ┌──────┬──────┐
        │ 資産 │ 負債 │
        ├──────┼──────┤
        │ 損失 │ 資本 │ ←自己資本
        └──────┴──────┘
```

ここでconvertible noteで資金調達をすると、直後の貸借対照表は図表4-6のようなイメージになります。

convertible noteや転換社債で資金調達をしても、負債が増えるだけで、自己資本の量は増えていません。

そして、スタートアップは売上もまだ小さく、経費もたくさん使いますので、元からある自己資本を損失が簡単に上回ってしまうことが多いですから、投資されてしばらくした時点での貸借対照表は図表4-7のようなイメージになるはずです。

図表 4-6　convertible note 投資後のベンチャーの貸借対照表

貸借対照表

資産	その他負債
	convertible note
損失	資本

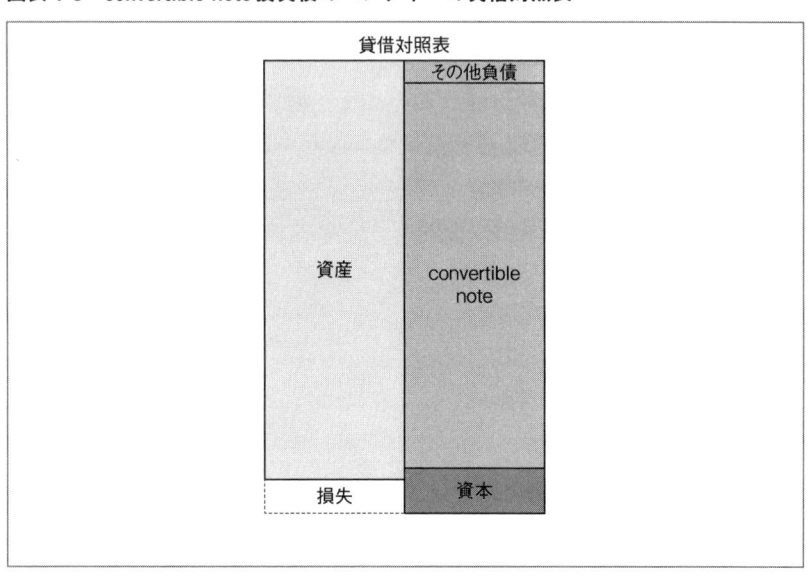

図表 4-7　少し経費を使っただけで債務超過になった状態

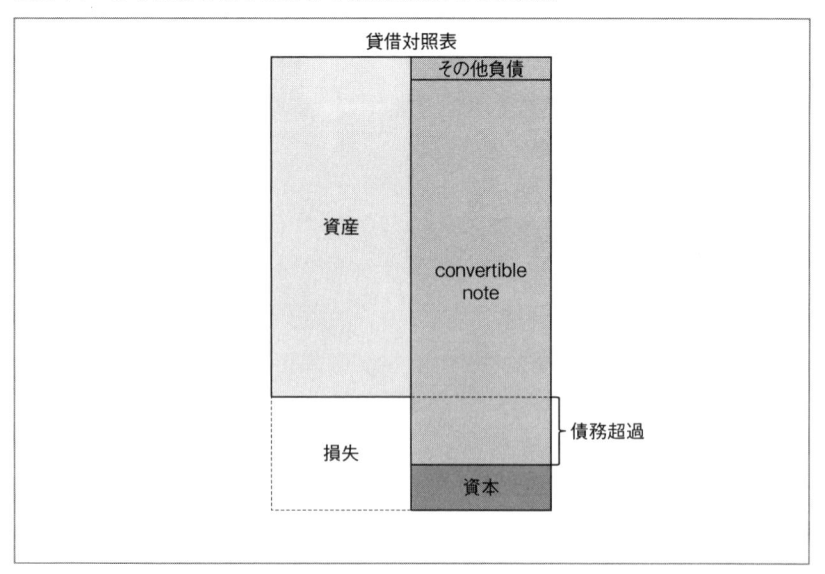

貸借対照表

資産	その他負債
	convertible note
	← 債務超過
損失	資本

04 > 優先株式の投資に備える「みなし優先株式」

はい、債務超過（資産より負債の額のほうが多い状態）になってしまいました。

もちろん、次のラウンドでベンチャーキャピタルなどから増資が決まると、convertible noteが株式に転換されて「資本」になるわけですから、図表4-8のように資産超過になります。

図表4-8　convertible noteを株式に転換して資産超過になった状態

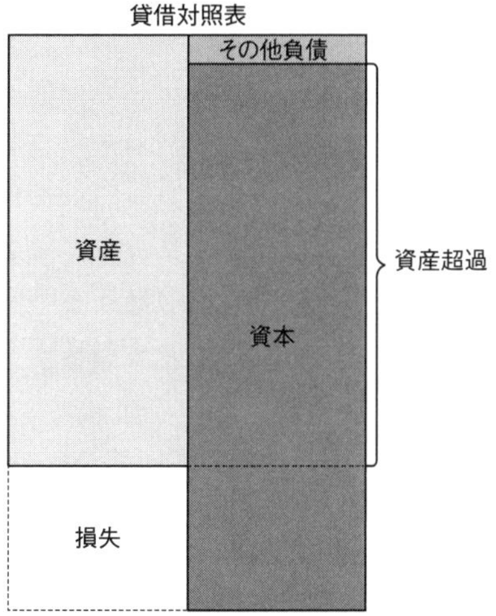

ベンチャーは銀行から資金を借りる可能性はあまり高くないですが、それでも、会計上は債務超過という姿は、いろいろあらぬ誤解も生みやすいので、基本的には好ましくありません。[*2]

貸金業法に触れる可能性も

　また、単なる貸付金に対して、株式に転換する契約だけをしておくという方式は、契約書的には非常にシンプルなのですが、エンジェル等がconvertible noteで「貸付け」を繰り返し行うようだと、日本では貸金業法上、貸金業登録が必要になる可能性があります。*3

新株予約権付社債の発行の負担

　貸金業法に触れないように、転換社債（新株予約権付社債）での「投資」ということにしたとしても、転換社債はベンチャー実務に今まであまり取り入れられてこなかったので、日本で社債発行の実務を経験したことのある人は（少なくとも金銭消費貸借契約を締結したり普通株式を発行したりするのに比べれば）非常に少ないです。
　convertible noteとして新株予約権付社債を使うスキームは、日本のシード・ラウンドの投資でも試みられていますし、一定のリテラシーがある投資家や専門家が活用できるケースも考えられなくはないですが、社債の内容を変更するために裁判所に関与してもらう必要があったり、次のラウンドの投資家が理解できないことで、ファイナンスが不調に終

---

*2 　第2章で見た「資本性ローン」と同様、金融庁が銀行などの検査に用いる金融検査マニュアル上は、貸付金や社債に一定の劣後条件等を付けることで、「負債であっても自己資本扱いとみなしてもいい」ということになる可能性もあります。しかし、「帳簿上は負債だが自己資本」ということについて、金融機関でもどこまでの人が理解しているかはよくわかりませんし、「債務超過の企業はダメ」という要件の入札などもあります。金融機関以外の人がそのベンチャーの財務諸表を見た場合などにおいて、それがどう解釈されるかにもリスクがあると思いますので、会計上も債務超過にならないにこしたことはありません。

*3 　貸金業登録してまでエンジェルをやりたいという人は少ないはずですし、そもそも、ベンチャーが倒産しても多くの場合資金は戻ってきませんし、次のファイナンスに成功しても、その資金は返済されないのですから、貸金業扱いされるのは納得がいかないはずです。

わるなどのトラブルも多く見聞きするので、本書での解説は省略させていただきます。

「みなし優先株式方式」の概要

　以下でご紹介するのは、普通株式を使ったconvertible equity（「資本」を別の「資本」に転換する資金調達法）のアイデアです。発行するのは単なる会社法上の普通株式なのですが、契約で優先株式と同様の性質を付与するので、**みなし優先株式**と呼ぶことにします。
　convertible noteが、
- (a) 書類がシンプルで誰にもわかりやすい
- (b) 投資時に株価を決めなくていい
- (c) 負債である（普通株式より優先して返済が受けられる）

であるのに対し、
- (a) 日本で広く誰でも知っている普通株式の増資を用いて、比較的シンプルな事務ですみ
- (b) 投資時に株価をある程度決めてしまう代わりに
- (c) 負債でなく「資本」であることを明確にする

という方法です。

　最初に発行するのは普通株式ですが、「**総株主の同意があれば、発行済株式の一部を他の種類の株式に転換できる**」という登記実務を使って、次のラウンドの種類株式の要件が決まったときに転換するというアイデアです。

「みなし優先株式方式」の特長と要注意点

この「みなし優先株式方式」の特長は、以下のとおりです。

シンプル！

　発行するのは単なる「普通株式」なので、弁護士、司法書士、税理士、会計士など、ビジネスの専門家なら、たいていの人はわかるというシンプルなものです。もちろん、普通株式自体にはややこしい条件もついていませんので、登記にあたって法務局で引っかかるということもありません（発行に携わったことがある人が非常に少ないであろう転換社債や優先株式と違って、おそらく、数万人単位の専門家が普通株式の発行の経験があるはずです）。

　また、投資後も普通株式しか存在しませんので、ホンモノの優先株式を発行する場合と違い、**わざわざ複雑な種類株主総会を開かなくてもOK**です。

フレキシブル！

　日本の種類株式の登記では、各種の条件やその他の内容が厳格に定められていることが求められますが、この「みなし優先株式」方式は、契約書で定めてあるだけなので、いざというときには株主全員の合意でフレキシブルに契約内容を変更できます。[*4]

　つまり、たとえば次のラウンドの投資家が、「前のラウンドの投資家と同じ条件の株式なら、投資はしないぞ！」とゴリ押ししてきて、他に

より良い条件を出してくれる投資家も見つからないといった場合にも、契約書で定めてあるだけであれば（たとえば残余財産分配権が次ラウンドの投資家より劣後するような株式を作るとか、株式数を調整するとか）、フレキシブルな対応が可能になります。

債務超過になりにくい

債務ではなく資本ですので、債務超過になりにくく、前述のような問題が回避できることになります（図表4-9）。

図表4-9 投資時から十分な資産超過になる

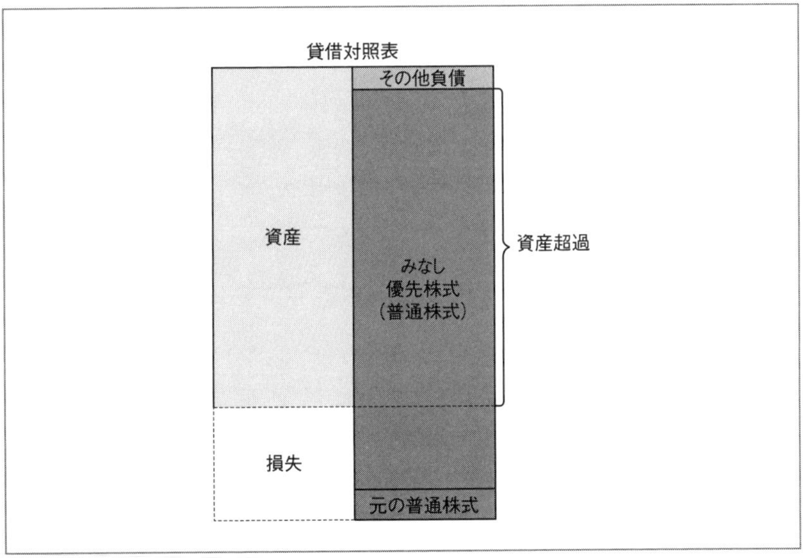

貸借対照表

資産	その他負債
	みなし優先株式（普通株式） → 資産超過
損失	元の普通株式

---

*4 といっても全株主の同意を取る必要があるので、株主の人数が多いと調整はそれなりに大変ですし、何をやってもかまわないというわけではありませんが。

次の優先株式に負けない

次回ラウンドの優先株式に残余財産分配権などの投資家に有利な権利が付いてしまうと、普通株式は、それに対して劣後する立場になってしまいますが、それと同じ（またはそれより劣後するが普通株式よりは優先する）株式に転換できるとしたら、投資家が創業者より高い株価で投資をしても、権利が守られることになります。

要注意点

一方、注意すべき点として以下のような事項が考えられます。

- **全株主を巻き込む必要性**
 全株主と契約を締結する必要があります。
 このため、設立直後で株主がまだ共同創業者数名程度しかいない場合には向いていますが、株主間で仲間割れが発生していたり、株主数が多くなって、全株主の同意を得ることが難しい場合は、使えないことになります。

- **次回ラウンドが優先株式で行われないと意味がない**
 発行されるのは普通株式ですので、次回のラウンドで1億円以上を優先株式で調達する可能性がある成長志向のベンチャーでないと、わざわざこういった契約を締結する意味は小さくなります。

- **1対1の転換か、任意の転換比率を認めるか**
 すでに普通株式が発行されていますので、次のベンチャーキャピタルラウンドでは「普通株式1対優先株式1」で転換すると決めてしまっ

ておいたほうが関係者全員にわかりやすいのではないかと思います（後述のとおり、「cap」や「discount」を付けて 1 対 1 以外の比率で転換することも可能ではありますが、複雑でもあり、日本ではまだあまりお勧めできません）。

ひな型の概要

　以上のように、この「みなし優先株式」は、主に、設立して間もないベンチャーに、エンジェルやアクセラレーター、インキュベーターなどの投資家が数百万円から数千万円程度を投資し、次回ラウンドのファイナンスで優先株式を使って億円単位の投資をベンチャーキャピタルなどから受けるベンチャーが使うことを想定しています。[*5]

　（つまり、プロのベンチャーキャピタルなどが、概ね 1 億円以上の資金を投資する場合には、この「みなし優先株式」ではなく優先株式を使うべきです。）

　米国と違って、日本ではまだエンジェルやアクセラレーターなどの数が少ないので、良くも悪くも、「今投資しないと、この会社に投資するチャンスはないかも」といった切迫感がなく、意思決定スピードはのんびりしています。このため、convertible note で見たような「valuation を検討しなくていい」「契約者の名前や投資額などを書くだけでスピーディに事務が完了する」といったメリットは、あまり求められないかもしれません。そのため、この「みなし優先株式」は、相場感やリテラシー

[*5] このひな型は、著者の発案及び検討に基づき、AZX総合法律事務所の協力を得て作成したものをベースにしており、一部、同事務所のひな型文言を使用している他、各契約主体の顧問弁護士などとのやりとりにより作成されております。ただし、掲載にあたって文言を一部修正していますので、文責は筆者にあります。

がそれなりにあるエンジェルやアクセラレーターが、次の優先株式が発行された場合にも不利にならないようにするためや、マイナーな株主がゴネることでM&Aが失敗しないようにしておく目的で、ある程度時間をかけて検討して使用することを想定しています。

　この「みなし優先株式」のための契約の名称は**「株式の転換等に関する合意書」**としました。
　前述したように、契約当事者は、既存株主と、この「みなし優先株式」で投資をする投資者を含む**株主全員**、そして株式を発行する会社です。

　つまり、既存株主の数が多かったり、株主の一部が行方不明だったり、この投資者に投資をしてもらうことについて既存株主間で意見の対立があったり、そもそも仲が悪かったりするなど、株主の足並みがそろわない場合には使いにくいスキームですが、シード・ラウンドで資金調達する設立されたばかりの会社であれば、株主として数名の共同創業者などがいるだけのことが多いので、使える可能性は高いはずです。

　さらに言えば、創業初期にもかかわらず、「株主全員の合意が取り付けられなくて、この合意書が結べない」という場合は、少なくとも資本政策的には、あまりイケてないスタートアップである可能性が高いと思います。創業初期ですら、社長などがリーダーシップを持って株主を説得できないのでは、その後も思い切ったことはできないはずだからです。

用語の定義

　第1条で定義される、この合意書で使う用語を解説します。

第1条は、以下のようにちょっと長いですので、さっと読んで、あとでそれぞれの用語の定義が気になった場合に、辞書的に見返していただけばよろしいかと思います。

第1条　定義

本合意書において使用される以下の各用語は各々以下に定める意味を有する。また、本合意書におけるその他の用語は、本合意書に別段の定めがない限り、発行会社の定款の定めに従うものとする。

(1) 「みなし優先株主」とは、別紙「当事者一覧」に記載された□□□□を意味する。

(2) 「発行会社」とは、別紙「当事者一覧」に記載された〇〇〇〇株式会社を意味する。

(3) 「経営株主」とは、本合意書の当事者のうち、みなし優先株主及び発行会社を除く者であって、発行会社の株式を保有する者を意味する。

(4) 「代表者」とは、別紙「当事者一覧」に記載された△△△△を意味する。

(5) 「普通株式」とは、発行会社が現に発行する株式（発行会社が種類株式発行会社となった場合には、その発行する種類株式のうちの普通株式）を意味する。

(6) 「優先株式」とは、発行会社が将来発行する種類株式のうちの普通株式以外の種類株式を意味する。

(7) 「みなし優先株式」とは、みなし優先株主が保有する普通株式を意味する。

(8) 「普通株主」とは、普通株式を保有する者を意味する。

(9) 「主要みなし優先株主」とは、みなし優先株式の議決権の［過半数］を持つ、みなし優先株主（複数名で過半数の保有比率となる場合を含む。）を意味する。

⑽ 「適格ファイナンス」とは、以下の条件すべてを満たす資金調達を意味する。
　(a) 資金調達額の合計が［5,000万円］以上であること。
　(b) 少なくとも以下の要件すべてを満たす優先株式を発行する資金調達であること。
　　(ⅰ) 議決権を有すること。
　　(ⅱ) 発行会社の解散時に、残余財産から当該株式の払込金額相当額が普通株主に先立って分配され、同分配後の残余についても、転換比率を調整のうえ計算した額で普通株主とともに参加する内容の残余財産の分配を受ける権利が規定されていること。
　　(ⅲ) 普通株式と同等以上の剰余金の配当が行われること。
　　(ⅳ) 取得請求権付株式又は取得条項付株式（当該株式を取得するのと引換えに株主に対して発行会社の普通株式を交付する条項を含むものに限る。）であること。
⑾ 「買収」とは、発行会社が以下のいずれかに該当することを意味する。
　(a) みなし優先株主又は経営株主による発行会社の株式の譲渡であって、発行会社の議決権総数の50％超を第三者（複数の第三者の場合を含む。）が有することとなるもの（以下、「株式譲渡買収」という。）。
　(b) 発行会社が他の会社と合併することにより、合併直前の発行会社の総株主が合併後の会社に関して保有することとなる議決権総数が、合併後の会社の発行済株式の議決権総数の50％未満となること。
　(c) 発行会社が他の会社と株式交換を行うことにより、株式交換直前の発行会社の総株主が株式交換後の完全親会社に関して保有することとなる議決権総数が、株式交換後の完全親会社

の発行済株式の議決権総数の50％未満となること。
- (d) 発行会社が他の会社と株式移転を行うことにより、株式移転直前の発行会社の総株主が株式移転後の完全親会社に関して保有することとなる議決権総数が、株式移転後の完全親会社の発行済株式の議決権総数の50％未満となること。
- (e) 発行会社が会社分割を行い、吸収分割承継株式会社又は新設分割設立株式会社の株式を配当財産として剰余金の配当を行うとき。

(12) 「想定分配額」とは、以下の金額を意味する。
- (a) 発行会社の清算の場合においては、みなし優先株式が次号の優先株式であることを仮定して発行会社を清算した場合に、定款の定めに基づきみなし優先株主及び経営株主の各々が残余財産の分配を受けられる金額。
- (b) 発行会社の買収の場合においては、以下の（i）から（iii）を仮定して発行会社を清算した場合に、定款の定めに基づきみなし優先株主及び経営株主の各々が残余財産の分配を受けられる金額（買収の対価が現金以外を含む場合、買収の対価の評価額については、発行会社と主要みなし優先株主が協議して決定した第三者の算定などにより合理的に見積もられる金額）。
  - (i) みなし優先株式が次号の優先株式であること。
  - (ii) 当該買収が株式譲渡買収である場合には、当該株式譲渡買収に応じて発行会社の株式の譲渡人となった株主のみが発行会社の株主であること。
  - (iii) 発行会社の残余財産が当該買収の対価の評価額の合計に相当する金額であること。

(13) 前号で仮定する優先株式は、発行会社の株式であって、以下の(a)及び(b)の内容の残余財産分配権が規定されているものとす

> 　る。
> 　(a) 当該株式の払込金額相当額が普通株式への配当に先立って分配されること。
> 　(b) 前号の分配後の残余についても［、当該優先株式 1 株あたり普通株式 5 株（みなし優先株主又は普通株式に係るみなし優先株主以外の株主に対して有利発行があった場合には適切に調整される。）に転換された上で］普通株主とともに参加すること。
> ⒁ 「想定優先分配額」とは、想定分配額のうち、みなし優先株主への分配額を意味する。

　第⑴号の「みなし優先株主」は、この「みなし優先株式」で投資をする投資家のことです（数人のエンジェル等で投資をする場合は、別紙「当事者一覧」に複数の「みなし優先株主」の氏名、名称が記載されることになります）。

　この定義の中で最も重要なのは、第⑿号及び第⒀号で定義される「想定分配額」のあたりですが、これについては後述します。

優先株式への転換条項

　この合意書の最も重要な部分は「優先株式への転換」の部分です。

　この合意書は、次回ラウンドで優先株式で資金調達をする可能性が高い（つまり、「成長志向の強い、イケてる」）ベンチャーであることを前提としており、次回ラウンドの投資家が優先株式となることで、投資家の普通株式が著しく不利になるのを防止することが、この契約の主眼です。

　そして、投資家もベンチャーも、ある程度、次回ラウンドの資金調達

時の企業価値が読めていることや、次回の投資家が、この「みなし優先株主」が同じ種類株主総会に入ってくることを嫌がらない（一緒にやっていける投資家だと思ってもらえそうである）場合に向いています。

たとえば、Y Combinatorのようなイケてるインキュベーターなら、次回ラウンドの投資家も「今後もイケてるベンチャーを紹介してもらえるだろうし、数％程度なら資本政策の大勢にも影響がないから、ここはconvertible noteの条件どおりの転換を認めたほうが得だ」と判断するはずです。

しかし、影響力がない投資家だったり、将来に支障のある資本構成になってしまっている（エンジェルが高過ぎる持株比率になる）ような場合には、次回の投資家がこうした契約に納得しない可能性も出てきます。また、次回ラウンドで投資したがる投資家がたくさんいれば、この契約が通る可能性は高いですが、逆に、投資したい投資家が1社しかいなければ、当然ながら、交渉の余地は狭まってしまいます。

次は、優先株式への転換を定めた第2条です。

第2条　優先株式への転換
1. 本合意書締結日以降、発行会社が株式の発行による資金調達を行うことになった場合には、発行会社はみなし優先株主に対して速やかに、(i)発行する株式の種類と内容、(ii)払込金額、(iii)投資契約その他出資者と締結する契約案について通知するものとする。
2. 本合意書の当事者は、発行会社が適格ファイナンスを行うこととなった場合、みなし優先株式の適格ファイナンスにおいて発行される優先株式と同一の種類の優先株式（以下「転換対象優先株式」という。）への転換がなされることとなるよう必要なあらゆる手続を行うものとする。

3. 株式の発行による資金調達が、適格ファイナンスの要件のうち、第1条第(10)号(a)の一部の要件を満たさない場合であっても、主要みなし優先株主が発行会社に対し要求した場合には、本合意書の当事者は、前項と同様の転換がなされることとなるよう必要なあらゆる手続を行うものとする。
4. 本条に定める転換により交付される転換対象優先株式の数は、みなし優先株主のみなし優先株式の払込金額の総額を以下により定められる転換価格で除して小数点以下を切り捨てて得られる整数とする。
転換価格＝みなし優先株主がみなし優先株式を取得した際の1株当たりの払込金額
（みなし優先株主又は普通株式に係るみなし優先株主以外の株主に対して有利発行があった場合には適切に調整される。）
5. 主要みなし優先株主と発行会社が合意した場合、(i)みなし優先株式全部の転換に替えて一部の株式の転換とすること若しくは転換を行わないこと、(ii)転換価格の引き上げ、又は(iii)転換対象優先株式に替えて転換対象優先株式より内容が劣後する優先株式に転換すること、その他必要な合理的調整を行うことができる。

第2条第2項では、**次回以降のファイナンスが「適格ファイナンス」の要件を満たした場合は、そのファイナンスで発行される**優先株式と同一の種類の優先株式に自動的に転換されることが定められていて、投資家、既存株主と発行会社は、これに必要なあらゆる手続きを行わないといけないことになっています。

「あらゆる手続」というのは具体的には、全株主が、みなし優先株式である普通株式を、「転換対象優先株式」の種類に転換する同意書を提出し、その株式の転換（株式の内容の変更）を登記することなどです。

| 04 | 優先株式の投資に備える「みなし優先株式」

　第1条第⑽号(a)では、転換のきっかけ（トリガー）となる「適格ファイナンス」の資金調達額の下限値を定めています。確実に転換を発生させたいのであれば、なるべくこの金額は低く設定したほうがいいことになります。

　米国のconvertible noteでは、この資金調達額のハードル（「適格ファイナンス＝Qualified Financing」）を、次回ラウンドのベンチャーキャピタル等にそれなりの評価をしてもらえるかどうかの指標として利用しています。convertible noteは「借金」なので、「ちゃんとした」ファイナンスが行えない場合には借金を返済してもらうぞ、というプレッシャーをかける効果が生まれるわけです。しかしこの「みなし優先株式」は最初から普通株式なので、投資家は投資した資金を返してもらうことはできません。このため、この「みなし優先株式」のスキームでは、経営陣に「適格ファイナンス」を促すために、後述のとおり、優先株式に転換しない場合の「みなし優先株式」への分配を多めにすることで、経営陣側に転換のインセンティブを付けることにしています。

　第1条第⑽号(b)では、ちゃんとしたベンチャーキャピタルが優先株式で投資をする場合に最低限入るであろう条項を入れてあります。普通株式より劣る内容の種類株式に転換してもしょうがないので、優先株式としての最低限のハードルを設けてあります。

　前述のとおり、優先株式を発行することになると投資時にかかるリーガル・フィーも増えますし、投資したあとの種類株主総会もいろいろ面倒になりますので、通常は最低でも1億円程度調達する場合でないと、投資家も発行会社も、お互いに割が合いません。このため通常は、あまり低い額（たとえば500万円とか1,000万円）で優先株式の発行が行われることはないと思いますが、念のため、適格ファイナンスの金額要件を満たさない場合でも、**主要みなし優先株主**（ここでは「みなし優先株

169

式」の過半数）が会社に要求すれば、同様の転換が行えることにしています（第 2 条第 3 項）。

第 2 条第 4 項は、「普通株式 1 株につき優先株式 1 株に転換する」というシンプルな転換をするということを意味しています。
（日本でニーズがあるかどうかはさておき、後述のとおり、次回ファイナンスの内容によって転換条件を変えるために cap や discount を付けることもできます。）

第 2 条第 5 項では、**投資者グループの持株の過半数と会社が合意すれば、転換する株式数や種類などの条件を変えられる**ことにしてあります。

投資者の持っている普通株式の全部を転換するとか、次回ラウンドの優先株式にしか転換できないといった硬直的な規定にしておくのではなく、たとえば次回ラウンド（Series A）のベンチャーキャピタルから「半分だけ優先株式に転換するなら許せるが、全部転換するなら投資しない」とか「残余財産分配権がウチより劣後する株式になら転換してもかまわないが、うちと同順位ではイヤだ（つまり既存の「みなし優先株式」は「A種優先株式」に転換し、新しく投資するベンチャーキャピタルはそれより優先する「B種優先株式」で投資をするのでないとイヤだ）」といったことを言われた場合に、全株主の同意を取り直さなくてもいいように、こうした規定を入れています。

次回投資の valuation で転換株数を調整する方法

convertible note のように、次回の投資の valuation で、転換する株数を変化させることは可能でしょうか？

可能ではあります。

つまり、このひな型では、

> 転換価格＝みなし優先株主がみなし優先株式を取得した際の1株当たりの払込金額

としていますが、これをたとえば、

> **転換価格＝(a)適格ファイナンスの株価×80％又は(b)15,000円のいずれか低い額**

とすれば、(a)discount（次回ラウンド株価からの割引）が20％、(b)cap（上限価格）が15,000円で転換が行われることになります。

しかし、わざわざ次回ラウンドに合わせて株式数を変更するニーズもあまりないと思いますし、手続きが非常にややこしいので、あまりお勧めはしません。[*6]

---

*6 たとえば、1,000株の普通株式が1,200株の優先株式に転換する場合は、まず、総株主の同意によって、1,000株の普通株式を1,000株の優先株式に転換し、その1,000株の優先株式を株式分割して1,200株の優先株式にするといったステップが必要です。

　もちろん、優先株式を分割すると、たとえば、次のベンチャーキャピタルが1株2,000円で投資（残余財産優先分配権は1株2,000円）をするという場合、株式分割前の優先株式の残余財産優先分配権は1.2倍の1株2,400円にしておかないといけません。

　次回ラウンドの投資が普通株式で、エンジェルが1,000株投資をした普通株式を1,200株の普通株式に転換する場合は、単純に普通株式を株式分割すると、創業者などが持っている他の普通株式も全部一律に分割されてしまいます。このため、わざわざ存在しないダミーの優先株式（たとえばAA種優先株式）を作り出して、まず、総株主の同意によって、1,000株の普通株式を1,000株のAA種優先株式に転換し、その1,000株のAA種優先株式を株式分割して1,200株のAA種優先株式にして、その1,200株のAA種優先株式を、総株主の同意によって、1,200株の普通株式に転換するといったステップを踏まないといけません。このように、実行する方法が超ややこしいですし、あまりニーズもないと思いますので、このようなcapやdiscountを付ける方法はお勧めしていないわけです。

次回ラウンドが普通株式での増資だった場合

　この「みなし優先株式」は、次回ラウンドが普通株式なら「適格ファイナンス」に該当しないので、原則として転換は発生せず、契約書はそのまま存続します。このスキームで一部の株式の種類を転換するには原則として全株主の同意が必要[*7]ですので、次回ラウンドが適格ファイナンスでない場合、次回ラウンドの投資家にも、この合意書に入ってもらう必要があります。このため、次回ラウンドの投資家の参加について、第6条のように定めてあります。

> 第6条　他の株主等の参加
> 1. 発行会社につき、第三者割当増資、株式譲渡などにより本合意書の当事者以外の株主（以下「新株主」という。）が出現した場合には、本合意書の当事者は新株主を本合意書の当事者として参加させるように最善の努力を行うものとする。[この場合、□□□□は、本合意書の他の当事者全員の代理人として、主要みなし優先株主と合意する内容で、新株主を本合意書に参加させるための契約を締結することができるものとする。]
> 2. みなし優先株主又は経営株主は、自己の保有する普通株式を第三者に譲渡する場合は、譲受人をそれぞれみなし優先株主又は

[*7] 『商業登記ハンドブック　第2版』（松井信憲著、商事法務　248ページ）という文献に、こうした発行済みのある株式の一部を他の種類の株式とすること（たとえば、普通株式のみを発行している会社が発行済株式の一部を優先株式に変更することを望む場合など）についての考え方が示されています。

> 経営株主として本合意書の当事者として参加させることを条件
> とし、かかる条件が満たされない限り、自己の保有する株式を
> 第三者に譲渡しないものとする。
> 3. みなし優先株主は、いつでも保有する株式の全部又は一部を前
> 項に従って譲渡できるよう、譲渡を希望するみなし優先株主以
> 外の本合意書の当事者は、この譲渡を承諾するものとする。

次回ラウンドの投資家も、この契約に加わっておいて権利が強くなれば損はないので、基本的には契約に参加してもらえるはずです。

みなし優先株式の譲渡時の価値の担保

みなし優先株式を譲渡しても経済的価値が保たれないと、投資した資金の回収が困難になる可能性があるので、譲渡しても、みなし優先株式の権利が残る旨を第6条3項に入れました。

優先分配権

この「みなし優先株式」の契約には、ベンチャー投資で使われる一般的な優先株式と同様、「優先分配権」が付いています。

みなし優先株式は、原則として次回ラウンドの優先株式に転換されるはずですので、ここで解説する「優先分配権」は、次のラウンドの増資で優先株式に転換される前にexitや清算が発生した例外的な場合に使われる規定ということになります。

この優先分配権を定めた第4条は、以下のような条文としています。

第4条　優先分配権
1. 発行会社について現金を対価とする株式譲渡買収が行われる場合には、以下の株式譲渡を行うものとする。
    (1) みなし優先株主は代表者に対し、1株あたりの想定優先分配額に、譲渡する株式数を乗じた額でみなし優先株式たる普通株式を譲渡する。
    (2) 代表者は代表者以外の経営株主に対して、前号の1株当たりの譲渡価格と同価格で、前号で取得した普通株式を各経営株主の持株数の比に応じて譲渡する。
2. 発行会社について前項以外の買収が行われる場合には、その買収の対価について、買収に応じたみなし優先株主及び経営株主が各々の想定分配額を受け取ることとなるよう、本合意書の当事者間で必要な分配を行うものとする。
3. 発行会社が資産譲渡、現物出資、事業譲渡又は会社分割等により発行会社の資産又は事業の重要部分を第三者に移転させた場合、発行会社が支配する会社が当該資産又は事業を継続的に保有する場合を除き、主要みなし優先株主は、発行会社に対して通知することにより、発行会社の解散及び清算を要求することができる。なお、本項において「発行会社の資産又は事業の重要部分の移転」とは、当該移転した資産又は事業の価値が発行会社の企業価値の3分の2以上に相当する部分を移転する場合を意味する。この場合の資産又は事業の価値及び企業価値については、発行会社と主要みなし優先株主が協議して決定した第三者の算定などにより合理的に見積もられる金額とする。
4. 発行会社について清算が行われる場合には、残余財産の分配に際してみなし優先株主及び経営株主が各々の想定分配額を受け取ることとなるよう、本合意書の当事者間で必要な分配を行う

> ものとする。

　ここでは、株主に分配が行われるケースを、第1項から第4項までの場合に分けています。

1. 現金対価の株式譲渡による買収の場合
2. 現金対価の株式譲渡以外の買収の場合
3. 事業譲渡や会社分割の場合
4. 会社を清算する場合

1. 現金対価の株式譲渡による買収の場合

　米国では買収の際に、現金対価の三角合併（株式交換）がよく用いられるのに対し、日本においては税務上の理由で、現金対価の合併や株式交換は、あまり用いられません。[*8] このため、日本のベンチャーのM&Aにおいては、株主が全株式を買収者に譲渡して現金を受け取るというパターンがおそらく最も多いのではないかと思います。

　そこで、本来は「各自あらゆる必要な手続を行うこととする」だけ言っておけばいいのですが、この最も多いことが予想される「現金対価の株式譲渡」のケースについては、具体的に何をするのかを第1項に掲示しています。

　現金対価の株式譲渡の場合に各株主がやることは以下のとおりです（図表4-10は右から左の流れで見てください）。

[*8] 対価に現金が含まれる合併や株式交換等は、税務上「適格組織再編」に該当しないため、会社を清算したとみなされて課税額が大きくなるとか、繰越欠損金が引き継げないなどのデメリットが発生する場合が多くなるためです。

図表4-10　株式譲渡時の手続き

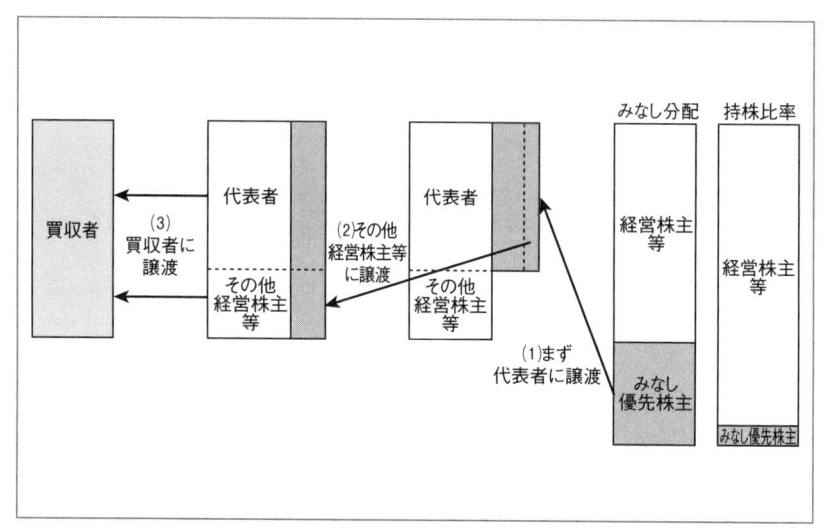

(1) 投資者から代表者へ譲渡

　まず、この「みなし優先株式」（＝普通株式）を持つ投資者は、代表者（社長／CEO等）個人に対して、「想定優先分配額」で株式を譲渡します（「想定優先分配額」は第1条「定義」の第(12)号から第(14)号で定められています）。

　代表者個人に株式をまとめる役割をお願いしよう、というところがミソです。

　発行会社（法人）に投資者の株式を引き取ってもらうと、**自己株式の取得**になり、会社法上の分配可能額（繰越利益など）がないと買い取れないですし、買い取れたとしても、税務上、「みなし配当」や「譲渡損」などの組み合わせが発生してややこしいことになります。このため、法人である発行会社ではなく、個人である代表者に譲渡の仲介者になってもらうことにしました。

(2) 代表者から各株主に負担をならす

次に代表者は、前項で取得した株式を、各経営株主等の持株数の比に応じて、前項の1株当たりの譲渡価格と同価格でその他経営株主等に譲渡します。

投資者と直接面識がない株主が混じっていることもよくあるので、まずは代表者に株式を集約して、そのあとに代表者と各株主で調整してください、ということにしてみました。

ただし、代表者が「買い取ったはいいけど売れない」という過度なリスクを負わないように、合意書の第5条第3項で、

> 第5条　各契約当事者の責任等
> 3. 発行会社は、本合意書でみなし優先株主及び経営株主の各々が負う譲渡、調整又は手続等の義務について、当該みなし優先株主又は経営株主と連帯して責任を負うものとする。

と、発行会社も契約当事者にして、連帯責任を負わせました。これで、（分配可能額等の規制〈財源規制〉などに従った範囲で）会社に株式を引き取ってもらうこともできます。

2. 現金対価の株式譲渡以外の買収の場合

「現金対価の株式譲渡」以外というと、可能性が高いのは、「株式対価の合併／株式交換」や、「現金と株式が混在した対価の合併／株式交換」くらいでしょうが、網羅的に考えれば、以下のような非常にさまざまなケースが考えられます。

- 現金以外の対価を含む株式譲渡

- 株式対価の合併
- 株式対価の株式交換
- 株式対価の株式移転
- 株式対価の分割型分割

- 現金対価の合併
- 現金対価の株式交換
- 現金対価の株式移転
- 現金対価の分割型分割

- 現金と株式が混在した対価の合併
- 現金と株式が混在した対価の株式交換
- 現金と株式が混在した対価の株式移転
- 現金と株式が混在した対価の分割型分割

- その他の場合

　こうした、可能性が必ずしも高くないすべてのケースを網羅して契約書を作るのも大変ですし、今後、税法や会社法もどう変わるかわからないですから、それぞれのケース別に最適な分配方法をあらかじめ完全に定義しておいても、理解の困難度が高まるだけであまりメリットがありません。
　このため、「**買収に応じたみなし優先株主及び経営株主が各々の想定分配額を受け取ることとなるよう、本合意書の当事者間で必要な分配を行うものとする**」というざっくりしたことだけ定めておいて、具体的な税務やスキームについては、そのときに考えることにしました。

　また、第5条第2項には、

> 2. 本合意書で定められる手続が、第三者との交渉上、税務上、若しくは法律上の理由、又はその他のやむを得ぬ理由により合理的でないこととなった場合、本合意書で定める譲渡や分配に代えて、主要みなし優先株主と発行会社が合意した他の合理的な方法を採用することができる。

という条項も入れてみました。
「もし、この合意書に書いてある方法でうまくいかない場合は、(また全株主の同意を取り直すのも大変ですので、主要みなし優先株主と会社が合意するだけで決められる) 別の合理的な方法を考えようよ」という逃げ道を用意してあるわけです。

買収されるような会社になっていれば、少なくともスタートアップ直後よりはリーガルフィーを払う余力があることが多いと思いますので、先に網羅的に全ケースを考えるよりは、あとで実際に買収が持ち上がってから詳細を考えるほうが、効率がいいと考えた次第です。

3. 事業譲渡や会社分割の場合

第1条 (定義) の「買収」の定義には事業譲渡や会社分割は含まれていません。

資産譲渡、現物出資、事業譲渡や会社分割等をすると、その対価は投資者ではなく**発行会社に交付される**ことになり、そのままでは株主には分配されません。そうした場合について、下記に再掲する第4条第3項で規定しています。

> 3. 発行会社が資産譲渡、現物出資、事業譲渡又は会社分割等によ

> り発行会社の資産又は事業の重要部分を第三者に移転させた場合、発行会社が支配する会社が当該資産又は事業を継続的に保有する場合を除き、主要みなし優先株主は、発行会社に対して通知することにより、発行会社の解散及び清算を要求することができる。なお、本項において「発行会社の資産又は事業の重要部分の移転」とは、当該移転した資産又は事業の価値が発行会社の企業価値の3分の2以上に相当する部分を移転する場合を意味する。この場合の資産又は事業の価値及び企業価値については、発行会社と主要みなし優先株主が協議して決定した第三者の算定などにより合理的に見積もられる金額とする。

　ここで「発行会社の資産又は事業の重要部分の移転」とは、当該移転した資産又は事業の価値が発行会社の企業価値の3分の2以上に相当する部分を移転する場合を意味する」としました。[9]

　会社法上の事業譲渡や会社分割の重要度（簡易組織再編行為になるかどうか）は、基本的に単なる帳簿上の価格での判断なので、**（特にネット系などの場合）帳簿上は金額が小さくても、企業価値を生み出す非常に重要なシステムや顧客データなどを他社に移されても、簡易組織再編行為に該当してしまう危険**があります（すなわち、この契約に引っかからずに実質的な事業の売却が行なわれてしまう可能性があります）。逆に、まったく重要でない遊休資産[10]なども、帳簿上の数値が大きいと、このトリガーに引っかかってくる可能性もあります。

　これに対して、この合意書での重要度の判定は「企業価値に対して3分の2以上の価値があるか？」という基準で判断しています。

---

[9] 米国等のベンチャーの契約書の規定では「実質的にすべての資産の譲渡」といった文言になっていることが多いようです。
[10] ベンチャーでは、多額の遊休資産があるケースは、あまりないとは思います。

04 優先株式の投資に備える「みなし優先株式」

　企業価値は帳簿には書いてないので、誰かに算定を依頼することも必要になりますが、より実態に近い重要度の判断ができると思います。

　発行会社が持株会社で、事業の実態がある子会社の株式を売却するといったケースも、「資産譲渡」でカバーされています。
　また、ここでは「現金又は上場株式が対価の場合」といった限定はしていません。
　このため、たとえば非上場株式等を対価として株式移転や現物出資をした場合にも、投資者（の過半数）が「解散しろ」と言ったら解散しなければなりません（要するに、事業の大半を売却してキャッシュを手にした場合だけでなく、事業をまだ継続する気がある場合にも解散を要求されてしまう可能性があります）。

　これは、「みなし優先株式」で5％しか投資していないエンジェル等の権限としては、一見ちょっと強すぎる気もするかもしれません。しかし、事業譲渡の対価で流動性のない資産を会社が受け取るだけでは投資者には何もリターンがなく、投資者はexitの道が断たれることにもなりますし、事業譲渡等の可能性は一般的には低いと考えられますので、「投資者が要求したら解散」を原則にしていいのではないかと考えています（つまり、普通であれば、残したい企業価値の3分の1未満の事業等を逆に切り出して、発行会社全体を売却するほうが素直なはずです）。

　例外的に何らかの事情で事業譲渡にせざるをえず、しかもexitが期待できるケース（たとえば、上場間近でものすごい値上がりが期待できる未上場企業の株式を対価としてもらったので、解散はちょっと待ってくれ、といったケース）には、事前にエンジェルに「こういうことですのでよろしく」と説明して、「解散を要求する権利を行使しない」「その会社が上場したら解散する」といった確約を取ったうえで資産譲渡等を実

行すればいいわけです。株式の譲渡等、他のもっとシンプルな方法でなく、事業譲渡といった法人税等がかかって、投資家の手取りが減る可能性があるスキームを取ることについて合理的な説明[*11]ができるのであれば、投資家も納得してくれると思います。

4. 会社を清算する場合

前項の場合を含め、会社を清算する場合には、想定分配額で分配しましょう、とシンプルに定めています。

ベンチャーが清算するというケースもまったくないわけではありませんが、見かけることはほとんどないので、最初から詳細に決めても実りは少ないと思います。

税務への備え

異なる株価で株式譲渡をすると、税務上の問題になる可能性も考えられます。

こうしたスキームについての判例もないことから、どこまで効果が期待できるかはわかりませんが、少なくとも当事者の見解を統一しておくという意味で、税務について以下のような条項を盛り込んでみました。

第9条 税 務

[*11] たとえば、「買収される側のベンチャーに、まだ経理部や法務部といったちゃんとしたアドミ部門がなく、簿外負債等のリスクが非常に高い(帳簿をちゃんと付けているかどうか非常に不安)なので、会社を丸ごと買うのではなく、個別のソフトウエアやデータを指定して、それだけを購入したい」といったケースが考えられます。

> 1. 本合意書に基づく取引に関して生じる税金については、各当事者が法令に基づき負担するものとする。
> 2. 本合意書の各当事者は、以下について確認する。
>   (1) 本合意書に基づく株式の転換又は譲渡等の取引は、本合意書にあらかじめ定められた権利及び義務に基づいて行われるものであり、株主間での贈与又は寄付等、それ以外の目的を有するものではないこと。
>   (2) 本合意書に基づく株式の譲渡価格は、本合意書にあらかじめ定められた権利及び義務に基づいて決定されるものであり、当該権利及び義務が付かない株式の税務上の時価を表す取引事例として考えることは基本的には適切でないこと。

　たとえば、この合意書に基づいて、普通株式の時価より高い株価で投資者が代表者に「みなし優先株式」を譲渡すると、それが時価とみなされてしまうリスク[*12]があります。

　すなわち、図表4-11のような譲渡の際に、仮に1株2,000円が時価とみなされて、これらの株式を800円で買収する法人に売却したとすると、2,000円で株式を譲渡したとして、代表者等に過大な税金が課せられる可能性があります（800円のほうを時価と考えてもらわないといけません）。

　このため、このみなし優先分配額での譲渡は「最近において売買の行われたもの」ではあっても、契約で決められた株価であって、「時価として適正とは認められない株価である」という認識を関係者で統一しておく必要があると考えて、こうした規定にしてみました。[*13]

[*12] たとえば個人株主の場合、所得税基本通達59-6の説明1の、「最近において売買の行われたもののうち適正と認められる価額」に該当するとされてしまうリスク等です。

図表4-11　株式譲渡時の手続き（再掲）

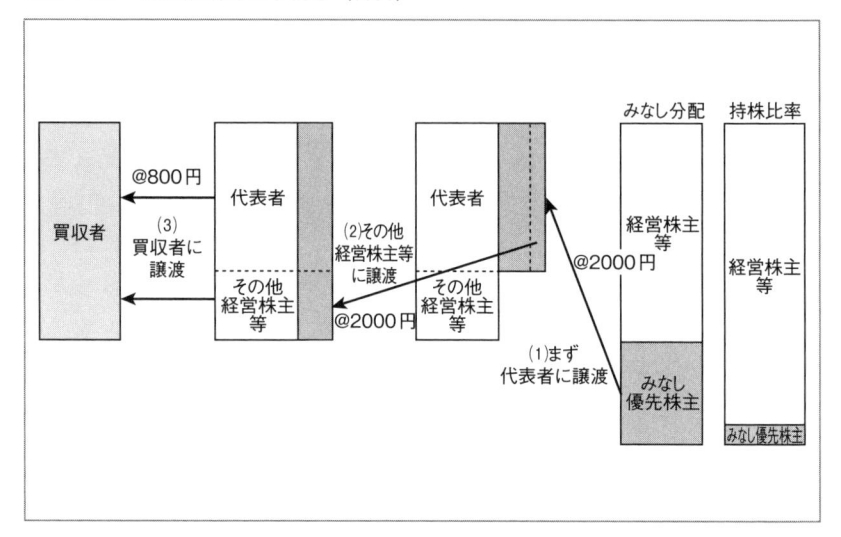

年またぎに注意

　また、代表者は＠2,000円で買った株式を＠2,000円で売っていますので、一見利益は出ないように見えますが、代表者が持っている株式も

＊13　所得税ではなく相続税の話ですが、「取引相場のない株式につき発行会社との間で譲渡価額を額面価額による旨を誓約している場合において、額面価額による評価は採用できないとした事例（裁決事例集 No.39 – 401ページ）」という裁決事例もあります。
　　これは従業員には自由意思がないので、という理由になっていますが、このみなし優先株式の合意書をシード期に締結するのは、（従業員も含まれる可能性はありますが）主に共同創業者などの株主であり、自由意思で締結したとみなされる可能性があるのではないかと思います。また、最終的に買収者が買い取る800円は、会社や社長との契約で決められた価格ではなく、交渉によって第三者間で決まった価格です。そちらの800円のほうを時価として考えてもらえる可能性は高いのではないでしょうか。
　　（もちろん、他の部分も含め、実行に当たっての判断は、税理士等の税務専門家とご相談ください。）

投資者から譲り受けた株式も単なる普通株式なので、代表者の普通株式の取得価額は代表者が創業時に受け取った単価の低い株などとの「総平均法に準ずる方法（移動平均法）」で計算したものになります。つまり、2,000円で買って同じ2,000円で売っているのに譲渡所得が発生してしまいます。

このため、(2)のその他経営株主等への譲渡までが年内に行われて、(3)の買収者への譲渡が年明けに行われるような場合には、キャピタルゲインが2決算期に分かれることに注意する必要があります（分離課税でフラットな税率なので〈税率自体が変更になったとき以外は〉、基本的に税率は変わらないはずではありますが）。

こういう場合には、関係者で話し合って、みなし優先株主から直接各株主に＠2,000円で譲渡するという方法もあります。

ドラッグ・アロングの設定

前述のとおり、日本においては、売る側も買う側もシンプルに株式譲渡でM&Aをしたがることが多いと思います。

このため、**せっかく全株主の同意で合意書を作成する**ことでもありますので、「M&Aで株式を譲渡するときには、全員で足並みをそろえよう」ということを定めておくことにしました。優先株式の説明で出てきたドラッグ・アロング権と同様です（ちょっとマイルドになっています）。

第3条　売却請求権
1. 発行会社に対して買収が提案された場合、発行会社の発行済株式の総数の3分の2以上を保有するみなし優先株主及び経営株主（複数名で3分の2以上の保有比率となる場合を含む。

> 以下「売却請求権者」という。）は、他のみなし優先株主及び経営株主並びに発行会社に対し、当該買収に応じるべき旨を請求する権利（以下「売却請求権」という。）を有する。売却請求権者が売却請求権を行使する場合には、その旨を発行会社宛に通知するものとする。
> 2. 前項の通知に記載された買収が株式譲渡買収であり、当該買収により譲渡される株式の数が、発行会社の発行済株式のすべてでない場合には、まず、当該買収に応じることを希望するみなし優先株主の保有するみなし優先株式が優先的に譲渡の対象となるものとし、残りの譲渡対象株式数については、その他の株主の間で、定款及びその持株数に応じて按分することにより決定する。かかる按分により生じる1株未満の端数の取扱いについては、発行会社が合理的に決定するものとする。

通常のドラッグ・アロング権は、ベンチャーキャピタルなどの投資家が決定すれば、創業者などもM&Aに付き合わされる強制的な条項ですが、上記の案はそれよりずっとマイルドに、みなし優先株主だけでなく普通株主も平等に扱って3分の2以上を保有する株主の決定にしています。つまり、日本の会社における合併や株式交換等の特別決議と同様に、たとえば「1％だけしか持っていない株主がゴネて譲渡を拒否しただけで、M&Aのディール全体が流れる」といったことを防ぐための趣旨です。

投資者だけは特別扱いして拒否権を持たせたい場合は、投資者と発行会社の間で別途締結する投資契約で規定する方法もあります。

投資者の持株比率やリテラシー、経営への関与の度合い等によって、「投資者の事前の承認を必要とする（拒否権あり）」「事前に協議をする（拒否権なし）」「協議も必要なし」など、いろいろなパターンが考えら

れますので、必要があれば個別に交渉して投資契約を締結してください。

「適格ファイナンス」を行うインセンティブ

　convertible note は「負債」なので、発行会社は、がんばってこれを株式に転換しないと、将来、資金の返済を求められてしまう可能性があります。このため、必死で企業価値を高めて次回の巨額のファイナンスを成功させようと頑張るインセンティブが生まれるわけです。
　ところが、「みなし優先株式」は普通株式ですので、返済のプレッシャーはありません。このため、発行会社にファイナンスを成功させようというインセンティブを持たせるために、適格ファイナンスに成功した場合と、適格ファイナンスが行われなかった場合とで、買収の際の分配の割合を変えることにしてみました。
　一般に金額が数百万円程度で数％のエンジェルの持分の場合、残余財産分配権の倍率をあげても、全体に与える影響は大きくありません。
　このため、ひな型では300万円程度の投資をして5％程度の株式を取得する場合を想定し、適格ファイナンスを実行するまでの「みなし優先株式」の段階では「**株数を 5 倍とみなす**」ことで、適格ファイナンスの実行のインセンティブを付けることにしています（第 1 条第⒀号）。

> ⒀　前号で仮定する優先株式は、発行会社の株式であって、以下の(a)及び(b)の内容の残余財産分配権が規定されているものとする。
> 　(a)　当該株式の払込金額相当額が普通株式への配当に先

　　　　立って分配されること。
　(b) 前号の分配後の残余についても、**当該優先株式1株あたり普通株式5株（みなし優先株主又は普通株式に係るみなし優先株主以外の株主に対して有利発行があった場合には適切に調整される。）に転換された**うえで普通株主とともに参加すること。

　つまり、「IPOの際に、経営者に高い比率の株式を持ってもらうための資本政策を考えて株数を減らしているが、M&Aの場合には経営権の維持等は考えなくてもいいので、もっと投資家側への分配が多くてもいいだろう」と考えているわけです。
　残余財産分配権は1倍で、参加型を計算する際の株式数を「5倍」としてみた場合が図表4-12です。

図表4-12　1倍の残余財産分配権かつ5倍の参加型

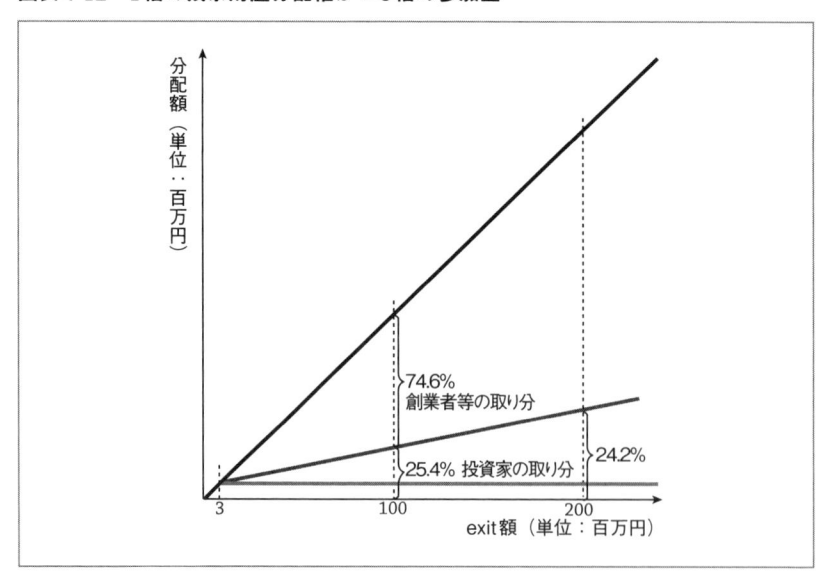

投資した300万円は確保されるので、**投資家としてはダウンサイドリスクは小さくてすみますし、exit額に応じて比例的に分け前を得る**ことになっています。

もちろんこの「5倍参加型」というのは、エンジェルやアクセラレーターなどが、かなりハンズオンしてくれるような場合にはいいですが、単にお金を出してくれるだけでアドバイスは何もなしという人であれば、普通に「1倍参加型」でいいのではないかと思います。

3,000万円規模の投資を受ける場合

次に、投資家から300万円ではなく、3,000万円規模の投資を受ける場合を考えてみましょう。この場合には比率も高くなり「株数を5倍とみなす」といったことにすると大変なことになりますので、そうした条件は付けなくていいと思います。

これは、**数名のエンジェルなどから数百万円ずつ資金を集めるとか、コーポレートベンチャーキャピタル（CVC）や事業会社などから出資を受けるケースのイメージ**です。

もともと経営株主等が1万株を保有しているところに、投資家が3,000万円で1,800株を投資したケースを想定してみました。

つまり、投資家が15.3％を持ってpost1.96億円くらいのvaluationで投資をしたケースです【1,800株÷（1万株＋1,800株）＝15.254％、11,800株×（3,000万円÷1,800株）＝1億9,666万6,666…円】。

ここで、残余財産分配権1倍＋参加型（1倍）を想定すると、図表4-13のようになります。これは、優先株式で投資した場合の最低限の条件と同じですので、経営者側の納得も得られやすいと思います。

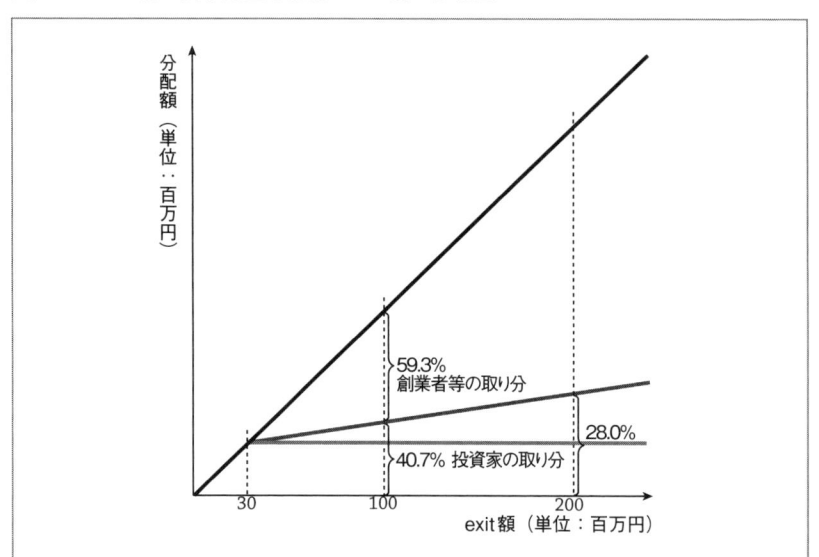

図表4-13　1倍の残余財産分配権かつ1倍の参加型

よりシンプル？ な方法（日本版 safe）

　米国シリコンバレーのスタートアップ・アクセラレーター「Y Combinator」が2014年から採用することになった「safe」という新しい投資スキームにインスパイアされて、「みなし優先株式」よりもっとシンプルな方法ができないか、考察してみました。
　「safe」は「simple agreement for future equity（将来の株式のためのシンプルな契約）」の略で、convertible note が「負債」であることによる欠点を排し、それよりも起業家にとって「安全（safe）」な方法を採用したというわけです。[*14]

　日本で同様なことを考えると、

04 優先株式の投資に備える「みなし優先株式」

- 「行使価格ゼロ」の
- 「会社法の新株予約権」でない（「契約ベース」の）
- 株式等交付請求権（コールオプション）

を用いる方法が考えられます。

「行使価格ゼロのオプション」というのは、なかなかイメージが湧きにくいかもしれません。

通常のオプションは、株価が10万円なら10万円で株式を購入できる権利で、図表4-14のように、行使価格から45度に伸びた「本源的価値」と、行使期間やボラティリティ（変動性）や金利などで決定される「時間的価値」の部分の和でオプション価値が決まります。

図表4-14　一般的なオプションの価値

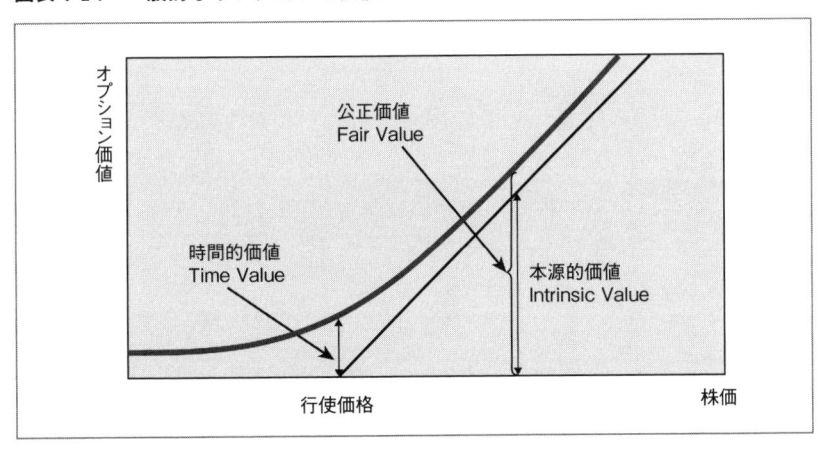

縦軸：オプション価値／横軸：株価

- 公正価値 Fair Value
- 時間的価値 Time Value
- 本源的価値 Intrinsic Value
- 行使価格

---

*14　Y Combinatorのsafeの概略は、同社による2013年12月7日の「Announcing the Safe, a Replacement for Convertible Notes」という記事（http://blog.ycombinator.com/announcing-the-safe-a-replacement-for-convertible-notes）に説明があります。

しかし、この「日本版safe」は、図表4-15のように「行使価格ゼロ」、つまり「株式をタダでもらえる権利」ということになります。

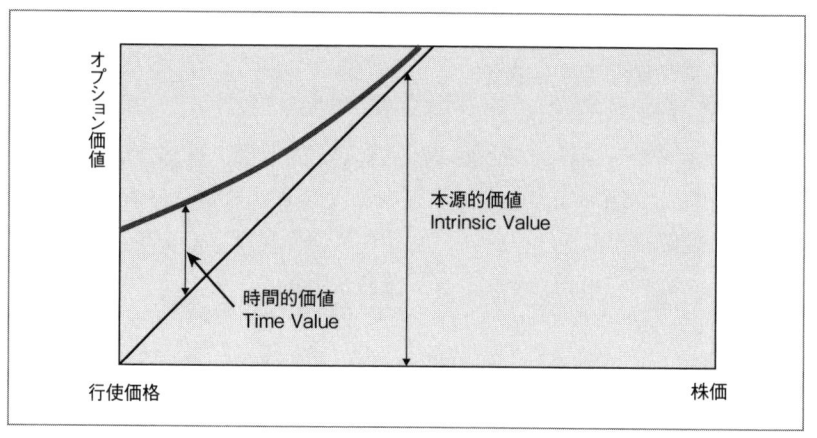

図表4-15　行使価格ゼロのオプションの価値

（縦軸：オプション価値、横軸：株価。行使価格がゼロの位置から、本源的価値（Intrinsic Value）の直線と、その上側に時間的価値（Time Value）を加えたオプション価値の曲線が描かれている。）

つまり、実際の株価がすでに行使価値よりかなり高くなっていると「本源的価値」の部分が大きくなり*15、オプション価値も高くなります。今回、この「日本版safe」で払い込む金額は、「転換」するための負債や株式の金額ではなく、あくまでこの「株式をタダでもらえる権利」の「オプション」の価値になります。

たとえば、現在の株価が10万円で、将来のあるタイミングで「その株がタダでもらえる権利」を売ってるとしたら、その権利は10万円以上するはずです。しかし、あくまで株は「タダ」であって、その10万円を株に「転換」するわけではありません。

---

*15　「deep in the money」と呼ばれる状態です。

| 04 | 優先株式の投資に備える「みなし優先株式」

　しかし、よく考えてみると、この「オプション」、もらえる株数が何株になるかがわかりません。行使価格は「ゼロ円」で動きませんので、MSワラント（MS＝Moving Strike：行使価格が変動するワラント）とも違います。加えて、現在の株価もはっきりしないわけです。さらに、これは「権利」なのかどうかもわかりにくい。普通のオプションというのは権利者側が行使するかどうかを決められるわけですが、これは次回の増資が決まったら株式に転換しなきゃいけない「義務」にも見えます。
　また、「転換」ではなく、株式をタダでもらえるのですから「権利」と言っていいかもしれません。

　ということで、一般的な「オプション」と比べると、極めて不思議な性質のモノなのです。
　（一般のオプションでも理解できる人は少ないのに、これはさらに理解できる人は少ないと思います。実際、Y Combinatorの説明では、オプション理論や会計上の表示に関する説明は一切出てきません。）
　この契約書案を作成はしてみたのですが、まだ私も実際に使ったことがなく、特に実際に株式を発行するときの登記がうまくいくかどうかはよく確認する必要があることや、日本の比較的少ないシード・ラウンドの投資で、ここまでシンプルにするニーズがあるのかどうか不明なこと、一見シンプルですがよく考えると斬新な概念を含んでいるので関係者が理解できるかどうかわからないことなどから、ここでは詳しくは解説しません。[*16]
　この「日本版safe」の会計上・契約上の取扱いは、以下のようになる

[*16] 週刊isologue（第253号）Y Combinatorの新投資スキーム「safe」
　　　http://www.tez.com/blog/archives/post4482.html
　　　週刊isologue（第254号）シード投資スキーム「日本版safe」作ってみました
　　　http://www.tez.com/blog/archives/post4487.html
　　　の回に、もう少し詳しい解説が載っていますので、ご興味がある方はご覧ください。

図表4-16 貸借対照表上の表示（新株予約権）[*17]

（個別貸借対照表）	（連結貸借対照表）
純資産の部	純資産の部
Ⅰ 株主資本	Ⅰ 株主資本
1 資本金	1 資本金
2 新株式申込証拠金	2 新株式申込証拠金
3 資本剰余金	3 資本剰余金
(1) 資本準備金	
(2) その他資本剰余金	
資本剰余金合計	
4 利益剰余金	4 利益剰余金
(1) 利益準備金	
(2) その他利益剰余金	
××積立金	
繰越利益剰余金	
利益剰余金合計	
5 自己株式	5 自己株式
6 自己株式申込証拠金	6 自己株式申込証拠金
株主資本合計	株主資本合計
Ⅱ 評価・換算差額等	Ⅱ 評価・換算差額等
1 その他有価証券評価差額金	1 その他有価証券評価差額金
2 繰延ヘッジ損益	2 繰延ヘッジ損益
3 土地再評価差額金	3 土地再評価差額金
	4 為替換算調整勘定
評価・換算差額等合計	評価・換算差額等合計
Ⅲ 新株予約権	Ⅲ 新株予約権
	Ⅳ 少数株主持分
純資産合計	純資産合計

と考えられます。

- 「日本版safe」の権利は、会社計算規則上は「株式等交付請求権」に該当し、貸借対照表上は、純資産の部の「Ⅲ．新株予約権」として表示されることになるはずです（図表4-16）。つまり「純資産」

04 優先株式の投資に備える「みなし優先株式」

(少なくとも負債ではない)として扱われます。
- 全株主での株主間契約ではなく、投資家と株式の3分の2超を持つ経営陣等との個別契約[*18]にできるのではないかと思います。
- 個別契約なので「表明保証」等、投資契約を兼ねる項目も入れたほうがいいと思います。
- こうした契約をもとに、金銭の払込みなしで株式を発行して登記ができるかどうかは、よく確認する必要があります。

本章のまとめ

　日本はエンジェルやアクセラレーターの数が非常に限られますので、シード・ラウンドの資金調達にどうしても時間がかかりがちです。また、単なる普通株式で投資をすると、投資家の権利が非常に弱くなるので、「エンジェルやインキュベーターの持株比率取り過ぎ問題」も発生しやすくなっています。

　ベンチャーがシード・ラウンドの投資家からスピーディに、かつ、より高い株価(資本政策に悪影響を与えない比率)で投資を受けられる慣習や生態系が生まれるために、本章の「みなし優先株式」等のスキームが「たたき台」として一助になればと考えております。

[*17] 出所:企業会計基準適用指針第8号「貸借対照表の純資産の部の表示に関する会計基準等の適用指針」3ページ。「会社計算規則」第二編第三章「純資産」の第八節「新株予約権」第8項及び第9項を参照のこと。

[*18] 株主間契約でなく相対の契約とすることで、投資家全員の足並みがそろわないと契約できないのではなく、決めてくれた投資家から順に別々に契約を締結したり、「先に決めてくれた投資家には条件をよくする」といった、投資家ごとの調整ができる可能性があります(Y Combinatorのポール・グレアム氏は、これを「high resolution fundraising」と呼んでいます)。ただし、実際にスタートアップがエンジェル相手にそういう駆け引きをするのは「生兵法は怪我のもと」になりかねないので、ファイナンスによほど自信がある方以外にはあまりお勧めはしません。

第5章
経営者の持分を是正する「乙種普通株式」

VENTURE EQUITY FINANCE
STOCKS AND CONTRACTS
FOR ECONOMIC REVOLUTION

ベンチャーではよく、今後の企業価値の増加に最も貢献するはずの経営陣の持株比率が、不幸にも、インセンティブやリーダーシップを確保するには十分でない比率となってしまっているケースが見受けられます。将来IPOをして大きく羽ばたけるかもしれない実力あるベンチャーが、歪んだ資本構成のせいで資金調達ができず潰れてしまったり、少額のM&A等で買収されて終わってしまうのだとしたら、非常にもったいないことです。

このため、経営陣に過度な資金的負担がなく、税務上や会社法上の問題が出にくい方法で資本構成を是正する必要があります。本章では、こうしたシードやアーリー・ステージのベンチャーの資本構成を、「乙種普通株式」という、普通株式に劣後する株式を使って是正する方法を考えます。

資本構成の是正の必要性とは

　特定の外部株主の比率が高すぎると考えられる場合や、その株主に出て行ってほしい場合に、会社や経営陣がその外部株主から株式を買い取ることがあります。また、そのベンチャーに増資をするベンチャーキャピタルが、そうした外部株主の株式の全部または一部を買い取ったり、上場企業などのMBOにも使われる借入金を使う方法や、ストックオプションを経営陣に発行して資本構成を是正する方法も使われることがあります。

　しかし、外部株主から株式を買い取るには、会社自身が儲かっていて、さらにその外部株主が資金を必要としていたり、ベンチャーへの関心が薄れていたり、といった条件をクリアする必要があります。また、リスクの高いアーリー・ステージのベンチャーは銀行等からの借入れで資金調達することは難しいですし、大きく是正が必要な場合にストックオプションを使うということも、いろいろな問題があって、必ずしもできることではありません。

　前章で検討した「みなし優先株式（日本版convertible equity）」は、会社ができたばかりのシード段階での資金調達において、「企業や経営陣側から考えた資本政策上の必要性」と「投資家が負う多大なリスク」のバランスを取り、将来、ベンチャーが大きく成長していけるための資本政策を実現するためのものでした。

　本章では、このように、**不幸にも少ない金額で過大な持分（たとえば、数百万円程度の資金で、3割とか5割以上の持分）を外部の株主に取られてしまったベンチャーの経営陣の持分を是正する方法**について考えます。

05　経営者の持分を是正する「乙種普通株式」

　ただし、あまり期待させすぎてしまってもなんですので、あらかじめ申し上げておきますが、この方法に限らず、**アーリー・ステージのベンチャーの資本構成を大きく是正するスキームというのは、いつでも誰でも使える万能なものではなく、将来大きく成長する可能性があるベンチャーであることや、既存株主との「交渉のカード」があることが必要**です。

　つまり、誰も将来性がないと思っているベンチャーの経営陣が持分を増やすなんてことはできませんし、既存株主の大株主や経営陣が変わったとか、このままでは資金が尽きてしまうが、出資してくれそうなベンチャーキャピタルが資本政策の是正を求めているといった、なんらかの交渉の材料や、ベンチャーやその既存株主を取り巻く**潮流の変化**が必要であって、何もない平時に資本政策の是正を切り出しても、既存株主が「オレの持株比率は下げてもいいよ」と乗ってきてくれる可能性は低いと思います。

　今まで、このようにエンジェル等によって、たった数百万円程度の出資で3割とか5割とかの持分を持たれてしまったベンチャーは、ベンチャーキャピタルに投資を申し込んでも、「この資本政策じゃIPOしにくそうだなあ」[*1]と、そっぽを向かれてしまったケースも多かったと思います。

　こうした場合の、このベンチャーに資金を出すことを検討しているベンチャーキャピタルの考えを見てみましょう。

[*1] 取引所の上場規定上、上場ができないという規則があるわけではありません。しかし、上場の際の主幹事証券に売りやすいと思ってもらえない可能性もありますし、上場に差し障りがありそうであれば、次回以降のラウンドの資金調達時にも、他の投資家の関心を引きづらいはずです。ベンチャーが成長していくためには、さまざまな人が関与しますので、ベンチャーキャピタル1社が「これはいい事業だ」と思えばいいわけではなく、（「度胸がない」と見えるかもしれませんが）「今後関わる『他の人』がどう考えるか？」というところは、投資にとっては非常に重要なのです。

まず経営陣は、会社の企業価値を上げる中心になる人達なので、それなりに高い比率の株式を持つことがインセンティブの観点からも必要です。また、既存の外部株主がいたとしても、その株主が取引先の大企業などで、今後も企業価値の増加に大いに貢献してくれるなら、それなりの比率を持ってもらっていてもいいかもしれません。しかし、過去に出資したり、アドバイスをくれたとしても、今後は何もしなさそうで、会社の価値増加に寄与する可能性が低そうな株主が大量の株式を持っているとしたら、資本政策上はかなり困ったことになります。

　ベンチャーキャピタルとしては、「自分達は数千万円（数億円）出資してハンズオンするつもりなのに、たった数十万円、数百万円の資金しか出していないヤツが、自分よりも大きな持分を持って、今後はただ横で眺めているだけというのは、面白くない」と思うかもしれません。

　一方、既存の外部株主は、当然、持株比率を下げられたら面白いわけがありません。

　ベンチャーキャピタルも、わざわざ税務上・会社法上ややこしい手法を考え、既存のエンジェル等に嫌われてまでして投資をするのは基本的には面倒ですし、株主間の人間関係に影響を与えるのもイヤなはずです。「わざわざ火中の栗を拾わなくても、もっといい投資先がいくらでも見つかるだろう」と思うかもしれません。ベンチャーキャピタルもビジネスなので、そうした手間やコストやリスクを払って投資するのは、よほどの案件に限られるでしょう。

「乙種普通株式」を使った是正方式

　本章で提案する方法は、普通株式より大きく劣後して株価の低い「乙種普通株式」を発行して、経営者の持株比率を高めるというシンプルな

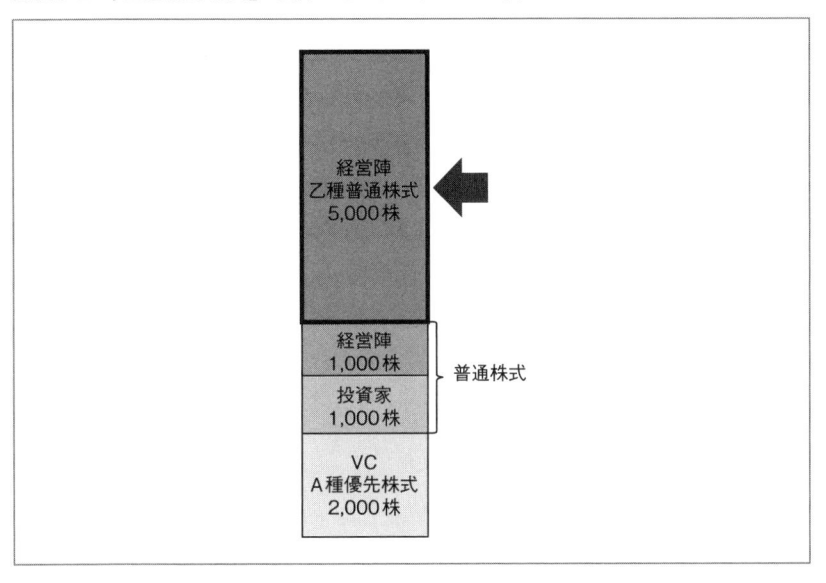

図表5-1　「乙種優先株式」を使ったファイナンスの例

```
経営陣
乙種普通株式
5,000株

経営陣
1,000株          ┐
投資家           ├ 普通株式
1,000株          ┘

VC
A種優先株式
2,000株
```

方法です。

　この「乙種普通株式」も種類株式の一種です。
　法律に「乙種普通株式」といった名称が定められているわけではなく、私が考えて付けた名前です。「A種劣後株式」といった名前も考えましたが、A種・B種というのは優先株式やdual classの株式（第7章で解説）でも使うのでややこしいですし、「劣後」という名称もネガティブな響きがありますので、「普通株式に近い株式だ」というニュアンスを込めて、乙種普通株式という名称にしてみました。

「乙種普通株式」を発行するためのプロセスは、大きく以下の5つです。

(1)　この「乙種普通株式」のスキームを株主（特に、持株比率が下げら

れることになる既存のエンジェル等）に説明し、交渉、説得を行います。
(2) 株主の納得が得られたら、取締役の決定（取締役会非設置会社の場合。取締役会設置会社の場合は取締役会の決定）を行って、株主総会を招集します。
(3) 株主総会を開催して、「乙種普通株式」を発行できる定款変更や発行の決議を行います。取締役会非設置会社の場合には、同時に、締結する株主間契約等の承認を受けます。
(4) 普通株式の直近の発行価格等に対して、たとえば10分の1程度の株価で乙種普通株式を発行して、経営陣の持株比率を目的に合致したものにします。
(5) 同時に経営陣、既存のエンジェル等、ベンチャーキャピタルなどを含む全株主と、株主間契約を締結し、主にM&A時の乙種普通株式に対する分配のルールを定めます。

乙種普通株式発行の例

具体的な例で考えてみましょう。

「エンジェルが持ち過ぎ」の例

経営陣が資本金100万円（1株1,000円×1,000株）で会社設立後、エンジェルに500万円（1株5,000円×1,000株）の投資を受けたとします。経営陣とエンジェル投資家が両方1,000株なので、エンジェルは図表5-2のように50％もの株式を保有してしまうことになります。

エンジェル氏は必ずしも悪気があってこうしているわけではなくて

05 〉 経営者の持分を是正する「乙種普通株式」

図表5-2　エンジェルが持分を取りすぎてしまっている例

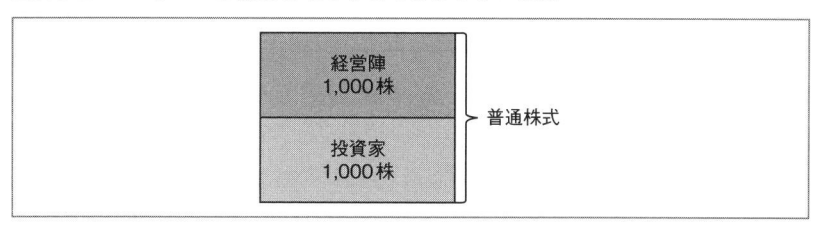

```
┌─────────────────────────────────┐
│          ┌──────────┐           │
│          │  経営陣   │           │
│          │ 1,000株  │           │
│          ├──────────┤ ─ 普通株式 │
│          │  投資家   │           │
│          │ 1,000株  │           │
│          └──────────┘           │
└─────────────────────────────────┘
```

「資本金100万円で設立した会社を、なんと5倍の500万円もの価値で評価した」とも言えるのですが、仮に将来この会社が上場すると、50億円とか500億円といった価値になるわけですから、上場企業ほどの企業規模になることを志向するベンチャーの経営者としては、これは「**自社の価値を安売りし過ぎ**」だったということになります。

そこで、資金調達をする際にベンチャーキャピタルに相談したところ、「今後の資金調達や上場までの資本政策を考えると、このエンジェルの持株比率は10%程度まで下げるのが適切だ」ということになったとします。

つまり、**この会社はpre-money（投資前企業価値）500万円で投資を受けたわけですが、本来ならpreで4,500万円の企業価値として投資を受ける必要があった**と判断されたという例を考えてみます。

是正せずにVCが投資した例

ここで、ベンチャーキャピタルAが、このベンチャーの現在のpre-moneyが1億円程度と見て、何も資本構成の是正を行わないまま単純に1億円を投資すると、図表5-3のように、経営陣の持株比率が25%という非常に低い比率まで下がってしまうということになります。

企業価値を上げるための努力の大半は経営陣が行うのだとすると、そ

図表5-3　是正なしにVCが増資した場合の資本構成

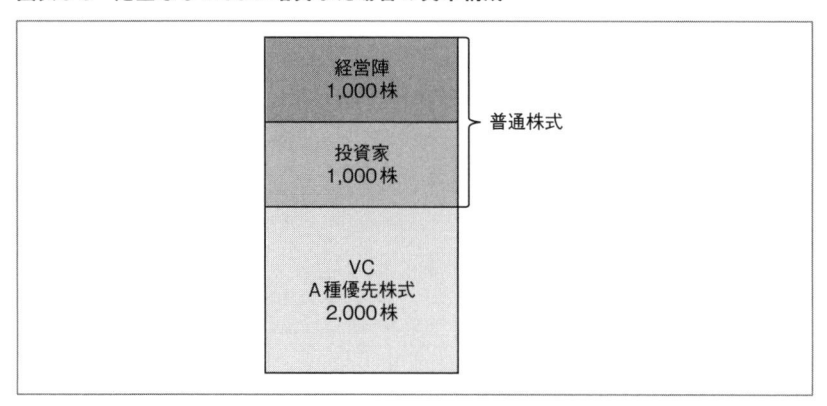

```
経営陣
1,000株        ┐
               │
投資家          ├ 普通株式
1,000株        ┘

VC
A種優先株式
2,000株
```

の努力の約 4 分の 3 もが、外部の株主のものになってしまうのでは、あまりやる気も起きないかもしれません。

乙種普通株式による是正の例

　ここでたとえば図表5-4のように、経営陣が持っている普通株式1,000株の 5 倍、5,000株の「乙種普通株式」を 1 株500円（直前のエンジェル氏の増資株価 1 株5,000円の10分の 1 ）で発行します。5,000株発行ですから、経営陣は250万円の資金で増資し、保有する株式数は 6 倍になるわけです。

　ここにベンチャーキャピタルAが 1 株＠ 5 万円、2,000株のA種優先株式[*2]で 1 億円の投資を行うと、図5-4にあるように、経営陣が66.7％、エンジェル氏は11.1％、ベンチャーキャピタルAは22.2％を保

[*2]　ここでは「1.5倍」、すなわち1株あたり5万円の1.5倍の7万5,000円が普通株式より優先して分配される優先株式を考えています。

05 〉 経営者の持分を是正する「乙種普通株式」

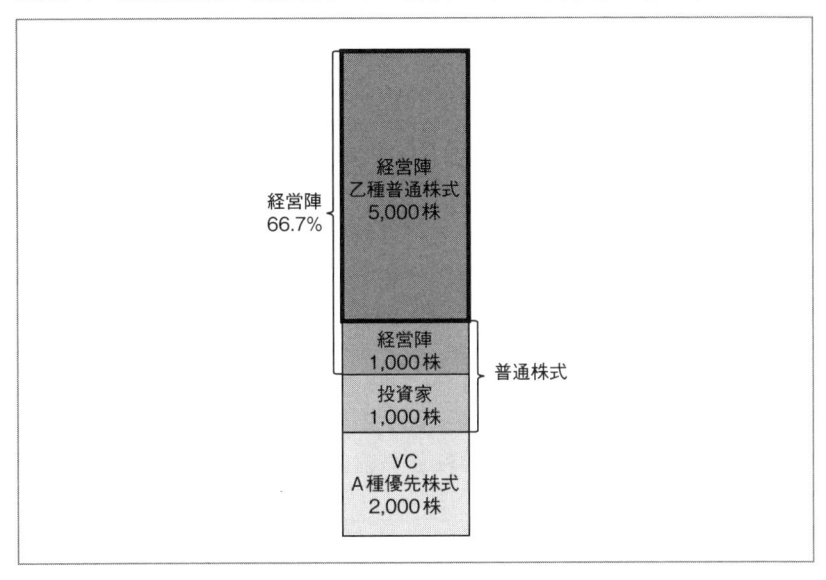

図表5-4　乙種普通株式で調整し、VCが増資したあとの資本構成（再掲）

```
経営陣        経営陣
66.7%        乙種普通株式
             5,000株

             経営陣
             1,000株      ┐
                          ├ 普通株式
             投資家       ┘
             1,000株

             VC
             A種優先株式
             2,000株
```

有することになり、各株主間の持株比率のバランスが是正されることになります。

残余財産優先分配権と普通株式の価値

　仮にたとえば、A種優先株式に1.5倍の残余財産の優先分配権がついているとすると、1億円の投資の1.5倍で、まず1.5億円まではA種優先株主に分配され、その後にはじめて、普通株式が分配に参加することができます。

　そして213頁からの要項のとおり、普通株式が今回のA種優先株式の発行価格である1株5万円を超える分配を受けられてはじめて、この乙種普通株式も分配が受けられるものとしてあります。このため、まずA種優先株式に分配が行われたあと、普通株式2,000株とA種優先株式

を合わせて4,000株に5万円、すなわち2億円が分配されたあと、つまり、A種優先株式の優先分配額と合わせてexit額が3.5億円以上になってはじめて、乙種普通株式にも分配がいくことになります。

　今回は、7,000株が発行されているところに、1株5万円のA種優先株式が発行されますので、いわゆる「pre-money 3.5億円」という評価が行われたことになりますが、優先株式を使う場合には「pre-money 3.5億円」ということは、必ずしもベンチャーキャピタルが「投資前のその会社に3.5億円の価値がある」という判断を行ったということにはなりません（ここはベンチャーキャピタルの人でも理解されてないことが多いです）。

　第3章でも述べたとおり、**種類株式を使うときのpre-moneyやpost-moneyは、新たに増資する人の株式の割合を決める意味しかない**のです。

　つまり、この会社が設立以来収支トントンと仮定すると、今までの増資額【850万円（100万円＋500万円＋250万円）＋1億円＝1億850万円】がこの会社の純資産額になりますが、その投資前でたった850万円程度しかない純資産額の会社の株式数に、価値の高い条件が付いたA種優先株式の5万円という株価を掛けたら、**名目上の投資前の**価値が3.5億円になったということに過ぎません。

　この直後に会社を清算して、A種に1.5倍の残余財産の優先分配権が付いているとすると、1.5億円までの残余財産は全部ベンチャーキャピタルAが持っていってしまうわけですから、普通株式にも乙種普通株式にも分配はまったく行われません。ゼロです。exit額3.5億円【A種優先株式の残余財産優先分配権1.5億円＋4,000株×5万円】以上で売れないと、乙種優先株式には1円も入ってこないのですから、純資産1億850万円の会社にとっては、そのハードルを超すことはそれなりに高い目標[*3]です。

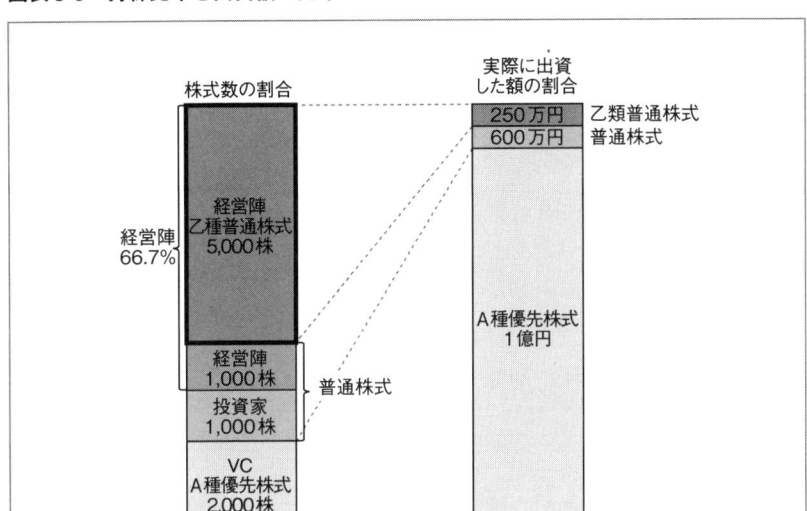

05 経営者の持分を是正する「乙種普通株式」

図表5-5　持株比率と出資額の比率

```
株式数の割合                    実際に出資した額の割合

経営陣                          250万円  乙類普通株式
乙種普通株式                     600万円  普通株式
5,000株
経営陣
66.7%
                                A種優先株式
経営陣                           1億円
1,000株
投資家          普通株式
1,000株
VC
A種優先株式
2,000株
```

　投資額の1.5倍も先に取るベンチャーキャピタルは血も涙もないように見えるかもしれません。単なる零細企業でこんなことをやったら鬼と言われてもしょうがないと思います。しかし、経営陣も投資側も、企業価値を5,000万円ちょっとだけ上げようなどという小さいことを考えているわけではなく、「企業価値を何百倍にもしてやる」といった野望があるわけです。また、経済的・税務的には、こうした強い条件をつけることによって、A種優先株式に比べて普通株式の価値が低いことが明確になり、普通株式よりさらに条件の悪い乙種普通株式を安く発行することについての税務上の安定感も出てくることになります。

＊3　オプション理論的な言い回しを使わせていただくとすると「deep out of the money」的な状態です。

乙種普通株式が普通株式に転換されるのは、基本的には上場申請をするときを想定していますが、上場するには企業価値が少なくとも50億円くらいになっていないと難しいと思います。つまり、この増資後の純資産やpost-money（4.5億円）の10倍以上です。

　後述のとおり、この例では、上場しない場合には乙種普通株式は普通株式の10分の1の価値しか持ちませんので、かなりの確率で、今後も乙種普通株式の価値は普通株式よりずっと低いままのはずです。[*4]すなわち、アーリー・ステージで、まだ上場のジョの字も見えていない（監査法人の監査も受けていなければ、もちろん主幹事なども決まっていない）段階で、この乙種普通株式の価値が低いことは、うまく説明できると考えています。

M&Aでのexit金額と分配割合

　この例では、IPOすれば経済的持分は、経営陣66.7%、エンジェル11.1%、ベンチャーキャピタル 22.2%になりますが、M&Aでexitした場合には、A種優先株式の1.5倍の残余財産分配権や、乙種普通株式が10分の1株換算だということを考慮してExcelでシミュレーションすると、exitの金額別に図表5-6のような分配割合になります。

　100億円のM&Aでのexitでも4割超をベンチャーキャピタルが持っていくので、ベンチャーキャピタルがすごく強欲に見えますが、資金も

[*4] 通常は、ベンチャーキャピタルの主観的観点から「このベンチャーは将来、上場する可能性もありそうだ」とも考えるからこそ投資するわけですが、客観的に考えれば、日本の300万社以上の未上場企業のうち、上場するのは年間100社未満ですし、この数は、ベンチャーキャピタルが年間投資する1,000社前後という数に対しても10分の1以下です。このため、上場時に普通株式に転換される条件がついているだけでは、税務上、「乙種普通株式が将来ほぼ必ず普通株式に転換される」すなわち「乙種普通株式と普通株式は、ほぼ同じ価値を持つ」と判断される理由にはならないと考えます。

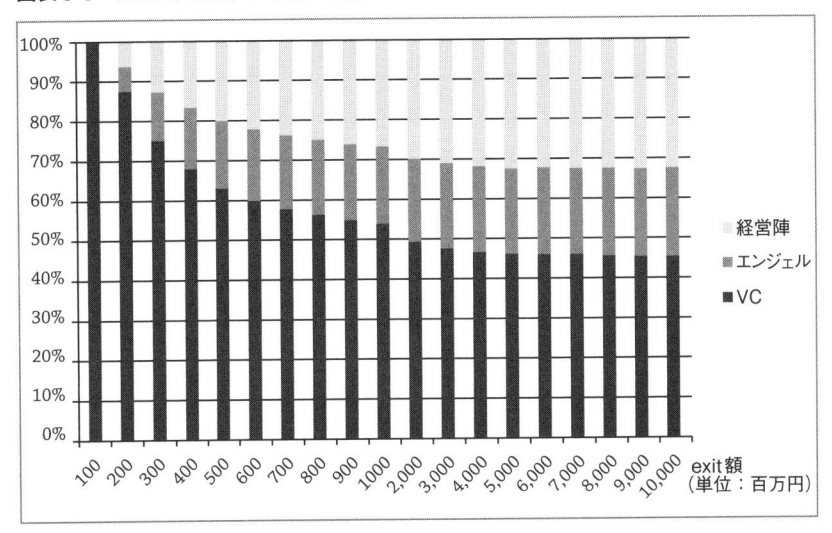

図表5-6　M&Aでexitする場合の金額別の各株主の取り分

9割以上ベンチャーキャピタルが出していますし、経営陣は基本的にIPOを目指しているわけで、上場時（上場直前）には普通株式に転換されて約22％の持分になるわけです。上場しないで買収される場合には支配権を維持する必要もありませんので、経営陣の比率が低くても資本政策上の問題はありません。経営陣も30億円以上の資金を手にするので、それなりの達成感はあるでしょう。

M&Aによるexitと IPOによるexitの違い

　投資契約に、ベンチャーキャピタルがいかなる場合でも勝手にM&Aで売却できるようなドラッグ・アロング条項が付いていれば、ベンチャーキャピタルはIPOを選択せずにM&Aで売却することを選択してしまうでしょうが、「IPOできる場合にはIPOをする」という契約であれば、ベンチャーキャピタルの取り分は22％まで下がるわけですから、

十分フェアだとも考えられます。

　シードやアーリー段階では株主数も少ないと思いますので、こういう賛否が分かれかねないスキームの導入の際には、基本的には全株主に近い多くの株主の同意が得られるように説得や交渉をするべきだと思います。また、十分に説明や検討を行ったうえで、株主総会で全会一致に近い形で可決されたのであれば、こうした株式の発行もフェアだと認められたということになるはずです。

　また、**同じ企業でも、IPOするのとM&Aされるのとでは、価格は必ずしも同じではありません。**

　つまり、100億円の企業価値でIPOする会社というのは、3割前後の流通株式[*5]を多数の株主に購入してもらうのに対して、100億円のM&Aというのは、基本的に1社の買い手が100億円出すということです。つまり、買い手の懐具合やそのベンチャーを買収したい切迫度にもよりますが、100億円の時価総額で上場できる会社でも、M&Aの場合には50億円とか30億円とか、価格が下がってしまう可能性が高いでしょう。このため、投資家も、必ずしもIPOよりM&Aのほうがいい、ということにはならないはずです。

　また、ベンチャーキャピタルを除く、経営陣とエンジェルだけの分配割合を見てみると、5億円くらいまでのexitでは、乙種普通株式で是正する前の50:50の分け前に近くなっています。エンジェルは一見、乙種普通株式で大きく持分が薄まってしまうようですが、金額の小さい（あまり成功でない）M&Aをする限り、是正前とあまり分け前は変わらないですし、**もともとの資本政策では大きな成長やIPOの可能性がかなり低かったのに、IPOできて取り分の絶対額が増えるのであれば**、エンジェルにとっても損はないわけです。

[*5] 大株主及び役員等の所有する有価証券ならびに申請会社が所有する自己株式など、その所有が固定的でほとんど流通可能性が認められない株式を除いた株式。取引所の上場基準で市場別に定められています。

乙種普通株式の要項

　乙種普通株式は他のすべての株式に劣後するので、あまり神経質に権利を保護する必要もありません。このため、乙種普通株式の要項は非常にシンプルにしています。[*6]

　この例で、要項で決めるのは、大きく、

- 議決権があること（1株1議決権）
- 上場時に普通株式へ転換すること
- 残余財産分配権は普通株式に劣後し、未上場のうちは普通株式の10分の1しかないこと

の3点です（「配当」や「他の株式が低価発行した場合の調整式」などは、定めていません）。

　乙種普通株式を発行し、ベンチャーキャピタルがA種優先株式で投資する際の定款の例は、別添3のとおりとなります。[*7]

[*6] このひな型は、著者の発案及び検討に基づき、AZX総合法律事務所のひな型をベースに同事務所と共同で作成し、同事務所のひな型文言が中心となっております。ただし、掲載にあたって文言を一部修正していますので、文責は筆者にあります。

[*7] この設例では、A種優先株式と乙種普通株式では100倍の価格差（A種優先株式と普通株式が10倍差×普通株式と乙種普通株式が10倍差）がありますので、まだA種の増資が決まらないうちに乙種普通株式を先に発行しておくほうが、税務上より安全だという考え方もあるかもしれません。しかし、いずれにせよ、乙種普通株式とA種優先株式の発行は、かなり近接すると思いますので、乙種普通株式が、A種優先株式や普通株式より、はるかに価値がないということを理論的に明確に理解しておくことのほうが重要ではないかと思います。

議決権

議決権は乙種普通株式1株につき1個あることにしています。(第13条の7第2項)

> (議決権)
> 第13条の7　A種優先株主は、当会社株主総会及びA種優先株主を構成員とする種類株主総会において、A種優先株式1株につき1個の議決権を有する。
> 2. <u>乙種普通株主は、当会社株主総会及び乙種普通株主を構成員とする種類株主総会において、乙種普通株式1株につき1個の議決権を有する。</u>

ベンチャーキャピタルも直後に出資するとすると、投資契約や優先株式で、合併や増資の際にベンチャーキャピタルの同意が必要だという条項が付けられることも多いので、経営陣の議決権比率が高いからといって、株主総会で何でも自由に決められるようになるわけでは必ずしもありません。しかし、将来上場した場合には乙種普通株式は(普通の)普通株式に転換されます。その将来の議決権や経済的持分を考えて、経営陣にリーダーシップやインセンティブを持ってもらうことが大切ではないかと考えています。

乙種普通株式の劣後性

乙種普通株式は、普通株式に5万円を分配したあとでないと分配が受けられないことになっています(第13条の2第2項で、この5万円を「**普通株式優先分配額**」と呼ぶことにしています)。

(残余財産の分配)
第13条の2　当会社は、残余財産を分配するときは、A種優先株式の保有者(以下「A種優先株主」という。)又はA種優先株式の登録株式質権者(以下「A種優先登録質権者」という。)に対し、普通株式の保有者(以下「普通株主」という。)又は普通株式の登録株式質権者(以下「普通登録質権者」という。)<u>及び乙種普通株式の保有者(以下「乙種普通株主」という。)又は乙種普通株式の登録株式質権者(以下「乙種普通登録質権者」という。)</u>に先立ち、A種優先株式1株につき、<u>金75,000円</u>(以下「A種優先分配額」という。)を支払う。
2. 前項による分配の後なお残余財産がある場合には、普通株主又は普通登録質権者及びA種優先株主又はA種優先登録質権者に対して分配を行う。この場合、当会社は、普通株主又は普通登録質権者に対しては、普通株式1株につき、<u>金50,000円(以下「普通株式優先分配額」という。)</u>を支払い、A種優先株主又はA種優先登録質権者に対しては、前項の分配額に加え、A種優先株式1株につき、普通株式優先分配額に第13条の4に定めるA種取得比率を乗じた額と同額の残余財産を分配するものとする。
3. 前項による分配の後に、なお残余財産がある場合には、<u>乙種普通株主又は乙種普通登録質権者、</u>普通株主又は普通登録質権者及びA種優先株主又はA種優先登録質権者に対して分配を行う。この場合、当会社は、A種優先株主又はA種優先登録質権者に対しては、前項の分配額に加え、A種優先株式1株につき、普通株主又は普通登録質権者に対して普通株式1株につき前項に追加して分配する残余財産(以下「普通株式追加分配額」という。)に第13条の4に定めるA種取得比率を乗じた額と

> 同額の残余財産を分配するものとし、<u>乙種普通株主又は乙種普通登録質権者に対しては、乙種普通株式 1 株につき普通株式追加分配額の10分の 1 の残余財産を分配するものとする</u>。

　前掲の例のとおり、ベンチャーキャピタルが 1 株 5 万円のＡ種優先株式で2,000株（ 1 億円）を出資し、残余財産分配権が1.5倍の「参加型」なので、 7 万5,000円の優先分配権が設定されています。仮にＡ種優先株式の出資直後に解散したとしたら、まずベンチャーキャピタルが1.5億円を回収するので、増資直後に解散したら、乙種普通株式だけでなく普通株式も含めて、既存株主の取り分はゼロです。

　つまり、少なくとも純資産的な価値からすれば、この時点では乙種普通株式と普通株式には価値がないわけです。この時点での普通株式の発行価格を5,000円だとしたら、たとえばその10分の 1 の500円で乙種普通株式を発行することも関係者間で合意が得られる可能性がありますし、経営陣は250万円で5,000株の乙種普通株式を手にすることができます。創業間もないベンチャーの経営者は追加出資できる余裕がほとんどない場合が多いと思いますが、このくらいの金額であれば、自分の蓄えや親からの借金などでなんとか増資することが可能なことが多いのではないかと思います。

株式分割等の場合の取り決め

　普通株式を株式分割・株式併合する場合に、必ず乙種普通株式も同じ比率で株式分割・株式併合する決まりにしています（第13条の 8 ）。

> （株式の分割、併合及び株主割当て等）
> 第13条の 8 　当会社は、株式の分割又は併合を行うときは、すべての種類の株式につき同一割合でこれを行う。

> 2. 当会社は、株主に株式無償割当て又は新株予約権（新株予約権付社債に付されたもの含む。以下本条において同じ。）の無償割当てを行うときは、普通株主には普通株式又は普通株式を目的とする新株予約権の無償割当てを、<u>乙種普通株主には乙種普通株式又は乙種普通株式を目的とする新株予約権の無償割当てを</u>、A種優先株主にはA種優先株式又はA種優先株式を目的とする新株予約権の無償割当てを、それぞれ同時に同一割合で行うものとする。
> 3. 当会社は、株主に募集株式の割当てを受ける権利又は募集新株予約権の割当てを受ける権利を与えるときは、普通株主には普通株式又は普通株式を目的とする新株予約権の割当てを受ける権利を、<u>乙種普通株主には乙種普通株式又は乙種普通株式を目的とする新株予約権の割当てを受ける権利を</u>、A種優先株主にはA種優先株式又はA種優先株式を目的とする新株予約権の割当てを受ける権利を、それぞれ同時に同一割合で与える。

また、普通株式が株式分割・株式併合される場合には、この「普通株式優先分配額」も、その比率で変更されるようにしておきます（第13条の2第5項）。

> 5. <u>普通株式優先分配額は、下記の定めに従い調整される。</u>
> (1) 普通株式の分割又は併合が行われたときは、普通株式優先分配額は以下のとおり調整される。
>
> $$調整後分配額 = 当該調整前の分配額 \times \frac{1}{分割・併合の比率}$$
>
> (2) 第1号における調整額の算定上発生した1円未満の端数は切り捨てるものとする。

たとえば、株式を100分割したら、元の5万円の普通株式優先分配額は500円になり、株式数は100倍に増えます。

　優先株式の場合には、優先株主の権利を保護するために、優先株主が引き受けた株価未満で増資が行われる場合には普通株式への転換価格を調整する式を入れることが普通です。しかし、普通株式には低価発行が行われた場合の調整式がないので、普通株式より劣後する乙種普通株式にも当然、そうした調整式は入れていません。

普通株式への転換

　普通株式への転換は、会社法の「取得条項」を使って定義しています（第13条の6第2項）。

> （普通株式と引換えにする取得）
> 第13条の6　当会社は、A種優先株式の発行以降、当会社の株式のいずれかの金融商品取引所への上場（以下「株式公開」という。）の申請を行うことが株主総会（取締役会設置後は「取締役会」と読み替える）で可決され、かつ株式公開に関する主幹事の金融商品取引業者から要請を受けた場合（以下、「適格上場申請時」という。）には、株主総会（取締役会設置後は「取締役会」と読み替える）の定める日をもって、発行済のA種優先株式の全部を取得し、引換えにA種優先株主に当会社の普通株式を交付することができる。かかる場合に交付すべき普通株式の内容、数その他の条件については、第13条の4及び第13条の5の定めを準用する。但し、A種優先株主に交付される普通株式の数に1株に満たない端数が発生した場合の処理については、会社法第234条に従うものとする。
> 2.　当会社は、以下の各号に定める場合には、株主総会（取締役会

> 設置後は「取締役会」と読み替える)の定める日をもって、発行済の乙種普通株式の全部を取得し、乙種普通株式1株の取得と引換えに乙種普通株主に当会社の普通株式1株を交付することができる。但し、乙種普通株主に交付される普通株式の数に1株に満たない端数が発生する場合は、法令に別段の定めがある場合を除き、端数分に相当する普通株式は交付しない。
> (1) 適格上場申請時。
> (2) 上記のほか、合理的な理由に基づき、当会社の乙種普通株式を取得するのと引換えに普通株式を交付することが必要であると株主総会(取締役会設置後は「取締役会」と読み替える)で可決された場合。

つまり転換は、会社側が乙種普通株式を取得して普通株式を交付するという方法で行われます。第3章で見た優先株式には株主側からの**取得請求権**がありましたが、乙種普通株式には、**株主側から**普通株式への転換が請求できる取得請求権はついていません。[*8]

この設例では、乙種普通株式は「上場のときの経営陣の持株比率を是正する」ために発行することを想定しているわけですが、上場せずにM&Aなどでexitする場合には、経営陣の持株比率が高い必要は必ずしもありませんので、基本的には、上場時のみに乙種普通株式を普通株式に転換することにします。

ただし、何か特殊事情により普通株式に転換する必要が生じるかもしれないので、第13条の3第(2)号では例外的に取締役会等の決議で転換

[*8] 第3章の優先株式の要項で見たような低価発行の調整式等もありませんので、基本的には端数の処理のために裁判所を関与させる必要等も発生しないはずです。

をする方法を定めています。*9

配当

ベンチャーキャピタルが投資をするA種優先株式については、定款に特殊なexitをする場合の優先配当の規定を入れることがありますが、通常の配当については、乙種普通株式は、普通株式の10分の1の配当しか受けられないことにするなど対応が必要です。

つまりこの例では、未上場である間は徹底して、乙種普通株式の経済的価値は普通株式の10分の1以下しかないことにしてあります（少なくとも、上場の可能性が見えない間は、乙種普通株式の価値が普通株式の価値に近づくことはないようにしてあるわけです）。

みなし清算

買収が発生した場合の「みなし清算」の規定は、第3章の場合と同様です。定款にも記載するほか、株主間契約においても、みなし清算の規定や、未上場の間は乙種普通株式が普通株式の10分の1の価値しかないことを定めておきます。

この株主間契約は、乙種普通株式などの定義が加わるだけで、第3章で想定した株主間契約書と、ほとんど内容は変わりません。

---

*9　日本のベンチャーの取締役会は社外取締役が過半を占めるケースは少数派でしょうから、単に「取締役会の決定で転換できる」としておくと、経営陣が勝手に普通株式に転換してしまう可能性があります。このため、投資契約などで、定款第13条の3第（2）号のようなケースを含む自己株式の取得（普通株式への転換）は、事前に投資家の承認を得るようにしているといった取り決めがなされていることを前提としています。

05 〉 経営者の持分を是正する「乙種普通株式」

乙種普通株式が使える条件

　前述のとおり、この乙種普通株式のスキームは、どんな場合でも使えるわけではなく、「大量の資金調達を優先株式で調達すること」「上場の確度が低いシードからアーリー・ステージのベンチャー」といった条件が重ならないと機能しないと考えられます。

　たとえば、会社がそこそこ儲かってキャッシュも潤沢にあり、資金調達の必要もない場合に、経営陣が「持株比率を高めさせてくれ」と、株式を持ち過ぎのエンジェル氏に切り出しても、単なるワガママにしか聞こえないでしょうし、エンジェル氏もそれに応ずるインセンティブも義理もまったくありません。おそらく「今のままがんばりなよ」で終わりです。

　つまり、それなりの金額（1億円以上）を優先株式で投資するベンチャーキャピタルから、「投資は検討したいが、既存の経営陣の持株比率を、乙種普通株式を使って是正しないと投資できない」といったことを言ってもらう必要があります。

　このとき、他に「うちは普通株式で出資しますよ」「今のままの持株比率で結構ですよ」と言うベンチャーキャピタルがいる場合には、なかなか株主には説明しづらいことになるはずです。特に既存投資家がインキュベーターやベンチャーキャピタルなど組織で投資をしている場合には、担当者個人はうすうすわかっていても、投資委員会などに「うちの持株比率を下げたほうが有利です」ということを説明するのは、アーリー・ステージからIPOまでの実務をよく理解した担当者氏でないと、なかなかできないと思います。

　つまり、「このベンチャーキャピタルからの申し出を受けないと資金

調達できなくて、会社が立ちいかなくなる」とか「このベンチャーキャピタルは実績もあり、会社を確実に成長させてくれるので、申し出を受けるほうが得だ」といった、差し迫った材料、わかりやすい材料がないと、なかなか既存投資家は首を縦に振ってくれないと思います。

　また、このベンチャーがシードやアーリー・ステージではなく、**上場直前のベンチャーだった場合には、乙種普通株式は普通株式に転換されることが明らか**なわけですから、税務上も、乙種普通株式が普通株式の価値に比べてすごく低い金額に設定することは困難になるはずです。あくまで、上場がまったく見えないベンチャーだからこそ、普通株式に変わる可能性が非常に低いことや、上場しないうちは普通株式に一定の額（たとえば5万円）を分配したあとでないと乙種普通株式に分配が行われないことなどを考慮して、大多数の株主が合意することで、価格の妥当性が担保されるものです。

　この章を読んで、「あらかじめ前章の『みなし優先株式』といったややこしいことを考えておくよりも、出たとこ勝負でシード・ラウンドでの増資をして、あとで『乙種普通株式』でエンジェルの比率を薄めちゃえばいいや、そのほうが簡単だ」と思う方がいらっしゃるかもしれません。しかし上記のように、このスキームは、さまざまな幸運が重ならないと使えません。つまり、この乙種普通株式のスキームは、**ある程度リテラシーのあるベンチャーキャピタルが、有望なのに資本政策が歪んだベンチャーを発見した場合に、事後的に是正するためのツール**だと考えるべきであって、**本当は、最初から「みなし優先株式」のように、投資家にはリスクを抑えたうえで高い株価（低い持株比率）で投資をしてもらって、IPOしてもM&Aでも、どちらでも関係者の間の分配がうまくいくようにしておく必要があります。**

他のタイプの乙種普通株式の例

　上記の例で、乙種普通株式は、IPOなどで普通株式に転換されるまでは普通株式の10分の1の経済的価値しか持たないと定められていました。ネット系などのベンチャーの場合、M&Aの場合とIPOの場合で企業価値評価が大きく異なることが多いとは思いますので、こういう設例をしてみたわけです。

　しかし、近い将来にたとえば潤沢なキャッシュフローや資産価値が期待できて、「M&AとIPOのどちらでも企業価値評価がさほど変わらない会社」も考えられます。

　そのようなビジネスモデルの場合には、経営陣も「M&AとIPOで大きく分配額が異なるのはイヤだ」と思うかもしれません。

　こうした場合には、「普通株式優先分配額を高めに設定しておく」手がいいかもしれません。

　前掲のケースでは普通株式優先分配額が5万円でしたので、3.5億円（A種優先分配額7.5万円×2,000株＋普通株式優先分配額5万円×4,000株）を超えるexitから乙種普通株式への分配も始まることになっていました。これをたとえば、普通株式優先分配額を4倍の20万円と設定すると、9.5億円（A種優先分配額7.5万円×2,000株＋普通株式優先分配額20万円×4,000株）以上のexitにならないと、乙種普通株式への分配は始まらないことになります。ただし、乙種普通株式に分配が始まったあとの分配額（「普通株式追加分配額」）は、乙種普通株式も普通株式と同額の分配が受けられるとしてみましょう。

（残余財産の分配）
第13条の2　　（略）
2.　前項による分配の後なお残余財産がある場合には、普通株主又

は普通登録質権者及びA種優先株主又はA種優先登録質権者に対して分配を行う。この場合、当会社は、普通株主又は普通登録質権者に対しては、普通株式1株につき、金200,000円（以下「普通株式優先分配額」という。）を支払い、A種優先株主又はA種優先登録質権者に対しては、前項の分配額に加え、A種優先株式1株につき、普通株式優先分配額に第13条の4に定めるA種取得比率を乗じた額と同額の残余財産を分配するものとする。

3. 前項による分配の後に、なお残余財産がある場合には、乙種普通株主又は乙種普通登録質権者、普通株主又は普通登録質権者及びA種優先株主又はA種優先登録質権者に対して分配を行う。この場合、当会社は、A種優先株主又はA種優先登録質権者に対しては、前項の分配額に加え、A種優先株式1株につき、普通株主又は普通登録質権者に対して普通株式1株につき前項に追加して分配する残余財産（以下「普通株式追加分配額」という。）に第13条の4に定めるA種取得比率を乗じた額と同額の残余財産を分配するものとし、乙種普通株主又は乙種普通登録質権者に対しては、乙種普通株式1株につき普通株式追加分配額と同額の残余財産を分配するものとする。

この場合は、9.5億円までのexitの場合には、経営陣とエンジェルの両者だけで比較すると、資本の是正前の50：50の比率で分配が行われますが、9.5億円を超えて高額のexitになるほど、漸近的に乙種普通株式と普通株式の価値は近づいていき、たとえば100億円のexitの場合には、エンジェルやベンチャーキャピタルへの分配比率も、ほぼ株式数の比率に等しいところにまで近づきます（図表5-8）。

IPOすればどちらも同じ結果なのですが、図表5-7の例では比較的小

05 〉 経営者の持分を是正する「乙種普通株式」

図表5-7　普通株式優先分配額5万円、以降乙種普通株式は0.1株換算（再掲）

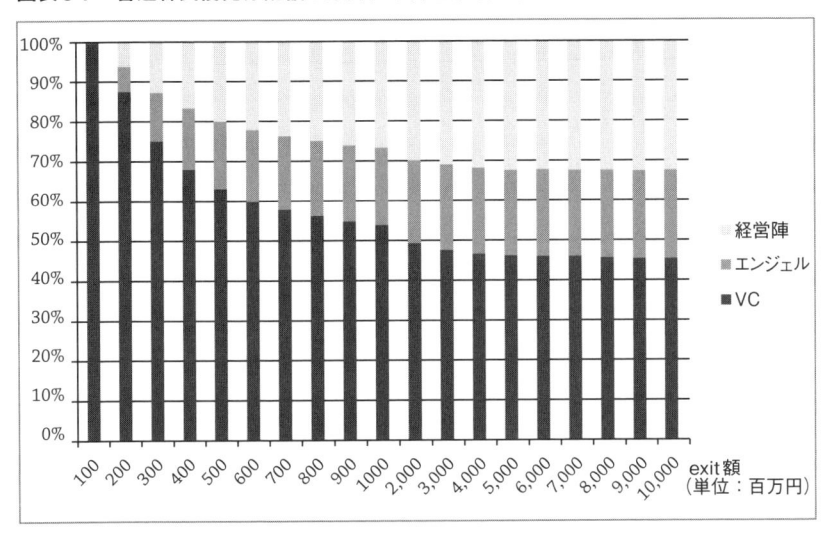

図表5-8　普通株式優先分配額20万円、以降乙種普通株式は1株換算

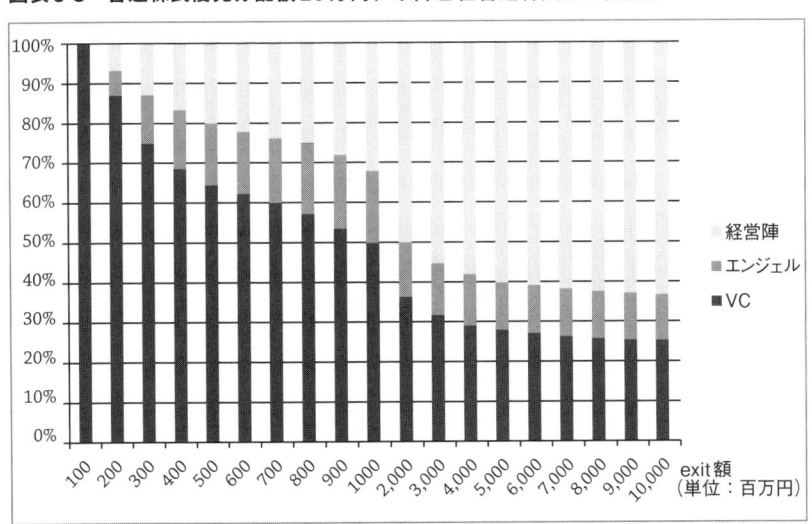

さなexitから経営陣への分配比率が上がる代わりに、IPOしない限り分配比率は低いままに留まる（IPOに対するインセンティブの方向性や上場後の経営陣の経営権確保に重点が置かれている）のに対し、図表5-8の例では、企業価値を10億円を超えてどんどん大きくすることにインセンティブの方向性が置かれているということになります。

前者は、エンジェル氏が「とにかくオレの比率が今さら薄まるのは気に食わん。ただ、上場する際に経営陣が過半数を持っている必要性はわかるし、そのほうが時価総額も高くなりそうだ」といった場合の落としどころとして考えられるかと思います。

これに対して後者は、エンジェル氏が「経営陣が企業価値を高めるインセンティブ付けされているほうが、結果として全体のパイが大きくなるので、オレにとっても得だ」ということを理解してくれる場合に使えるかと思います。

乙種普通株式の税務上のリスク

こうした新しいスキームを考える場合には、税務上のリスクについてもよく考えておく必要があります。

税務上の乙種普通株式の価値についての3問題が発生しうるのは、「発行時」「M&Aの分配時」「IPO前の普通株式への転換時」の3つの時点が考えられます。

発行時

今回のケースでは、A種優先株式1株5万円と同時に、乙種普通株式を1株500円で発行していますので、「発行時の価格が安過ぎる」と税務当局から指摘を受ける可能性は当然ゼロではありません。

05 経営者の持分を是正する「乙種普通株式」

ただし、今まで述べてきたとおり、発行時点の株価は、
　　A種優先株式＞＞普通株式＞＞乙種普通株式[*10]
であるのは明らかです。株式の内容が大きく違えば、その税務上の価値が違うのも当然ですし、新たに発行される株式ですので、比較の対象となる直近の譲渡価格も存在しません。

　税務当局に、「将来、普通株式に転換されるのだから、普通株式と同じ価値があるはずだ」という主張をされる可能性もなくはありませんが、直近の譲渡価格もない非上場の小さな会社の場合、税務上の株価算定の基本は純資産がベースですので、シードやアーリー・ステージで、まだ上場できるかどうかもまったくわからない会社の場合、かなり企業が成長しないと乙種普通株式へ分配されるべき純資産はゼロのままだということが主張できると考えます。

　また、「優先株式で高い株価で増資したからといって、普通株式の価格までが上がるわけでは必ずしもない」ということは、経済産業省の「未上場企業が発行する種類株式に関する研究会報告書」でも言っていただいています。

　もちろん、IPOの直前に、こうしたスキームを使ったら、税務当局に「発行時の乙種普通株式と普通株式とA種優先株式の株価は、すべてほぼ同じだった」という主張をされても仕方ないと思います。しかし、IPOのアの字も見えないシードやアーリーの段階では、乙種普通株式が普通株式に転換できるかどうかも、まったくわからないわけですから、非上場の小企業の税務上の原則である純資産法[*11]ベースに準じた株価はそれなりに説得力があると思います。

　また、同族の内輪の意思決定ならともかく、創業者に経済的利益を移そうといった意図も見当たらず、ベンチャーキャピタルのようなプロの

[*10] A＞＞Bは、BがAに比べて非常に小さいという不等号の意味で使っています。

投資家が納得していて、かつ利益がお互いに相反する既存の全株主が同意しているといった場合に、税務当局が「発行価格が安過ぎだ」という主張をする合理性はないように思われます。

　また、**この乙種普通株式を使った是正スキームのミソの1つは、発行時の税務上のリスクが、無償発行のストックオプションよりはるかに低いこと**です。無償で発行されるストックオプションは、後述のとおり、将来の株価が高くなると青天井のリスクがありますが、株式では将来ではなく現時点での時価との差額しか問題になりません。このため、**仮に発行時の価格が低過ぎたということになっても、その発行時の時点での時価との差額が課税対象になるだけで、リスクは限定的**だと考えられます。

　たとえば、乙種普通株式の価値が仮に5,000円だとされれば、発行時の価格との差額【5,000株×(5,000円−500円)＝2,250万円】が給与などの額として課税される可能性が出てきます。しかし、既存の全株主に根回しをして乙種普通株式を発行したのであれば、株主とトラブルになる可能性も低いでしょうから、税務上の問題が発生するとしたらM&AやIPOの前後という可能性が高そうです。その頃には、万が一1,000万円程度の税金がかかったとしても、払えるようになっている可能性も高いんじゃないかと思います。

　もちろん、A種優先株式と乙種普通株式がまったく同じ価値を持っていたということに万が一なってしまえば、2.25億円【5,000株×(50,000円−500円)】が給与の額などとして課税される可能性が出てきます。

＊11　大ざっぱに言うと、あまり不動産の含み益などがないベンチャーの場合には、会社の資産から負債を引いた純資産の額（貸借対照表の純資産の部の金額）を株式数で割って株価を考える方法です（資産を時価で評価しなおすか、株式数には潜在株式も含めるかどうかといった細かいことは、さておいた説明です）。

(さすがにここまではまずないとは思いますが、仮にこの課税が行われたとしても、後述のように普通株式を行使の目的とするストックオプションを使う場合の行使資金よりは少ない資金ですむはずです。)

M&Aの分配時

次は、M&Aでのexit時に分配する場合です。

前掲の例では、最初から定款で「乙種普通株式は普通株式の10分の1換算で分配する」「普通株式優先分配額が普通株主に分配されるまでは、乙種普通株主には分配は行われない」といったことが定めており、株主間契約でM&A時にも同様の分配が行われることを取り決めてあったわけですから、これに対しても税務当局から「経営陣への分配が安すぎる」といった指摘が行われる可能性は低いのではないかと考えます。

普通株式への転換時

上場時に乙種普通株式を普通株式に転換する際に、大きなリスクはないでしょうか？

会社法施行後、株式の「転換」は「取得請求権や取得条項によって株式が発行会社によって取得され、別の株式が交付される」という建て付けに整理されました。つまり、会社法的には、同じ株式の「中身」が変わるわけではなく、株式の譲渡という形式を取ることになったわけです。

このため、税務では株式を譲渡すれば譲渡益がかかるのが原則ですが、会社法施行に合わせて、取得請求権や取得条項によって株式が取得され別の株式が交付された場合には、譲渡はなかったとみなして課税しないという整理になりました。[*12]

> （株式交換等に係る譲渡所得等の特例）
> 所得税法第五十七条の四　（略）
> 　3　居住者が、各年において、その有する次の各号に掲げる有価証券を当該各号に定める事由により譲渡をし、かつ、当該事由により当該各号に規定する取得をする法人の株式（出資を含む。以下この項において同じ。）又は新株予約権の交付を受けた場合（当該交付を受けた株式又は新株予約権の価額が当該譲渡をした有価証券の価額とおおむね同額となつていないと認められる場合を除く。）には、第二十七条、第三十三条又は第三十五条の規定の適用については、当該有価証券の譲渡がなかつたものとみなす。（以下略）

　ここで、条文のカッコ書きに「（当該交付を受けた株式又は新株予約権の価額が当該譲渡をした有価証券の価額とおおむね同額となつていないと認められる場合を除く。）」と、書かれているのが、ちょっと怖いところです。
　つまりここで、「今まで10分の1の経済的価値しかなかった乙種普通株式が、いきなり10倍の価値を持つ普通株式と交換されるのは、『おおむね同額』に該当しない」という税務当局のチャレンジを受ける可能性はないのでしょうか？

　しかし、これは優先株式の上場時の転換の場合も同じです。
　すなわち、（たとえばA種優先株式に残余財産分配権2倍＋参加型の権利が付いていたとすると）未公開のうちにM&Aされる場合とIPOされる場合では、分配される金額が異なってきます。これも「おおむね同じ」と言えるかどうかのリスクはないとは言えませんが、私が知る限り、

＊12　所得税法第57条の4第3項。法人税法第61条の2第13項が同旨。

05 › 経営者の持分を是正する「乙種普通株式」

上場時の優先株式の転換で差額が問題になった事例はないと思います。

またそもそもA種優先株式も乙種普通株式も、(「あと出し」で普通株式に転換できることにしたわけではなく) 発行時から上場時に普通株式に転換すると決めていたのですから、経済的にそれらの株式は、「**上場直前に普通株式と同じ価値になる経済的性質を持つ**株式」だったということであり、「すでに普通株式と同じ価値になっている株式を普通株式と交換するのだから、これらは『おおむね同額』である」と考えるべきです。*13

さらに、こうした種類株式の上場時の転換を「おおむね同じ」と認めないのであれば、未上場時に優先株式で投資をしてリスクを抑え、上場時に「転換」で普通株式にして自由に市場で売買できるようにするという世界共通のベンチャー投資実務は、日本では成立しないことになってしまいます。そんなことをしても、日本の成長戦略上もマイナスですし、課税の公平性が保たれるといったメリットもないので、税務当局が「おおむね同額とは言えない」という解釈をする可能性はそれなりに低いのではないかと考えています。*14

会社法上「特に有利な金額」か?

会社法第199条第3項では、「第一項第二号の払込金額が募集株式を

---

*13 逆を考えてみるとわかりやすいと思いますが、上場がほぼ確実になっている場合に乙種普通株式を普通株式の10分の1の株価で親族などに売却したら、税務当局が「差額は贈与だ」とみなす可能性が高そうですよね。乙種普通株式は第三者への譲渡は想定していないですが、上場直前にまったくの第三者に乙種普通株式を譲渡する場合も、普通株式とほぼ同じ値段で譲渡するのではないかと思います(上場直前には「おおむね同額」の経済価値を持っているからです)。

引き受ける者に特に有利な金額である場合には、取締役は、前項の株主総会において、当該払込金額でその者の募集をすることを必要とする理由を説明しなければならない。」としています。

この「乙種普通株式」は、経営陣にとって「特に有利な価格での発行」であるという説明が必要でしょうか？

このアーリー・ステージでの乙種普通株式の価格の算定には、従来、資本政策の大幅な是正に使われてきた「有償ストックオプション」と異なり、「モンテカルロ・シミュレーション」や「ブラック・ショールズ式」といった複雑なロジックを使わなくてもいいところが1つの大きなメリットです。

取締役がよく理解できないロジックを使うのであれば、オプション等の専門家の算定書を取らないと取締役としての善管注意義務を果たしたことにならない可能性がありますが、今回の場合、「純資産法の観点から考えれば、普通株式ですら価値がゼロなのに、そこから大幅に劣後する乙種普通株式の価値は限りなくゼロに近い」「今のところ上場する見通しはまったく不透明である」「非上場のうちは、分配も配当も、普通株式の10分の1以下しかない」といった、一般の人にもわかりやすい理由で、普通株式の10分の1の価格で発行することの説明が可能かと思います。[*15]

普通株式優先分配額を20万円に設定し、その後は普通株式と同様の

[*14] もちろん、税務当局が必ずこのように考えてくれると保証できるわけではありませんので、本書の他の部分と同様、実行の際には税務専門家のアドバイスを受けていただくようお願いいたします。

[*15] ストックオプションの発行時に、「有利発行とする」派と「有利発行でない」派があるのと同様、弁護士にもいろいろなお考えがあると思いますので、株式を有利発行した場合の税務（ストックオプションの場合には、無償での発行が有利発行であっても、課税はありませんでしたが、株式は課税される可能性があります）と合わせて、法律や税務の専門家にご相談ください。

分配が受けられることにした2番目のタイプの乙種普通株式の場合にも、企業価値を発行時より10倍も上げないと分配が始まらないという、それなりに高いハードルが設定されていますし、分配が始まったとしても普通株式と分配額は異なるわけですから、利害が異なる株主全員が納得して株主総会で決めた発行価格であれば、適正な価格であると判断してもらえる可能性は高いのではないかと思います。

ストックオプションで是正を行う方法の問題点

　こうしたケースで経営者の持株比率を是正するために今までよく使われてきた方法としては、ストックオプションを使う方法がありますが、ストックオプションを発行する是正ではダメでしょうか？

　ベンチャー経営者は、あまりお金がないことが多いので、無償または低価格で発行できるストックオプションは、持株比率を是正するのに、一見いい手段に見えます。
　しかし、ストックオプションは、この章のケースのように、発行済株式数を何倍にもする是正には適していません。

無償のストックオプションを使う方法

　最もよく使われるストックオプションである、無償のストックオプション発行で資本構成を是正する場合には、以下のような問題があります。

図表5-9　ストックオプションを使った資本構成の是正

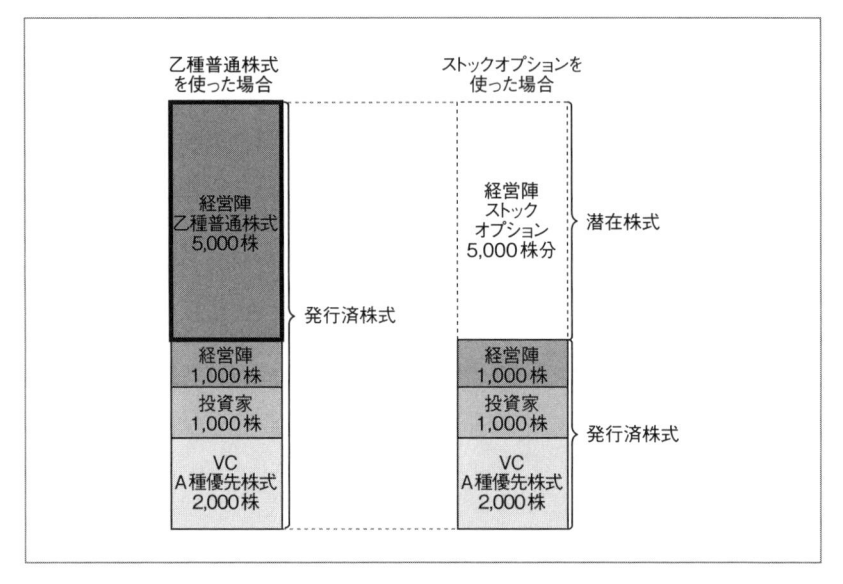

[図表：乙種普通株式を使った場合とストックオプションを使った場合の比較。乙種普通株式を使った場合：経営陣乙種普通株式5,000株、経営陣1,000株、投資家1,000株、VC A種優先株式2,000株（発行済株式）。ストックオプションを使った場合：経営陣ストックオプション5,000株分（潜在株式）、経営陣1,000株、投資家1,000株、VC A種優先株式2,000株（発行済株式）。]

- **潜在株式比率の上昇**

　まず、潜在株式比率が上がってしまうということがあります。

　先のケースをストックオプションで是正すると、図表5-9のように、発行済株式数よりストックオプションのほうが多い状態になります。このような膨大な量の潜在株式がある資本構成では、上場の際に引き受けてくれる証券会社を見つけたり、ベンチャーキャピタルから投資を受けることが難しくなり、その分、成長できる可能性が下がることになります。

- **税制非適格になってしまう巨大なリスク**

　税制適格のストックオプションは行使価格が時価以上でなければなりません。

05 経営者の持分を是正する「乙種普通株式」

　乙種普通株式の場合は、時価が500円でなく、5,000円とか5万円と認定されてしまったとしても、その差額しか給与等として課税されることにはなりません。しかし、ストックオプションの場合、5,000円の行使価格で設定していた場合に時価が5万円と認定されたとしたら、税制適格でないストックオプションとみなされてしまい、将来の行使時の時価が1株100万円になっていたときには、差額の99.5万円に課税されることになってしまいます。

　また未上場企業の場合、経営者が発行済株式総数の3分の1超を持っている場合には、その経営者に発行される**無償**のストックオプションは「税制適格ストックオプション」ではなくなってしまいます。[16]

　つまり無償のストックオプションは、経営者が3分の1を超える株式を持っている場合の是正には使いにくいわけです。たとえば、行使価格が1個5万円のストックオプションを5,000個（5,000株分）経営者に発行するとして、このベンチャーが上場時に900億円の企業価値（この間に分割がなければ1株1,000万円）になったとしたら、これを行使する場合には、（後述のとおり行使資金も大変ですが）税制非適格だと497.5億円（1株995万円×5,000株）分、会社から給与をもらったものとして、その約半分が税金として課税されるということになってしまいます。これを払える人はなかなかいないはずです。[17]

---

[16] 税制適格ストックオプションの要件の詳細を定めた租税特別措置法施行令第19条の3 第3項に、以下のように未上場で3分の1超を持っている株主に対するストックオプションは税制適格の要件を満たさないことが定められています。
　3　法第二十九条の二第一項に規定する政令で定める数は、次の各号に掲げる株式の区分に応じ、当該各号に定める数とする。
　一　（略：上場企業等の場合）　これらの株式を発行した株式会社の発行済株式の総数の十分の一を超える数
　二　前号に掲げる株式以外の株式　当該株式を発行した株式会社の発行済株式の総数の三分の一を超える数

有償ストックオプションを使う方法

「無償」でストックオプションの付与を受ける場合には税務上もいろいろややこしくなるのですが、「有償」でストックオプションを経営者が買ってしまえば、税務上の扱いは通常の株式と同様になり、税務上の問題はかなり減ります。*18

● **ロジックが一般には理解が困難**

ただし、有償ストックオプションの発行価格がいくらになるかは、ロジックがややこしいという問題があります。

---

*17　税制適格ストックオプションでないストックオプションを使った世界最大の事例は、Facebookではないかと思います。

　　Facebookは「ベンチャーべからず集」の見本市のような会社で、資本政策でもいろいろ失敗をしています。IPO時にCEOのザッカーバーグ氏が3,020万株（約11億ドル分）を売り出しましたが、売出しで得られる収入の大半は、ザッカーバーグ氏が受け取っている1.2億株分の税制非適格ストックオプション6,000万株分の行使に伴う税金の支払に充てられました。

　　Facebookは会社としては大成功でしょうから、そういう意味では、「資本政策を間違っても成長すれば勝ち！」「成長は七難かくす」ではありますが、ほとんどの企業はFacebookのような10兆円超の企業価値までの成長を期待できるわけではないので、第1章でも述べたとおり、あまり真似しないほうがいいと思います。

*18　もともと何か「モノ」を無償で法人から受け取る場合の日本の所得税法の原則では、「受け取ったときの時価を所得と考えて課税する」ことになっています（所得税法36条〈収入金額〉）。しかし、ストックオプションについては「受け取ったとき」ではなく「行使したとき」の時価と行使価格の差に総合課税が行われることになっています（所得税法施行令第84条〈株式等を取得する権利の価額〉）。

　　一定の要件を満たす税制適格ストックオプションは、さらにこの例外として、行使時ではなく、行使して取得した株式の売却時の株式の譲渡益に課税されることとなっています（租税特別措置法第29条の2〈特定の取締役等が受ける新株予約権等の行使による株式の取得に係る経済的利益の非課税等〉）。

　　株式や有償ストックオプションの場合、無償のストックオプションと違って、原則（所得税法36条〈収入金額〉）のとおりですので、非常にシンプルですし、万が一、最初に受け取ったときの価格に見解の相違があったとしても、「そのときの（まだ安い）」時価との差額が問題になるだけです。

05 経営者の持分を是正する「乙種普通株式」

　有償ストックオプションはストックオプションを有償で買うので、なるべくこの「有償」部分は小さくしたいわけですが、この金額を算定したり、さらに小さくしたりするためには、それなりの金融工学的知識が必要です。[*19]

　算定のコストがかかることもさることながら、一般にシードやアーリー・ステージの経営者、エンジェル等、弁護士、税理士等にはハードルが高過ぎて、こういった提案や関係者の説得をするのは難しいと思います。また将来、税務当局に説明したり、紛争が起きた場合に裁判所等に説明をするのも、それなりに金融工学的な概念を理解してやりとりをしないといけません。

　この有償ストックオプションを使う方法は、経営陣の持株比率を是正する方法としては、普通株式しか発行されない時代には、一番洗練された方法だったと思いますが、未上場のベンチャーにおいて優先株式の発行が普通になってきた昨今は、「足し算引き算」レベルの簡単なロジックで株価の妥当性を考えられるこの「乙種普通株式」のスキームが、シンプルでリスクも少ないのではないかと考えました。

● **行使資金の調達**
　これだけ大量の潜在株式がある場合、上場前にその大半を行使することが求められますので、その**行使資金をどうやって調達するかの問題が残ります。**
　たとえば今回の事例で、行使価格5万円で普通株式を得られるストックオプションを発行しようとしたら、有償ストックオプションの購

[*19] 私は、ノックアウト条項（たとえば、ある一定価格以上に株価が下がった場合には、新株予約権の価値がなくなる）等を付けて、モンテカルロ・シミュレーションで低いオプション価格を提案してくれる専門家は1社しか存じません。

入価格が限りなくゼロに近くても、将来5,000株分2.5億円の行使資金が必要になってしまうわけです。

つまり、上場前になって2.5億円の行使資金を調達するために、あたふたしないといけなくなるわけですが、上場が見えてきているとはいえ個人にこんな大金を貸してくれる人はなかなかいません。従来のストックオプションを使った是正で、この行使資金捻出のために上場前に苦労している経営者をよく見かけます（税制非適格ストックオプションとして、行使時に数百億円といった金額を課税されるよりはマシとも言えますが、それでも普通の人がおいそれと払える額ではありません）。

これに対して、**乙種普通株式は、発行時には少額の金額を支払いますが、普通株式に転換するときに追加の資金は必要ありません。**上場直前にハラハラするよりも、上場のはるか以前に後腐れのない形で早期に資本政策の是正を決着させてしまったほうが、経営者も会社の成長に注力

図表5-10　オプションの行使価格と価値

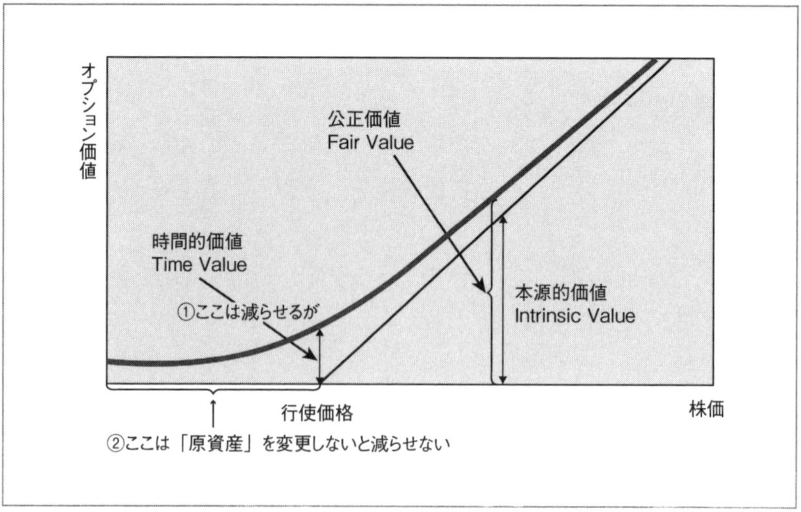

できるので、望ましいと思います。

- **原資産以上に行使価格は下がらない**

　行使によって交付される株式（原資産）を普通株式とするオプションの場合、「時間的価値」の部分は金融工学的に減らせても（図表5-10①）、普通株式の時価分の行使価格は払い込まないといけません（同②）。このため、結局、行使価格相当の株式を「後払い」にはできても、「合計の支払金額」を下げる効果は小さいと考えられます。

　（価値の高い）普通株式を購入できる新株予約権のオプションバリューを下げるよりも、そもそも購入する株式（原資産）の種類を変えて価値自体を下げてやるのが、経営陣の合計での支払負担を減らせる方法ではないかと考えました。

本章のまとめ

　米国の未上場ベンチャーの株式の実務を見ると、普通株式（common stock）は、（「普通の株式」というよりは）優先株式が取ったあとの残余（非常に地位の低い株式）という扱いが強く、普通株式や普通株式を目的とするストックオプションは経営陣や従業員のインセンティブを刺激するためにかなり大量に低価で発行されています。

　しかし日本では、今まで普通株式以外がほとんど発行されてこなかったので、株式の種類によって、その発行価格はまったく異なるのだという感覚は、起業家や投資家のみならず、法律専門家や税務当局の中にもまだほとんどないのではないかと思います。

　こうした是正策は、経営陣やエンジェル、投資家といった「相手」があるものであり、いくら自分が理解していても、相手が理解してくれなければ成功しません。資本構成の大幅な是正は、それによって持株比率

を薄められてしまう既存株主の機嫌を損ねる可能性があります。株主には、そうした提案に応じる義務はありませんし、是正後もその既存株主が株主として残る場合には今後も仲良くやっていく必要があるので、慎重に事を進める必要があります。「生兵法は怪我のもと」ですので、本書に書いてあることを「この本にこう書いてありましたよ！」とドヤ顔で既存株主に見せにいくのはちょっと思いとどまっていただいて、まずは弁護士や税理士その他のアドバイザーや外部の投資家などとよく相談して対策を慎重に練ってから、既存株主と交渉してみてください。

　この「乙種普通株式」が、実力ある未上場企業が資本構成を是正して大きく飛躍することに役立つことを祈っております。

第 6 章
スピンオフ、MBOを成功させる

VENTURE EQUITY FINANCE
STOCKS AND CONTRACTS
FOR ECONOMIC REVOLUTION

本章の前半では、大企業等が行う「コーポレートベンチャー」「社内ベンチャー」が陥りやすい罠を考えます。
本章の後半では、すでに活動しているベンチャーや事業を買収することによって資本構成を大きく是正する方策を検討します。すなわち、新しく会社を設立し、そこがシードやアーリー・ステージのベンチャー的な既存の法人や事業を元の親会社などから買い取るという、「スピンオフ」や「MBO（マネジメント・バイアウト）」によって、資本構成を是正する方法です。

コーポレートベンチャーと独立したベンチャー

なぜコーポレートベンチャーがうまくいかないのか？

　大企業などが行う「コーポレートベンチャー」や「社内ベンチャー」では、子会社を設立して、その経営者となる従業員に株式も持たせることがあります。しかし、日本におけるこうしたコーポレートベンチャーの「経営者」の持分は数％程度しかないのがほとんどで、「実際にがんばるのは経営者だから、経営者に5割超の株式を持たせてやろう」といった気前のいい事例はあまり聞きません。
　コーポレートベンチャーの試みがうまくいかないのには、いろいろな理由が考えられますが、このように「ケチくさい」資本政策になっているところも、うまくいかない原因の1つと考えられます。

　なぜ、経営者の持分を増やして元の会社から独立させることを検討する必要があるのでしょうか？
　持分を増やせば、経営者に対する経済的なインセンティブが大きくなるのはもちろんですが、それ以外に以下のような理由も影響すると思われます。
　（これらは、新たにコーポレートベンチャーを立ち上げる場合だけでなく、**ベンチャーがM&Aにより大企業の子会社になる際にも、よく考える必要がある事項**です。）

(1) 「子会社根性」

　たとえば親会社等が51％、95％といった株式を保有していると、そ

れは法律上や会計上の呼び名としては「子会社」ということになります。しかし、（必ずしも、そうした企業ばかりではありませんが）多くの企業では子会社のほうが親会社より「下」に見られる傾向があります。

　子会社が親会社を超える存在になったケースもないわけではありませんが、「子会社」「親会社」といった言葉を使ううちに、経営者の意識も従業員の意識も、「うちは〇〇社の子会社だ」といった認識になってしまいがちです。

　精神論に聞こえるかもしれませんが、新しいもの（イノベーション）を生み出す源泉は「精神」以外の何物でもないのです。

(2)　exitのハードルが上がる

「子会社」は、上場するのが難しくなります。

　法律や証券取引所[*1]のルールが子会社上場を完全に禁止しているわけではありませんが、子会社上場の審査は独立したベンチャーに比べて厳しくなり、特に「親会社から独立しているか？」「親会社との取引で、利益の付け替えが行われる可能性はないか？」といった点が入念にチェックされることになります。たとえば、親会社と子会社が関連する事業を営んでいて、親会社の利益を子会社に移転したり、子会社の利益を親会社に移転したりできてしまうと、上場している企業の一般株主が悪影響を被ることにもなりかねないからです。[*2]

　ちなみに、この場合の子会社上場の審査は、特定の会社に50％超を保有されている場合だけでなく、持分法の対象となる20％以上（役員の派遣や、重要な契約がある場合等には15％以上）の株式を保有して

---

*1　「証券取引所」は、今は金融商品取引法上、「金融商品取引所」というのが正式名称になっています。
*2　ベンチャーキャピタルは、投資先と事業がカブるということは基本的にはないですし、利益の付け替えといったことも基本的にはできません。実際、ベンチャーキャピタルが筆頭株主であるベンチャーは、近年何社か上場しています。

いる場合まで対象になってきます。

　つまり、「将来上場を目指すぞ」と思って新しい会社を立ち上げる場合には、上場時までに「親会社」の持株比率が15％未満となるような資本政策を考えるのが望ましいことが多いと思います。*3
　すなわち、exitできないのなら、基本的には実際に経営するメンバーが5％を持っていても51％の株式を持っていてもあまり意味がありません。*4 できれば元の会社の持株比率は15％未満にすべきですし、仮にそれが無理でも、特別決議における拒否権がない3分の1未満にすれば（そして、その他の投資契約等で縛られていなければ）業務のフレキシビリティはかなり上がります（日本の会社法では、未上場の株式会社では、定款変更や、新株の発行、ストックオプションの発行、合併など、ファイナンスなどに関わる重要な事項は特別決議を必要とします）。

「親会社」がいると、上場だけでなくM&Aについても同様にチャンスが減ってしまう可能性があります。上場の可能性が低いと、その分足元を見られて交渉されかねないですし、「あそこは○○系列の会社だよね」「株を売ってはくれなさそうだよね」と思われてしまうと、そもそも買収の申し出も減ってしまうかもしれません。

---

*3　両社間に役員の派遣や資金関係、重要な契約等が一切ない場合には20％未満でもいいはずですし、コントロール目的が一切なく完全な純投資の場合には、もうちょっと比率は上がっても上場審査上も大丈夫な可能性も考えられますが、他のことと同様、自分だけが「大丈夫」と確信すればそれでいいのではなく、今後投資をしてくれるベンチャーキャピタルや、上場の際の主幹事証券候補などがどう考えるか？　ということを考える必要があるので、15％未満が安心感がある、ということです。

*4　株主総会に出席できるとか、会社が利益を生んで配当するようになり、その配当を受け取れるといったメリットは考えられますが、株主総会に出席しても自分の思いどおりの決議ができないのであれば、大株主を説得する手間やコストもかかりますし、ベンチャーが配当するようになるまでにはすごく時間もかかるので、非常に気が長い話になります。

(3) 意思決定スピード

「子会社」であっても、「親会社」のスピード感あるトップと直でつながって意思決定をできるような場合には弊害は少ないかもしれませんが、大企業の「子会社」などだと、たとえば「関連会社統括部」といった部門の下に入るなどして、何か意思決定をするたびに、そうした部門に「お伺い」を立てる必要が発生してしまう可能性があります。

独立したベンチャーなら、社長が「やるぞ！」と決めれば（良くも悪くも）即決できることが、スピードの遅い企業の下に入ると、「これを実行するには親会社の取締役会にかける必要があるのですが、今月の取締役会の議案がすでに一杯になってしまっているので、来月の25日まで待っていただかないと、正式なお返事ができません……」といったことになりがちです。

こうなると、ビジネスを押し進める起業家は「代表取締役という肩書きは名ばかりの中間管理職」ということになってしまいかねません。これでは、変化が激しい業界や、競争が厳しくて意思決定の速いベンチャーが活躍するような業界では勝てないわけです。

(4) 連結や内部統制

上場企業の子会社ということになると、連結決算のために、上場企業に準じた精度の会計情報を親会社に渡す必要が出てきますし、そのために、内部統制の構築も必要になってきます。

これは、「本業」に集中して成長していかなければならない創業期・成長期のベンチャー的な企業にとっては、大きな足かせになってしまうことがあります。

なぜ合理的な意思決定ができないのか？

企業は、株主の利益の最大化のために行動すべきです。親会社が、そ

のコーポレートベンチャーの価値を最大化することを本当に考えるのであれば、子会社であっても、独立したベンチャーと同じはずですが、実際にはそうならないケースが数多く存在します。

なぜでしょうか？

(1) 「故郷」では評価されない

日本の大企業は新卒で従業員を採用して、終身雇用的な人事の運用を行っているケースが多いため、新しい事業アイデアを思いつく人も、新入社員の頃からの情報をすべて会社に持たれてしまっているわけです。「あいつ、新人の頃に〇〇部長に叱られてトイレで泣いてたよな」といったことまですべて知られてしまっている環境では、「こいつに任せたらすごいことをやってくれるかも」とは、なかなか思いにくいものだと思います。

(2) 他の従業員とのバランス

横並び意識が強い企業では、いくら才能があっても、特定の人だけを特別待遇にはしにくいものです。[*5] 特に、「子会社を作って社長をやらせてもらえて株ももらえるのに、失敗したら元の会社に戻れる」といった条件だと、「失敗してもリスクゼロで、成功したら大金持ち」という条件に見えますので、他の従業員からしてみたら「あいつだけズルい」ということになる可能性は高そうです。

このため、新しい事業をはじめる人は、その元の会社を退職して自分で新しい会社を作り、そこに元の会社からの出資を仰ぐほうが、理解を得られやすい場合が多いと思います。たいていのサラリーマンは、安定した職を捨ててベンチャーを始める勇気はないので、「入社年次もオレ

---

*5 「昭和59年入社の〇〇さんがまだ部長だから、子会社社長のポジションは、まだ彼には早いんじゃないか」てなことを考える人が多い会社だったりしたら、最悪です。

より下なのに、あいつだけズルい」といった批判があったら、「じゃ、あなたもやってみます？」と言えますので。

(3) 「期待値」で考えられない

　日本企業のサラリーマンはたいてい、成功しても、その成功に比例したボーナスはもらえないにもかかわらず、失敗したら何らかのペナルティを受けることがほとんどではないかと思います。こういうインセンティブ構造では、株主の利益を最大化することと従業員の利害が一致しない可能性があります。

　つまり本来、**企業が株主の利益を最大化する場合は「確率」ではなく「期待値」で考えるべき**だからです。

　たとえば、10％しか成功確率がない事業に投資をする場合、それを提案した従業員が将来ペナルティを受ける可能性は90％です。これでは、そのプロジェクトを進めようという気にはならないはずですよね。「やめとこうよ」ということにもなります。

　しかし、このプロジェクトが成功した場合に100倍のリターンが期待できるならどうでしょう？「確率」は10分の1でも、投資した資金の期待値（＝確率×リターン）は「10倍」で、これは会社や株主のためを考えればやるべきプロジェクトということになります。

　このインセンティブのない「サラリーマン」にとっては、このプロジェクトは実行するメリットがないのですから、「やめとこうよ」と言う気持ちになることを責めるわけにもいきません。

　もちろん、世の中には「直接自分のためにならなくても会社のためを思って行動する人」も多いですが、その「会社のため」かどうかの判断には「失敗しないこと＝善」というバイアスがかかっていることが多い

図表6-1 「確率」的な考え方

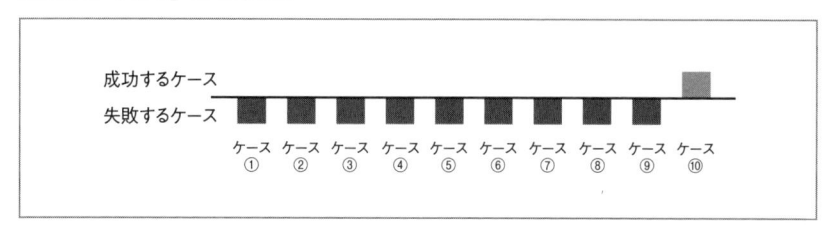

成功するケース
失敗するケース
ケース① ケース② ケース③ ケース④ ケース⑤ ケース⑥ ケース⑦ ケース⑧ ケース⑨ ケース⑩

図表6-2 「期待値」的な考え方

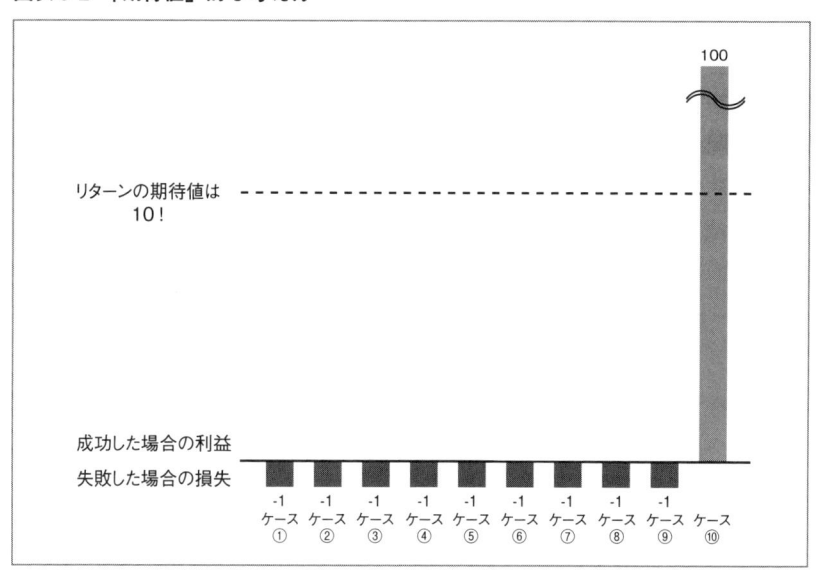

100

リターンの期待値は10！

成功した場合の利益
失敗した場合の損失
-1 -1 -1 -1 -1 -1 -1 -1 -1
ケース① ケース② ケース③ ケース④ ケース⑤ ケース⑥ ケース⑦ ケース⑧ ケース⑨ ケース⑩

気がします。[*6]

（前向きに考えれば、大企業などにこうした意思決定のアノマリー〈歪

[*6] 個人の感想です。もちろん、投資額が会社の規模に対して大き過ぎるとか、100倍になっても全社の規模から考えればたかが知れているといった場合は、期待値が大きくても、やらないほうが合理的ということもあります。

み〉があるからこそ、ベンチャーが登場するチャンスも生まれるわけです。)

(4) 理解力

たとえばオールドエコノミーの会社で、パソコンも触ったことがない経営陣に対して、インターネットを使った新事業の提案をしても、ポカーンとされて終わりかもしれません。

事業の中身や意義を理解してくれない人が大株主として議決権を行使できる立場にいると、その事業は結局うまくいかないと思います。

(5) トップや担当者の交代

トップや担当者がものわかりのいい人で「やってみなはれ」ということになったとしても、大企業では、そうしたトップや担当者が代わってしまうことがよくあります。

たとえば、「子会社の社長は何年間必ず自分に担当させてくれ」といった契約を決めておいたとしても、業績が当初の計画から大きく乖離して不振になったとしたら、親会社もそれは見過ごせないし、経営者自身も精神的に追い込まれます。将来の状況を完全に契約書に落とし込むことはできないのです。

ベンチャー向きの事業かどうか

もちろん、「経営陣に85%以上の株式を持たせれば、事業は必ず成功する」なんて法則はありませんし、元の会社から資金の大半を出してもらって、自分が過半を握れるなんてウマい話がそうそうあるわけはありません。

親会社からの出資を低い比率に抑えられるかどうかを決めるのは、そ

の経営者の会社に対する交渉力です。

「交渉力」というのは「声がデカい」「口八丁手八丁」といったことだけではありません。たとえば図表6-3のようなマトリックスを考えてみましょう。

　まず、要因の1つとして、新しい事業で経営者となる人の社内での信頼度（縦軸）が関連します。
「あいつは、そんなにデキるやつじゃないよな」と思われている人は、元の会社も出資してくれないでしょうから、そういう人は自分を信頼してくれる外部の投資家を探して、完全に独立してベンチャーを始めるのがいいかもしれません。（②）＊7
　一方、「彼は非常に優秀だ」「こいつとは関係を切りたくない」と思われている人であれば、会社も出資したがるでしょう。（①）＊8

　2番目に、その新規事業が、既存の社内資源（ヒト・モノ・カネ、ノウハウや特許など）をどの程度使うかということが関連します。
　社内の既存資源に大きく依存する事業を、社内で優秀と考えられている人が思いついた場合には、「よし、責任者としてやってみろ」と、大企業内の新規事業などとして行われるでしょうし（③）、アイデアを思いついた人が社内であまり信用がない（事業の責任者としては適任ではないと思われてしまう）人だったら、残念ながら「アイデア出し、ご苦

＊7　元の会社で評価されない人が外でも評価されないかというと、必ずしもそうではありません。大企業内では「変なヤツ」と思われてる人が、ベンチャーの経営者になったらうまくいく例も多いですし、逆に、大企業内で「優秀」と思われている人が、独立したベンチャーで経営者としては精彩を欠く例も多いです。もちろん「ヘンであればあるほど、必ずベンチャーとしてうまくいく」というわけでもありませんので、念のため。
＊8　たとえば、平成20年11月のグリー株式会社の「新株式発行並びに株式売出届出目論見書」によると、同社社長の田中良和氏は、楽天株式会社勤務時代に自分で立ち上げたサービスGREEを法人化するにあたって、「楽天株式会社と共同で」同社を設立しています。

図表6-3　事業の進め方マトリックス

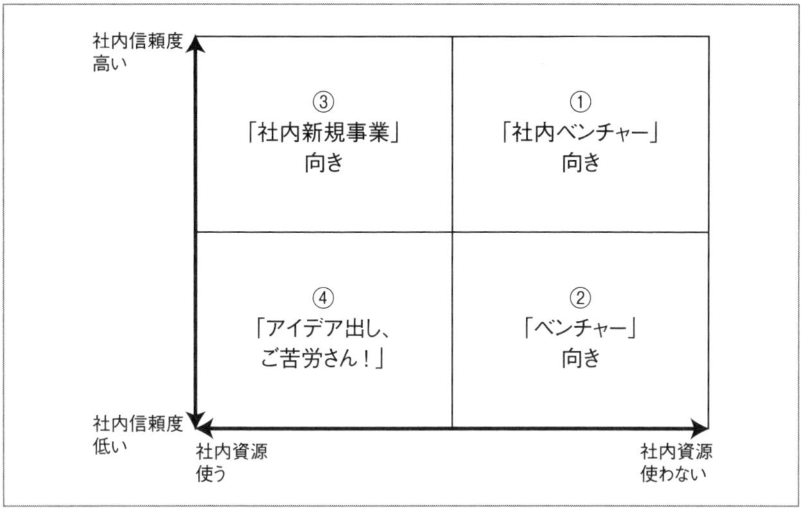

```
社内信頼度
高い
          │
      ③   │   ①
 「社内新規事業」│「社内ベンチャー」
    向き   │    向き
          │
──────────┼──────────
          │
      ④   │   ②
 「アイデア出し、│「ベンチャー」
  ご苦労さん！」│    向き
          │
社内信頼度  │
低い    社内資源      社内資源
        使う         使わない
```

労さん！」（④）で終わってしまう可能性が高いはずです。

　たとえば、ネット系のビジネスなど、アイデアやプログラミングなどの「人」が持つ能力やスキルこそが重要で、必要な資金が少なくてすむような領域では、資金調達の額も少なくてすむし、外部の投資家が投資してくれる可能性も高まります。こうした場合は、元の会社に対しての交渉力は強くなるはずです。

　逆に、たとえば製鉄会社の従業員が「新しい金属の製造法の画期的なアイデアを見つけたが、投資が1,000億円かかるし、その製鉄会社が保有する特許をたくさん使う必要がある」という場合には、残念ながら製鉄会社が、その従業員が設立するベンチャーに1,000億円投資をして、株式の過半を経営陣に持たせる可能性はほとんどないと思います。

　ただし、**日本でも徐々にベンチャーに対して投資される金額は大きくなってきていますので、従来なら会社の中で「サラリーマン」として事**

業に関わるしかなかったケースでも、今後は外部からの出資が受けられたり、会社に対しても交渉力があるケースも増えると思います。

また、(コーポレートベンチャーに限らずですが)「紙のビジネスプランがあるだけですが、出資しませんか？」というよりも、実際に動くプロトタイプや、サービスインしているサイトを自力で作り上げて、誰の目にも「これイケてるんじゃない？」とわかるほうが、交渉力が大きくなることは言うまでもありません。

チャンスの到来を待つ

タイミングも重要です。

元の会社の業績もよくて、何事もない平穏な日々の中では、あえて新しいリスクのあることをやろうということにはなりにくいかもしれません。しかし、元の親会社等の事情が変わると、ピンチにもチャンスにもなる可能性があります。

たとえば、

- 前の親会社の社長はコーポレートベンチャーに熱心だったが、社長が変わった
- ノンコア事業[*9]だから切り離したい
- 親会社が買収されて資本系列が変わってしまった
- 資金が必要なので、親会社は事業を売却したがっている
- 事業の将来性はあるが、親会社だけでは必要な資金やノウハウの供給ができないので、外部からの出資を検討する必要がある

といった状況の変化が、経営者の持分を大きく是正するチャンスかも

[*9] コア事業とは、その会社が営む事業の中で、競争力や成長力があるなどで、中核事業と考えられている事業を指すことが多いようです。ノンコア事業は、そうしたコア事業とシナジーもなく、中核とはみなされていない事業のことです。

しれません。

「オープン・イノベーション」のための資本政策

　大企業は巨額の研究開発投資を行っています。総務省「科学技術研究調査」によると、平成24年度の科学技術研究費の総額は17兆3,246億円にもなり、日本全体のベンチャー投資額の数百倍の規模があります。そうした研究開発の個々のプロジェクトは、失敗するものも多いはずですから、大企業がリスクのあることにまったく取り組んでいないわけではありません。

　ベンチャーへの投資を「社外」で行う研究開発だと考えれば、企業のベンチャー的な取組みももっと増えるはずです。つまり、大企業等がベンチャーに出資をして、そこからリターンやシナジーを得るということが考えられます。

　もちろん前述のように、新しい事業が元の会社の経営資源に大きく依存する場合など、元の会社が100％の株式を持つのが当然という場合もあります。しかし一方で、特にネット系のサービスなど、経営者の発想やセンスや人脈にほとんどを依存する（社外の人が手伝ってあげられることが少ない）ビジネスの場合、運営会社の経営者に思い切って株式を持たせることでうまくいくケースもあります。たとえば、Google、Facebook、楽天、DeNAといった会社を大企業の子会社として運営したら、うまくいったか？　と考えるとわかりやすいかと思います。

　仮に、事業の成功のほとんどを経営者の能力と活躍に依存しているのに、経営者が株式を5％しか持っておらず、将来の利益の95％が他の人のものになってしまうのであれば、（もちろんそれでもがんばる人はいるとは思いますが）一般的には、それで適切なインセンティブが働くと考えるほうが無理があります。

以上のようなことを考えると、経営陣の能力への依存度が高い事業においては、最初から、元の親会社もマイナー出資になるように出資してもらうのが、少なくとも経営陣側にとっては一番いいわけですし、資本構成を是正する必要もありません。そのまますくすくと成長していけばいいだけです。

　一方、最初に親会社等がほとんどの株式を持ってしまったが、このままでは追加の資金調達や上場ができない、または経営陣のインセンティブが不足するといった場合には、資本政策を是正することが必要になります。以下ではそのための手法として、経営者が中心となって持株会社を設立し、その会社が、既存の運営会社や事業を買い取る「MBO」的な方法を検討してみたいと思います。

スキームの全体像

解決すべき状況

　このスキーム（方法）の前提となる初期の状態は、株式のかなりの部分を経営者以外の株主（前章と同様、エンジェルなどでもいいですが、ここでは以下「親会社等」とします）が保有していて、実際に経営に携わる経営者の持株比率が、望ましい比率よりかなり低い場合を想定しています。

　こうした資本構成になってしまった理由には、
- 前章のように、最初の増資でエンジェル（と称する人）に過大な持分を握られてしまったといった知識不足から来る資本政策のミスや、
- 資金繰りなどの事情で背に腹は代えられず増資に応じてしまった、もともと大企業などの子会社や「社内ベンチャー」として開始され

た事業をMBOしたい、
といった場合が考えられます。

　また、このスキームは、あとから加わる新しい経営者に大きな持分を持たせる必要があるMBI（マネジメント・バイ・イン）[*10]的な場合にも使える可能性があります。
　以下では、既存企業の子会社として事業が運営されていたケースの、資本政策の是正を考えてみます。

持株会社の設立

　以下の例で初期の状態として想定するのは、図表6-4のように、親会社等が対象となる事業の大半の株式を保有してしまっているケースです。

　こうした場合、前章で説明した乙種普通株式を用いて経営者の持株比率を高めることも考えられるのですが、ここで前述のような親会社内部の「意思決定のアノマリー（歪み）」が問題になります。つまり親会社がオーナー企業などで、「やらしてやれや」という社長の鶴の一声で決まるような場合はいいのですが、親会社が「サラリーマン」企業で「なんで、あんなやつに子会社の株式を安く譲ってやんなきゃならないんだ？」といった意見が多くなるようであれば、親会社社内の合意が得られない場合も考えられます。
　こういう場合は、既存の会社から**精神的に一線を引く**意味でも、新しく会社を作ったほうがいい場合があります。

---

*10　元からの経営者が会社を買収するのではなく、外部の人（ファンド等を含む）が会社を買収して経営者として乗り込むことを言います。

図表6-4 「子会社」として運営されている初期状態

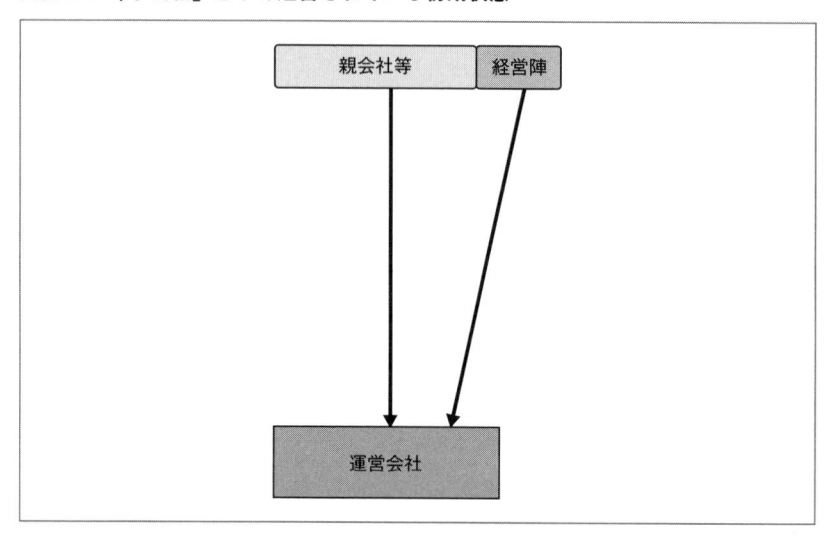

　また、大株主が資本構成の是正に賛成してくれたとしても、既存株主の一部または全部の株式をキャッシュで買い取る必要がある場合には、ベンチャーでは会社法上、既存の法人だけではスキームが組みにくいことがほとんどです。

　つまり、シードやアーリー・ステージのベンチャーは、自己株式を買い取る「枠」（分配可能額）[*11]がないことがほとんどです。

　こうした場合、図表6-5のように、**経営者が中心となって持株会社を**

[*11] 会社法上、自己株式の買取りは「分配可能額」の範囲内しかできないことになっています。分配可能額の計算は非常に複雑ですが、創業初期のベンチャーの場合、利益が出ておらず、その利益の累積である利益剰余金もないことがほとんどなので、たいていは会社が発行した株式を自分で買い取ることは困難です。詳しくは会社法第461条及び会社計算規則第7編第6章などを参照のこと。
　減資（資本金の額の減少）や資本準備金の額の減少といった手続きを踏めば分配可能額が増やせることもありますが、「世間体」などの理由から困難なこともあります。また、発行会社自身が自己株式として買い取ることにより「みなし配当」が発生して税務的にもややこしくなるといったことがあります。

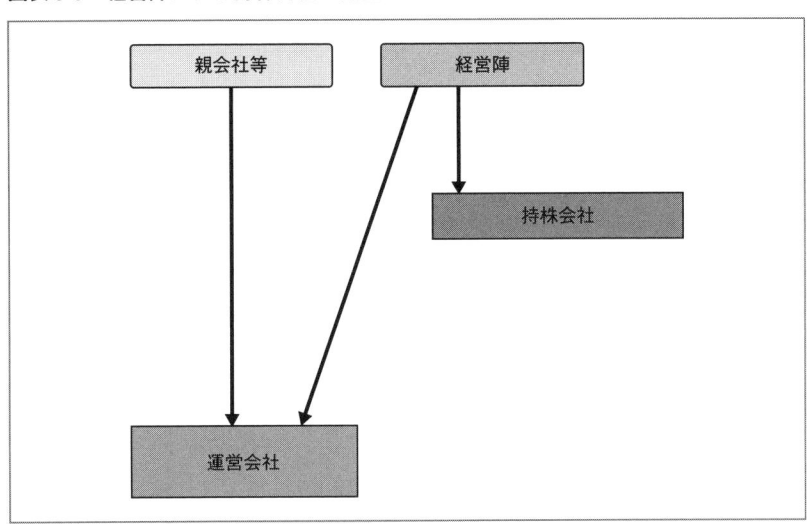

図表6-5　経営陣による持株会社の設立

[図：親会社等と経営陣から運営会社へ矢印、経営陣から持株会社へ矢印]

設立し、その会社が既存の運営会社や事業を買い取る方法が考えられます。[*12]

　図表6-5のように、経営陣が持株会社を設立して、そこが運営会社や事業を買収するというのは、上場会社などのMBOやLBOでもよく使われる手法です。

　しかし、ニュースになるような大きな上場会社のMBO等と、シードやアーリー段階の事業では、いろいろ条件も異なります。たとえば、上場企業のMBOでは、キャッシュフローが安定的だったり、大規模な人員整理をすればキャッシュが生みだせるといったことが明らかで、銀行

---

*12　投資契約や就業規則などで、他の法人の取締役になることが制限されている場合も多いので、元の会社に勤務しながら、黙って持株会社が設立できるとは限らないことに注意する必要があります。

等からの借入れも使えるケースが多いです。また、企業規模が大きければ、それなりにコスト負担力もあるでしょうから、アドバイザーや弁護士、税理士、会計士といった専門家に、数百万円、数千万円といったフィーを払って、じっくりスキームを検討することができます。

これに対して、
- シードやアーリー・ステージで
- 株主数は少ない（全株主との交渉が比較的容易）
- 現在赤字だったり将来のキャッシュフローの確実性が低い
- 既存株主から見た企業価値評価（valuation）が、まだせいぜい10億円～数十億円前半程度
- 成長の可能性はあるがリスクは高い

といったケースでは、銀行等からの借入れも行えないでしょう。しかし、ベンチャーと同様、リスクが高い事業でも株式を使った資金調達が行える可能性がありますし、まだ将来に不確実性のある赤字の事業であれば、「**親会社から見た価値は低いが、ベンチャーキャピタルなどの投資家から見た価値は高い**」といった価値判断の「歪み」が存在していることがあります。こういう場合が、親会社から切り離して独立するチャンスです。

投資家からの出資

既存の株主から全部または一部の株式を買い取る目的や、ベンチャー自身の成長のために資金が必要でしょうから、この経営陣が設立した持株会社に対して、元の企業やベンチャーキャピタル等の投資家からの出資を受けることを考えます。

「子会社役員のわがまま」と思われないためにも、親会社等の取締役が株主に対して善管注意義務を果たすためにも、親会社にも客観的で合理

的と認めてもらえるような投資家が関与することが、説得力を持つことになります。

図表6-6　投資家による投資（次の図表6-7と同時履行）

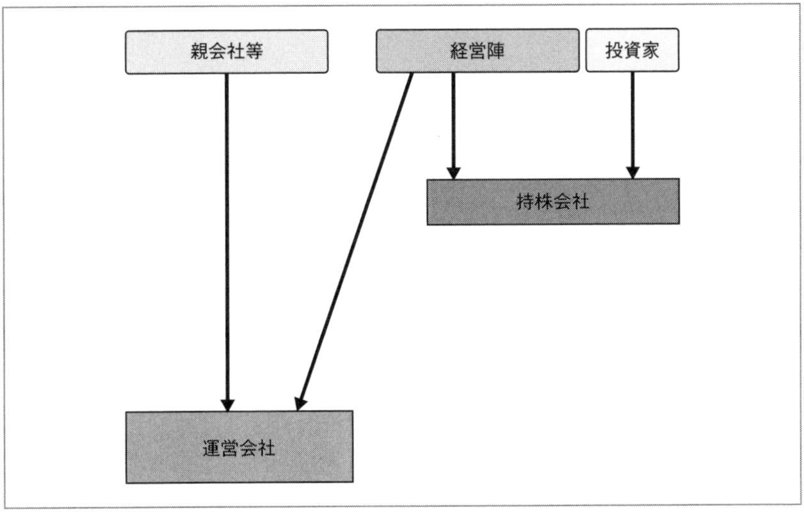

この持株会社は、設立した時点ではまだ単なるペーパーカンパニーに過ぎません。投資家も、単なるペーパーカンパニーに何千万円、何億円といった資金を投資することなどできません。

このため、事前に、

⑴　投資家と持株会社や経営陣が締結する投資契約などで、投資家が出資の払込みをする条件として、運営会社の株式の取得を条件とすること

⑵　元の親会社などの既存株主とも、投資家から持株会社に資金が払い込まれることを条件に運営会社の株式の譲渡が成立すること

⑶　その他：

- 親会社等が、株主として残るのか、全部又は一部の株式を売

却するのか
- 持株会社が元の親会社から運営会社の株式を買い取る株価や時期などの条件
- 投資家から投資が行われたあとに、運営会社と持株会社がどういった条件で統合するのか（合併するのか株式交換で100％子会社にするのか）

といった点について書面で合意しておく必要があります。

既存株主がすべていなくなる場合

　実際には、親会社等の事情によって、
- 運営会社（事業）は、この際、全部売却してしまいたい → 目先のキャッシュがほしい
- 一部は売却して、一部は株式として残しておきたい → 将来のキャピタルゲインにも期待したいが、目先のキャッシュもほしい
- 比率は薄まることになるが、新会社（持株会社）の株式を持っておきたい → 将来に期待している

など、さまざまなケースが考えられます（もちろん、ベンチャーキャピタルなどの投資家側の態度や交渉力によっても、左右され得ます）。

　ここではまず、運営会社の全株式を持株会社が購入する場合を考えてみます。
　たとえば、親会社に株主として残ってもらっても親会社等の事業とのシナジーもないし協力もしてもらえないとか、親会社等の株式が残ると経営陣が萎縮してしまってうまく経営ができないといった弊害が予想される場合には、全株式を売却してもらうことが望ましいということになります。

合併等の実施

最終的には、この運営会社と持株会社は合併して一体になるか、株式交換をして運営会社を持株会社の100％子会社にしてしまう必要があります。

図表6-8　持株会社と運営会社の合併

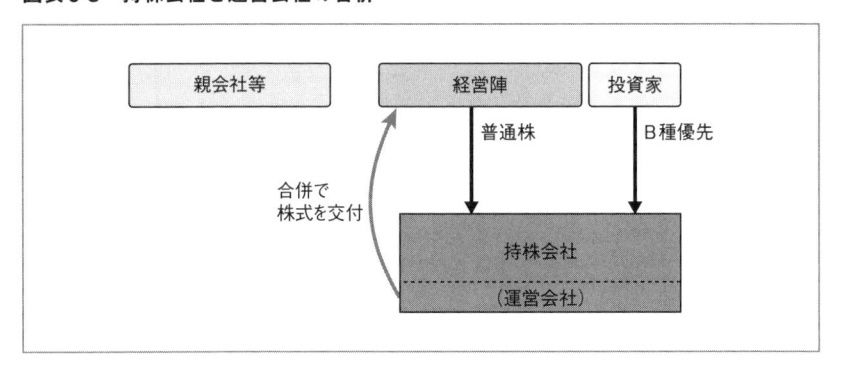

(図：親会社等、経営陣（普通株）、投資家（B種優先）→ 持株会社（運営会社）、合併で株式を交付)

将来上場したりM&Aで買われたりするのは、（この組織再編時の存続会社等[*13]が持株会社のほうであれば）持株会社になりますので、運営会社の株主だった経営者その他の既存株主は子会社である運営会社の株式を持っていても、経済的にも議決権的にもあまり意味がないからです。

さらに言えば、まだ体制の整わない成長期のベンチャーが、2つの会社の決算や連結会計をやるのも大変ですので、元の運営会社に簿外負

[*13] 会社法上の用語では、吸収合併の場合に消滅する消滅会社でない存続する会社を「存続会社」と呼び、株式交換をする場合には100％親会社になる会社を「完全親会社」と呼びます。

債がある可能性があるとか、巨額の訴訟などで偶発債務があるといったことがない場合には、合併して1つの会社にしてしまうことを検討するのがいいでしょう。

一般に合併などを行う場合には、
- どちらが存続会社となるか？
- 適格組織再編*14に該当するかどうか（100％の場合、50％超の場合、共同事業要件を満たす場合等）
- 繰越欠損金が引き継げるか？

などを詳細に検討しないといけませんが、ベンチャーの場合、「含み益が存在しない」「繰越欠損金の額がまださほど大きくない（数百万円程度から数千万円の下のほう）」「運営会社が許認可等を取得してない」等であれば、どちらが吸収するか、適格合併かどうか等のスキームにかかわらず、あまり深刻なことにはならないケースも多いと思います。

既存株主が残る場合

今度は既存株主が残るケースを想定してみましょう。

この場合、図表6-9のように、合併等をした際に、運営会社の既存株主に対して、新しい持株会社の株式が交付されることになります（持株会社が合併の存続会社または株式交換の完全親会社になる場合）。

親会社等が事業をまったく評価していない場合（株式を安く買える場

---

*14 法人税法上は、合併や株式交換などの組織再編をした場合には、買収される会社は一度解散したとみなして、キャピタルゲインが出るようであれば、買収される会社やその株主に課税をするというのが原則です。しかし、適格合併など「適格組織再編」の要件を満たす場合には、こうした課税は行わなくていいことになっています。

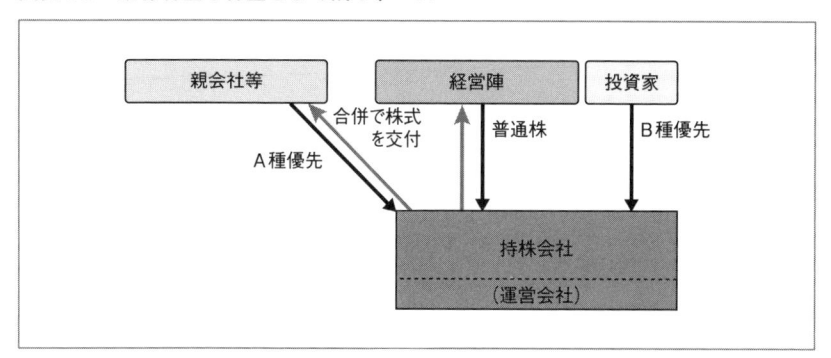

図表6-9 既存株主も株主として残るケース

```
親会社等         経営陣          投資家
   ↓合併で株式    ↓普通株        ↓B種優先
    を交付
   A種優先
         ↓
       持株会社
      （運営会社）
```

合）には、親会社等が保有する株式を全部売ってもらうのがいいこともありますが、逆に、

- 親会社の評価するその事業の事業価値が高い（株式を買い取るとしたら必要な資金が大きくなりすぎてしまう）場合
- 親会社がその事業に将来性を感じている場合
- 元の会社にも事業に対するインセンティブを引き続き持ってもらうことによって、営業その他の面で協力してもらえることが期待できる場合

などには、株主として残ってもらったほうがいい可能性があります。

優先株式を活用した具体的スキーム

優先株式の設計上の工夫

「シードやアーリー・ステージのベンチャーの場合には、売る側と買う側で、評価に大きく差が付くことがある」と申しましたが、いくら評価に差があるとしても、たとえば2,000万円で売ってもらったものを直後

に5億円で評価してもらって投資を受けるということは、元の親会社等としても、違和感を持つでしょう。

そこで**優先株式の登場**です。

本章のスキームのミソは、優先株式を使うことにより、株主間の経済的バランスや、税務的な株価のバランスなどが取れるところです。

以下、具体的にどのような株式を使うのか、運営会社の株式の一部はキャッシュで取得できるが、経営陣以外の株主も一部残ることになったという一般的なケースで考えてみます。

今回のスキームで用いられる株式は、
- 普通株式
- A種優先株式
- B種優先株式

の3種類です。

株式の価値は、
普通株式＜A種優先株式＜B種優先株式
の順に優先度が高くなることを想定しています。

「できあがりイメージ」は、図表6-10のとおりになります。[*15]
また、第5章の「乙種普通株式」のスキームと対比したのが図表6-11です。

[*15] この図は、「持株会社の普通株式が運営会社につながっている」という意味ではありませんので念のため。持株会社の資産の部の運営会社の株式と、運営会社の純資産の部がつながる絵のほうがより正確ですが、シンプルに表現してあります。
　また、運営会社が100％子会社でもいいのですが、前掲のお勧めのとおり最終的に持株会社を存続会社として合併してしまうと、この運営会社が行っていた事業は、持株会社の中に取り込まれることになります。ここでの表現は、下にぶらさがる形にしてあります。

06 スピンオフ、MBOを成功させる

図表6-10　持株会社の資本（株式）の内訳

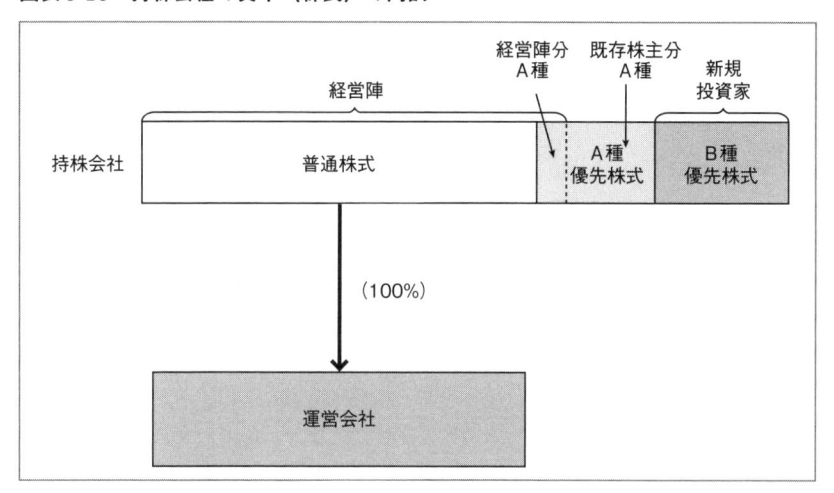

持株会社：経営陣 → 普通株式／経営陣分A種 → A種優先株式／既存株主分A種／新規投資家 → B種優先株式

（100%）→ 運営会社

図表6-11　「乙種普通株式」スキームとの対応

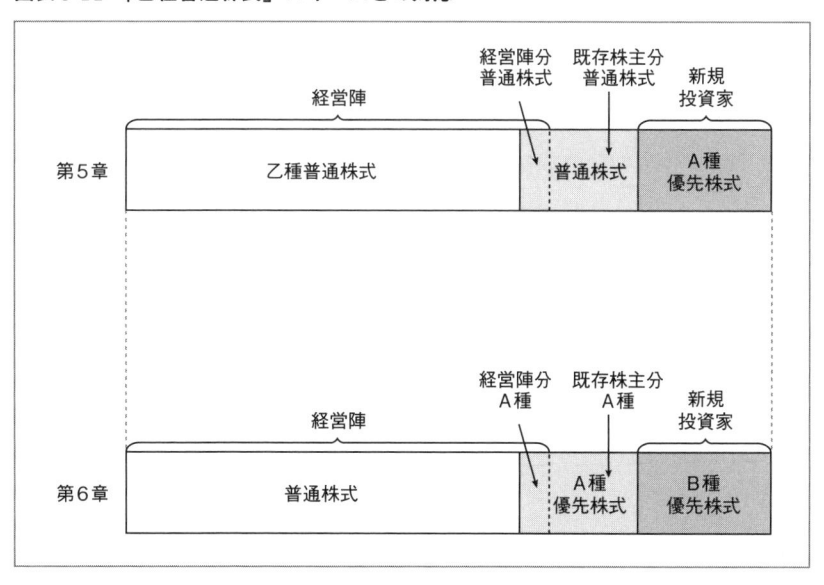

第5章：経営陣 → 乙種普通株式／経営陣分普通株式／既存株主分普通株式／新規投資家 → A種優先株式

第6章：経営陣 → 普通株式／経営陣分A種 → A種優先株式／既存株主分A種／新規投資家 → B種優先株式

この対比のとおり、「乙種普通株式」と本章のMBOのスキームは、
- 乙種普通株式→普通株式
- 普通株式→A種優先株式
- A種優先株式→B種優先株式

と、1つずつズレてはいますが、基本的にやろうとしていることはまったく同じだということがご理解いただけるかと思います。*16

持株会社の設立（普通株式）

最初に経営陣が出資して持株会社を設立するわけですが、ベンチャー経営者（特に今まで大企業でサラリーマンをやっていた人や若い人など）は、さほど手持ちの資金があるわけではなく、出資できるのは、数十万円からせいぜい1,000万円程度といった額になることが多いのではないかと思います。

このため、前章の乙種普通株式と同様、この持株会社の普通株式は、非常に安い株価で発行する必要があります。そこで前章の乙種普通株式と同様、1株500円で5,000株の発行（250万円の出資）と想定してみます。前章では先に普通株式があって、そこに追加で乙種普通株式を発行することになったわけですが、**この持株会社は新設法人なので、まったく自由に株価や株数が決められます**。

ベンチャーキャピタルの出資（B種優先株式）

次に、ベンチャーキャピタルなどの投資家が、この持株会社に「B種

---

*16 前章図表5-1などでは、株式の種類が縦に積み重なる図でしたが、今回は子会社が下にぶら下がる絵にしている関係上、横に表示してありますが、同じ意味です（お手数ですが、本を右に90度傾けるとご確認いただけるかと思います）。

図表6-12　持株会社の設立

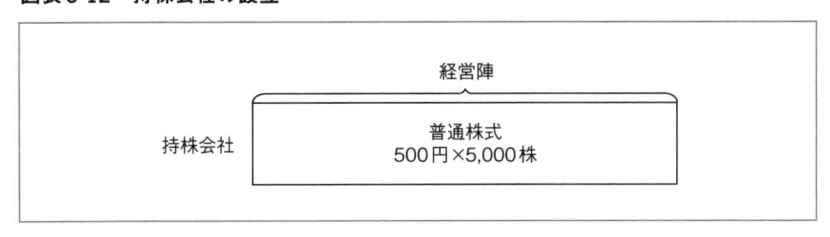

	経営陣
持株会社	普通株式 500円×5,000株

優先株式」で出資をします（ベンチャーキャピタルが、どうして「A種」を飛ばして「B種」で出資しているのかは、あとでご説明しますので、いましばらくご辛抱を！）。ここでも、前章の例に合わせて優先株式1株5万円で2,000株、持株比率30％弱（2,000株÷7,000株）で1億円を出資するとしましょう。

前述のとおり、この出資は運営会社株式の取得と同時に履行されます。

運営会社の既存株主の中には、このMBOの際に、株式を売却したいという株主と、そのまま残りたい（経営陣としても残ってほしい）株主がいるとします。

そのため、この新規投資家がここで出資する金額は、この株式の買取り資金と、今後当面のこのベンチャーの成長のための資金として十分でなければなりません。

ではなぜ、運営会社の株主は、株式を売却する株主と売却しない株主に分かれるのでしょうか？

たとえば、元の親会社と経営陣が安い株価で設立して始めた会社だったが、その後、ベンチャーキャピタルや他の事業会社がより高い株価で投資をしてしまっていて、今回の売却価格では、元の親会社は売却によってキャピタルゲインを得られるが、既存株主の投資会社等は、その値段で売ると損失が発生してしまうといったケースが考えられます。ま

図表6-13　新規投資家の出資と運営会社株式の取得

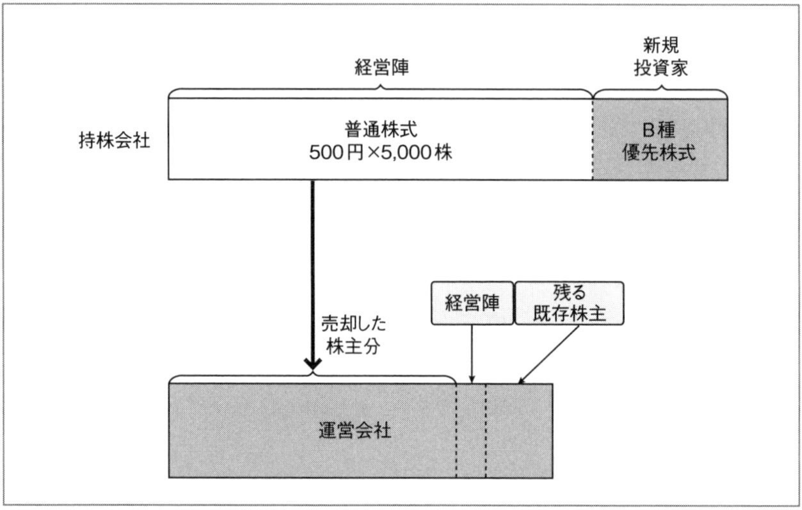

た、既存株主の中に今後もシナジーがある事業会社がいるので、その株主には、そのまま持っておいていただくようにお願いする、といった場合も考えられるでしょう。

　繰り返しになりますが、持株会社は単なるペーパーカンパニーで、この事業の実態は運営会社にそのほとんどすべてがあります。

　そして、持株会社は経営陣が出資した250万円と投資家が出資した1億円の合計、1億250万円のキャッシュを持っていますが、そのうちから1,200万円を支払って、運営会社の株式の60％を購入できたとします。

　250万円しか出資をされていないペーパーカンパニーが30％弱の株式を発行してなぜ1億円もの金額を調達できるのか、とか、実態のある会社を買収するとは言っても、2,000万円の価値しかない会社を買収して、なぜ数億円のvalueがあるということになるのか？　とか、250万円しか出資していない経営陣が、なぜ持株会社を通して運営会社の株

06 〉 スピンオフ、MBO を成功させる

的と認めてもらえるような投資家が関与することが、説得力を持つことになります。

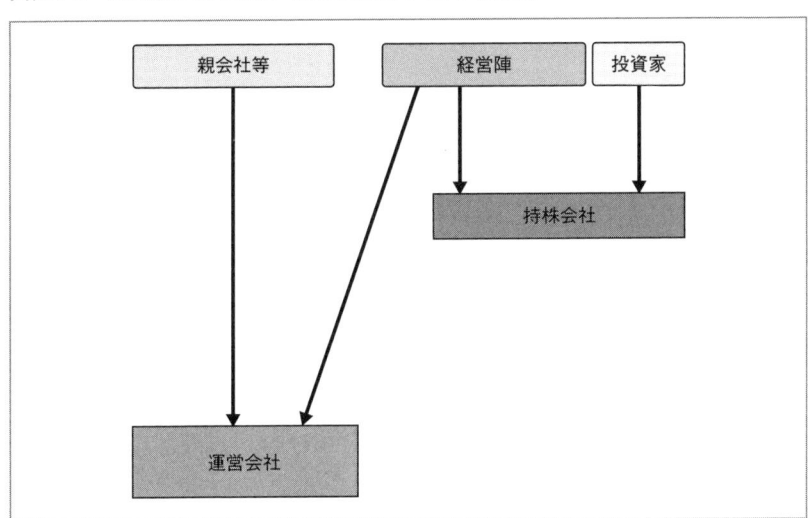

図表 6-6　投資家による投資（次の図表 6-7 と同時履行）

[図：親会社等・経営陣・投資家から持株会社および運営会社への資本関係を示す図。親会社等→運営会社、経営陣→運営会社、経営陣→持株会社、投資家→持株会社]

　この持株会社は、設立した時点ではまだ単なるペーパーカンパニーに過ぎません。投資家も、単なるペーパーカンパニーに何千万円、何億円といった資金を投資することなどできません。
　このため、事前に、
(1)　投資家と持株会社や経営陣が締結する投資契約などで、投資家が出資の払込みをする条件として、運営会社の株式の取得を条件とすること
(2)　元の親会社などの既存株主とも、投資家から持株会社に資金が払い込まれることを条件に運営会社の株式の譲渡が成立すること
(3)　その他：
　　　● 親会社等が、株主として残るのか、全部又は一部の株式を売

257

却するのか
- 持株会社が元の親会社から運営会社の株式を買い取る株価や時期などの条件
- 投資家から投資が行われたあとに、運営会社と持株会社がどういった条件で統合するのか（合併するのか株式交換で100％子会社にするのか）

といった点について書面で合意しておく必要があります。

既存株主がすべていなくなる場合

実際には、親会社等の事情によって、
- 運営会社（事業）は、この際、全部売却してしまいたい → 目先のキャッシュがほしい
- 一部は売却して、一部は株式として残しておきたい → 将来のキャピタルゲインにも期待したいが、目先のキャッシュもほしい
- 比率は薄まることになるが、新会社（持株会社）の株式を持っておきたい → 将来に期待している

など、さまざまなケースが考えられます（もちろん、ベンチャーキャピタルなどの投資家側の態度や交渉力によっても、左右され得ます）。

ここではまず、運営会社の全株式を持株会社が購入する場合を考えてみます。

たとえば、親会社に株主として残ってもらっても親会社等の事業とのシナジーもないし協力もしてもらえないとか、親会社等の株式が残ると経営陣が萎縮してしまってうまく経営ができないといった弊害が予想される場合には、全株式を売却してもらうことが望ましいということになります。

図表6-7　運営会社の株式の買取り（前の図表6-6と同時履行）

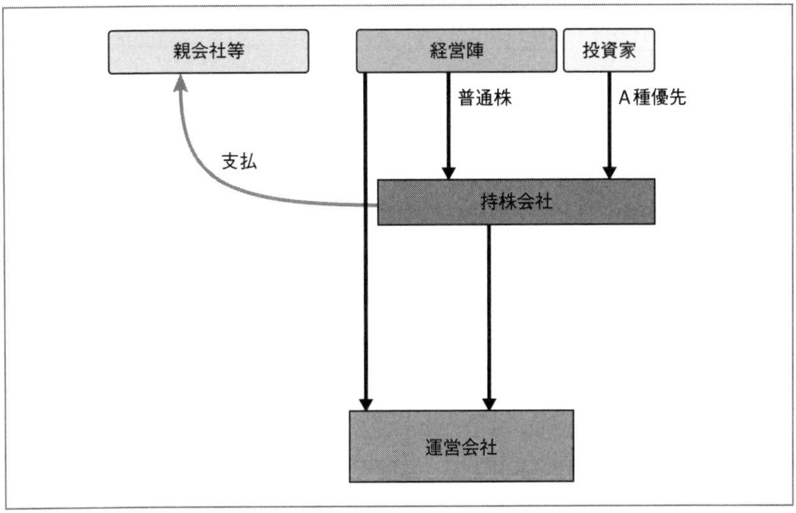

このケースでは図表6-7のとおり、持株会社が元の親会社の保有する運営会社をすべて取得することで、元の親会社との資本関係は完全に切れ、経営陣と新しい投資家で運営会社を100%コントロールできる想定をしています（100%取得しないケースもあとで検討します）。

もちろん、親会社等が株式の売却を希望しても、投資家が当該事業に出資できる金額に上限がある場合もあります。また、投資家は対象となる事業には興味があっても、元の株主である親会社等に金を払いたいわけではないでしょうから、支払額はなるべく小さい金額にしたいはずです。

前述のとおり、シードやアーリー・ステージのベンチャーは、分配可能額（利益剰余金）がないことがほとんどなので、運営会社自身が株式を買い取る場合には、減資や資本準備金の額の減少といった手続きを踏む必要があることが多いですが、上記のように運営会社と別の持株会社

が運営会社の株式を買い取る場合であれば、単に株式の譲渡をするだけでいいので、手続き的にも税務的にも非常にシンプルです。

　ネットのサービスなど比較的投資金額の小さい事業で、シードやアーリー・ステージまでの段階であれば、何億円もの資金を投じて事業を作り上げてきたわけではないことも多いでしょうから、（元の親会社のその事業に対する期待があまり高くない、まだ赤字であって、親会社の決算にマイナスの影響を与えている、親会社がベンチャー的な事業計画にあまり価値を見いだしていない等の事情があれば）安く買える場合も多いと思います。

　我々の日常生活で接するモノについては、だいたい価格は一定のレンジに収まります。たとえば不動産の場合、ある人が見れば5億円の価値があり、ある人が見れば2,000万円の価値しかないということは、あまりありません。しかし、会社（特にシードやアーリー・ステージのベンチャー）というのは、価値の比較や類推をするための同じような会社が存在しないことも多く、誰が見ても納得する価値の算定法といったものは存在しないので、投資家から見れば5億円に見えるが、親会社からは2,000万円にしか見えないということがありえます。
（特にアーリー・ステージのベンチャーの場合、トラックレコードやノウハウを持っている経営陣自体がバリューということもありますので、経営陣が退職〈持株会社に移籍〉する可能性がある場合には、既存株主にとっては法人としての価値はあまりなく、投資家にとっては価値があるということになりがちです。）
　このようにベンチャーの企業価値は「視点」や「立場」によってまったく異なるので、親会社等の既存株主や、経営陣、投資家がすべて納得する条件で話をまとめられる可能性があるというところが面白いところです。

合併等の実施

　最終的には、この運営会社と持株会社は合併して一体になるか、株式交換をして運営会社を持株会社の100％子会社にしてしまう必要があります。

図表6-8　持株会社と運営会社の合併

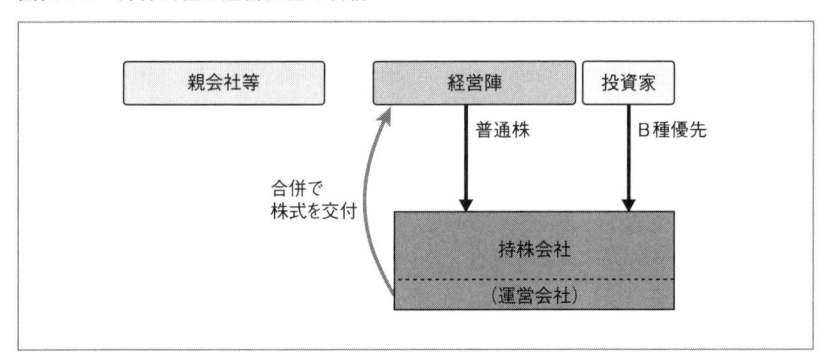

　将来上場したりM&Aで買われたりするのは、（この組織再編時の存続会社等[13]が持株会社のほうであれば）持株会社になりますので、運営会社の株主だった経営者その他の既存株主は子会社である運営会社の株式を持っていても、経済的にも議決権的にもあまり意味がないからです。

　さらに言えば、まだ体制の整わない成長期のベンチャーが、2つの会社の決算や連結会計をやるのも大変ですので、元の運営会社に簿外負

---

[13] 会社法上の用語では、吸収合併の場合に消滅する消滅会社でない存続する会社を「存続会社」と呼び、株式交換をする場合には100％親会社になる会社を「完全親会社」と呼びます。

債がある可能性があるとか、巨額の訴訟などで偶発債務があるといったことがない場合には、合併して1つの会社にしてしまうことを検討するのがいいでしょう。

　一般に合併などを行う場合には、
- どちらが存続会社となるか？
- 適格組織再編*14に該当するかどうか（100％の場合、50％超の場合、共同事業要件を満たす場合等）
- 繰越欠損金が引き継げるか？

などを詳細に検討しないといけませんが、ベンチャーの場合、「含み益が存在しない」「繰越欠損金の額がまださほど大きくない（数百万円程度から数千万円の下のほう）」「運営会社が許認可等を取得してない」等であれば、どちらが吸収するか、適格合併かどうか等のスキームにかかわらず、あまり深刻なことにはならないケースも多いと思います。

既存株主が残る場合

　今度は既存株主が残るケースを想定してみましょう。

　この場合、図表6-9のように、合併等をした際に、運営会社の既存株主に対して、新しい持株会社の株式が交付されることになります（持株会社が合併の存続会社または株式交換の完全親会社になる場合）。

　親会社等が事業をまったく評価していない場合（株式を安く買える場

---

*14　法人税法上は、合併や株式交換などの組織再編をした場合には、買収される会社は一度解散したとみなして、キャピタルゲインが出るようであれば、買収される会社やその株主に課税をするというのが原則です。しかし、適格合併など「適格組織再編」の要件を満たす場合には、こうした課税は行わなくていいことになっています。

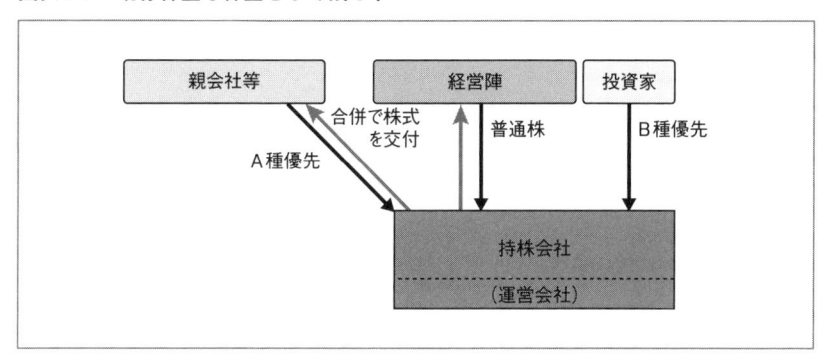

図表6-9　既存株主も株主として残るケース

```
親会社等          経営陣          投資家
  │合併で株式      │                │
  │を交付  普通株               B種優先
  │A種優先        │                │
  ▼              ▼                ▼
       ┌──────────────────────┐
       │      持株会社         │
       │─ ─ ─ ─ ─ ─ ─ ─ ─ ─ ─│
       │     （運営会社）      │
       └──────────────────────┘
```

合）には、親会社等が保有する株式を全部売ってもらうのがいいこともありますが、逆に、

- 親会社の評価するその事業の事業価値が高い（株式を買い取るとしたら必要な資金が大きくなりすぎてしまう）場合
- 親会社がその事業に将来性を感じている場合
- 元の会社にも事業に対するインセンティブを引き続き持ってもらうことによって、営業その他の面で協力してもらえることが期待できる場合

などには、株主として残ってもらったほうがいい可能性があります。

優先株式を活用した具体的スキーム

優先株式の設計上の工夫

「シードやアーリー・ステージのベンチャーの場合には、売る側と買う側で、評価に大きく差が付くことがある」と申しましたが、いくら評価に差があるとしても、たとえば2,000万円で売ってもらったものを直後

に5億円で評価してもらって投資を受けるということは、元の親会社等としても、違和感を持つでしょう。

そこで**優先株式の登場**です。

本章のスキームのミソは、優先株式を使うことにより、株主間の経済的バランスや、税務的な株価のバランスなどが取れるところです。

以下、具体的にどのような株式を使うのか、運営会社の株式の一部はキャッシュで取得できるが、経営陣以外の株主も一部残ることになったという一般的なケースで考えてみます。

今回のスキームで用いられる株式は、
- 普通株式
- A種優先株式
- B種優先株式

の3種類です。

株式の価値は、
普通株式＜A種優先株式＜B種優先株式
の順に優先度が高くなることを想定しています。

「できあがりイメージ」は、図表6-10のとおりになります。[*15]
また、第5章の「乙種普通株式」のスキームと対比したのが図表6-11です。

＊15　この図は、「持株会社の普通株式が運営会社につながっている」という意味ではありませんので念のため。持株会社の資産の部の運営会社の株式と、運営会社の純資産の部がつながる絵のほうがより正確ですが、シンプルに表現してあります。
　　　また、運営会社が100％子会社でもいいのですが、前掲のお勧めのとおり最終的に持株会社を存続会社として合併してしまうと、この運営会社が行っていた事業は、持株会社の中に取り込まれることになります。ここでの表現は、下にぶらさがる形にしてあります。

図表6-10　持株会社の資本（株式）の内訳

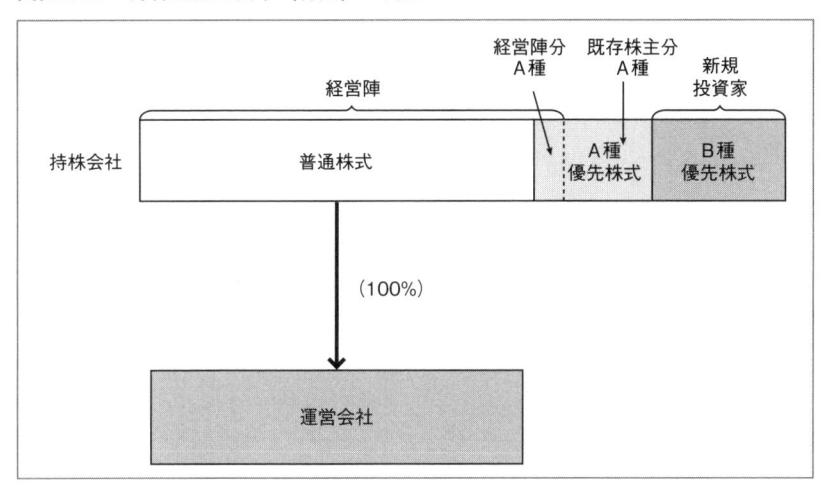

図表6-11　「乙種普通株式」スキームとの対応

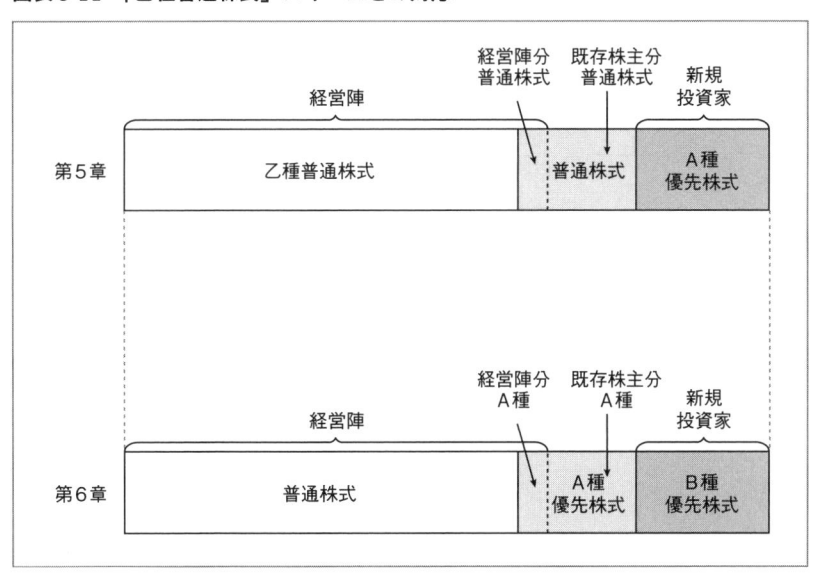

この対比のとおり、「乙種普通株式」と本章のMBOのスキームは、
- 乙種普通株式→普通株式
- 普通株式→A種優先株式
- A種優先株式→B種優先株式

と、1つずつズレてはいますが、基本的にやろうとしていることはまったく同じだということがご理解いただけるかと思います。[*16]

持株会社の設立（普通株式）

最初に経営陣が出資して持株会社を設立するわけですが、ベンチャー経営者（特に今まで大企業でサラリーマンをやっていた人や若い人など）は、さほど手持ちの資金があるわけではなく、出資できるのは、数十万円からせいぜい1,000万円程度といった額になることが多いのではないかと思います。

このため、前章の乙種普通株式と同様、この持株会社の普通株式は、非常に安い株価で発行する必要があります。そこで前章の乙種普通株式と同様、1株500円で5,000株の発行（250万円の出資）と想定してみます。前章では先に普通株式があって、そこに追加で乙種普通株式を発行することになったわけですが、**この持株会社は新設法人なので、まったく自由に株価や株数が決められます**。

ベンチャーキャピタルの出資（B種優先株式）

次に、ベンチャーキャピタルなどの投資家が、この持株会社に「B種

[*16] 前章図表5-1などでは、株式の種類が縦に積み重なる図でしたが、今回は子会社が下にぶら下がる絵にしている関係上、横に表示してありますが、同じ意味です（お手数ですが、本を右に90度傾けるとご確認いただけるかと思います）。

図表6-12　持株会社の設立

持株会社	経営陣
	普通株式 500円×5,000株

優先株式」で出資をします（ベンチャーキャピタルが、どうして「A種」を飛ばして「B種」で出資しているのかは、あとでご説明しますので、いましばらくご辛抱を！）。ここでも、前章の例に合わせて優先株式1株5万円で2,000株、持株比率30％弱（2,000株÷7,000株）で1億円を出資するとしましょう。

前述のとおり、この出資は運営会社株式の取得と同時に履行されます。

運営会社の既存株主の中には、このMBOの際に、株式を売却したいという株主と、そのまま残りたい（経営陣としても残ってほしい）株主がいるとします。

そのため、この新規投資家がここで出資する金額は、この株式の買取り資金と、今後当面のこのベンチャーの成長のための資金として十分でなければなりません。

ではなぜ、運営会社の株主は、株式を売却する株主と売却しない株主に分かれるのでしょうか？

たとえば、元の親会社と経営陣が安い株価で設立して始めた会社だったが、その後、ベンチャーキャピタルや他の事業会社がより高い株価で投資をしてしまっていて、今回の売却価格では、元の親会社は売却によってキャピタルゲインを得られるが、既存株主の投資会社等は、その値段で売ると損失が発生してしまうといったケースが考えられます。ま

図表6-13　新規投資家の出資と運営会社株式の取得

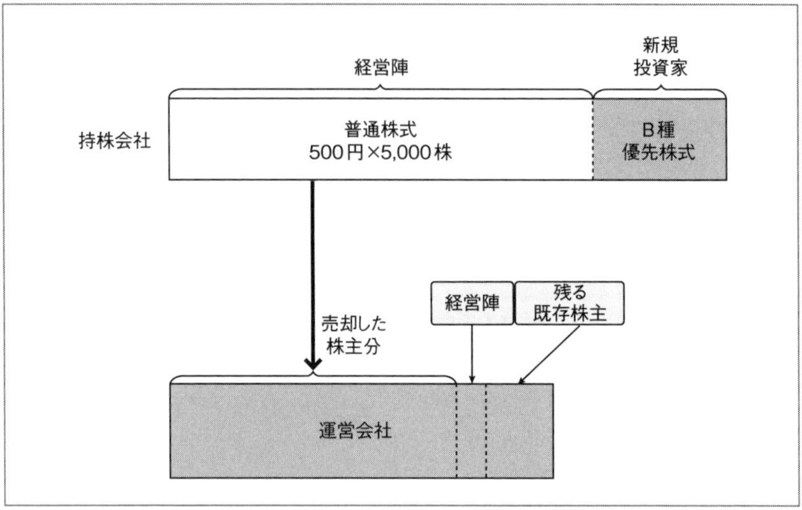

た、既存株主の中に今後もシナジーがある事業会社がいるので、その株主には、そのまま持っておいていただくようにお願いする、といった場合も考えられるでしょう。

　繰り返しになりますが、持株会社は単なるペーパーカンパニーで、この事業の実態は運営会社にそのほとんどすべてがあります。

　そして、持株会社は経営陣が出資した250万円と投資家が出資した1億円の合計、1億250万円のキャッシュを持っていますが、そのうちから1,200万円を支払って、運営会社の株式の60％を購入できたとします。

　250万円しか出資をされていないペーパーカンパニーが30％弱の株式を発行してなぜ1億円もの金額を調達できるのか、とか、実態のある会社を買収するとは言っても、2,000万円の価値しかない会社を買収して、なぜ数億円のvalueがあるということになるのか？　とか、250万円しか出資していない経営陣が、なぜ持株会社を通して運営会社の株

式の過半を支配することになるのかといったことで、何かキツネにつままれたような気持ちになる人も多いのではないかと思います（お気持ちは、ごもっともです）。

　これは、前述のように①シードやアーリー・ステージのベンチャーでは「運営会社の旧株主にとっては、運営会社の価値は2,000万円くらいにしか見えないが、投資家には数億円に見える」という視点の違いによる評価の大きな違いが発生しうるということと、②「種類の違う優先株式を使っている」という2点によって成立しています。

　以下、説明を続けます。

運営会社の合併等

　最後に持株会社と運営会社が合併して、残っていた運営会社の株主には、持株会社の株式が交付されて、運営会社は持株会社のグループ内に100％取り込まれます。
　（図表6-14は、株式交換して運営会社が100％子会社になったようにも見えますが、どちらでも基本的には同じことです。）

　一般的な合併や株式交換では、この運営会社の株主に交付されるのは、買収する側の会社の「普通株式」です。しかし、この持株会社の普通株式は、1株500円で発行されたばかりですので、その株式を仮に3,000株もらったとしても、たった150万円程度の価値しかないように見えてしまいます。運営会社に残ってくれた既存株主が、たとえば数千万円といった金額を出資してくれた会社だったとしたら、「新しい会社の普通株式250万円分を差し上げます」というのでは、そもそもこのMBOの交渉がまとまりそうもありません。
　そこでたとえば、運営会社の既存株主には優先株式（「A種優先株式」）を交付することにします（はい、ここで抜けていた「A種」が登場しま

図表6-14 運営会社の合併等

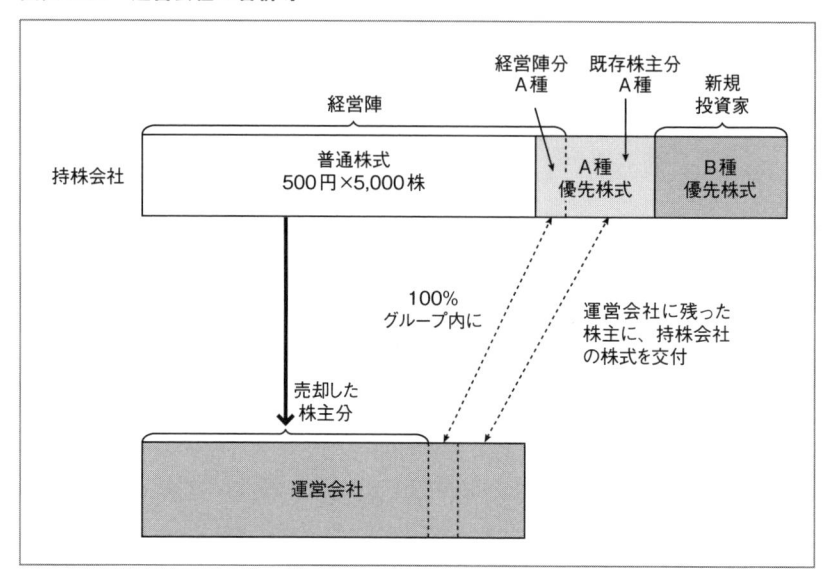

した)。

　このA種優先株式の条件は交渉で決まってくることになりますが、たとえば、既存株主に交付される株式の残余財産の優先分配権[*17]が既存株主が過去に投資した金額(複数の株主がいる場合には、なるべくその一番高い金額)に一致するようにするのがいいのではないかと思います。[*18]

[*17] 残余財産分配権については第3章参照。
[*18] もちろん、残余財産の優先分配権が1万円ついていれば、その株式に1万円の価値がある、ということにはなりませんが、ただでさえ、株価の考え方や合併比率などの説明はややこしいので、既存株主に提案や説得をする際に、出資した株価と残余財産分配権の額を一致させておくのは、わかりやすくていいのではないかと思います。

合併比率等は「1.0」に決めてしまう

　以上ご覧のとおり、MBOというのは、ただでさえややこしい話なので、株主を説得するために、話を少しでもシンプルにしておく必要があります。

　合併比率（運営会社の旧株主の保有する1株に対して交付される持株会社の株式の数）も「1」が一番わかりやすくていいのではないかと思います。つまり、運営会社の普通株式350株を持っていた株主には、持株会社のA種優先株式350株、500株持っていた株主には500株が交付されるということです。

　もし、合併比率が「0.73」などと、合併等で既存株主の保有する株式数が減ってしまったりすると、「経営陣だけ株数が増えて、我々の株数が減るのはけしからん」と、あらぬところで既存株主の感情を損ねたりする可能性もあります。

　このため、「合併比率1」（運営会社の普通株式1株に対して、持株会社のA種優先株式1株）とか、「合併比率10」（運営会社の普通株式1株に対して、持株会社のA種優先株式10株）といった、わかりやすく、株式数が以前と同じか増加する合併比率になるようにするのがいいのではないかと思います。

　ここで、少し合併等について知見のある方なら「おいおい、合併比率が先にありきというのはマズいだろ。合併比率は合併する両社の企業価値や株価で決められるべきものなんじゃないのか？」という疑問がわくかもしれません（これもごもっともです）。

　確かに、今までの日本での一般的な合併は、合併する両社で発行されるのが「普通株式」だけでしたので、合併比率は両者の企業価値と発行している株式数だけで決まります。しかし、会社が複数の種類の株式を

発行する場合、交付される株式の内容を調整することで、合併比率（旧株1株に対して新株何株が割り当てられるか？）は、ある程度自由に設計できるのです。ここがこのスキームのミソの1つです。

もう1つのミソは、持株会社の普通株式の数を株式分割で調整して「下ごしらえ」をしておくことです。

前掲の説明では、シンプルにするために設立時に普通株式5,000株そのままという仮定にしてありましたが、実際にはこの株式数を株式分割で調整すればいいのです。

持株会社を、たとえば普通株式4,000株で設立していたとしたら*19、

図表6-15　M&A時のexit金額と株主別の取り分（再掲）

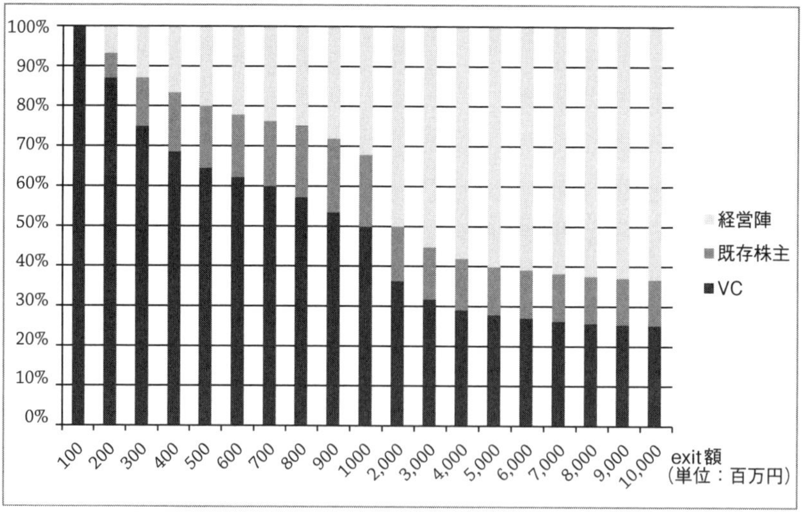
100%
90%
80%
70%
60%
50%
40%
30%
20%
10%
0%
100
200
300
400
500
600
700
800
900
1000
2,000
3,000
4,000
5,000
6,000
7,000
8,000
9,000
10,000
exit額
（単位：百万円）
経営陣
既存株主
VC

＊19　前述のとおり、就業規則上難しい場合などもありますが、できれば持株会社は既存株主等との交渉の開始と前後して設立するのがいいかもしれません（「まだ存在しない会社が株式を買い取ります」というのは話がわかりづらいと思います）。

交渉の落としどころが見えてきた段階で、合併比率を1にするために、普通株式のほうを1.25分割して5,000株にすればいいのです。

　合併比率で旧株主を煙に巻こうということではなくて、ややこしいことは経営陣が保有する普通株式のほうの調整で行うという「コミュニケーション上の工夫」です。

　交渉の本質は、表面的な「合併比率」ではなく、前章にも掲載した、「将来、成長してIPOやM&Aが行われた際に、いくらのexitの場合には、誰がどのくらいの分け前を受け取れるのか」という部分です（図表6-15）。ここをよくご理解いただくことが、交渉で相手の理解を得るうえでも重要になってくると思います。

税務上の問題

合併比率の決定

　たとえば、残余財産分配権がB種優先株式はA種優先株式と普通株式に先んじて5万円、A種優先株式は普通株式に先んじて5,000円と決めれば、価値の順番は、

　普通株式＜A種優先株式＜B種優先株式

　になるということは、誰の目にも明らかです。

　ただし、こうした複雑な条件がついた複数の種類株式が存在する場合、どういう根拠で株価や合併比率が決まったのかをガチで算定しようとすると、理論的にかなり困難が伴います。

　しかし、もちろん上場企業のように一般の少数株主がたくさんいる場合には、誰からも文句が出ないようにするためには、第三者によって理論的に算定された合併比率等の算定書は欠かせませんが、前章の乙種普

通株式と同様、シードやアーリー・ステージのベンチャーで、数人しかいない全株主が株主総会でその合併比率にOKするのであれば、(そして、株主間で資産を実質的に移転してしまおうといった裏の意図も存在しないのであれば) それは合理的な価格のはずであり、税務当局の第三者等が、それに異論を唱える必要はないのではないかと思います。

(「だから税務リスクがない」とはまったく言えませんので、本書の他の部分同様、実行にあたっては税務の専門家等にご相談ください。)

普通株式への転換等のリスクがない

乙種普通株式を使ったスキームでは、乙種普通株式が新たに発行する株式であり、上場時に普通株式に転換されるため、その株価をいくらにするかという問題や上場時の転換の際の税務リスクの問題がゼロではありませんでした。

これに対してこのMBO的なスキームでは、普通株式は(持株会社が存続会社になれば)一番最初から発行されている株式になり、上場のときにも転換されずにそのままなので、税務的なリスクもその分低いことになります。

つまりこのスキームは、合併などを行う分、乙種普通株式を使ったスキームより複雑に見えますが、一方で経営陣が持つ普通株式の安定性は(少し)高いといえるかもしれません。

本章のまとめ

以上、持株会社を使ったMBO的なスキームで、資本構成を是正する方法を提示しました。

前章の「乙種普通株式」のスキームと見比べていただくと、持株会社

との合併や株式交換といった、より重装備な方法を用いてはいますが、やろうとしていることは基本的に同じだということがおわかりいただけたかと思います。ただし、合併や株式交換などは、弁護士や税理士等と特に綿密な相談をしながら進めるべきスキームですので、ひな型は用意してありません。図も多用していますので、基本的な考え方をご理解いただいて、実行を検討する場合には、弁護士や税理士などの専門家にご相談いただければと思います。

私は、急成長を志向するイケてるアーリー・ステージ前後のベンチャーの場合には、「**実際に最も努力をする人（経営陣）がリーダーシップを取りやすく、経済的にも報われるような資本構成にすることが、企業を大きく成長させることにつながり、結果として利害関係者全員が最もハッピーになりうる**」と考えております。そして、前章と本章で申し上げたかったことは、「**一度薄まってしまった株式の持分を引き上げるのは基本的にはかなり困難だが、あきらめなければチャンスはあるかもしれませんよ！**」ということです。

実際、以上で紹介してきたスキームは、過去に私が提案して交渉が行われ、実施に成功したいくつかのケースを元にしています。大きな志を持っているが、「現状の体制では動きづらくて成長が期待できない」と考えている人は、ぜひその志に賛同する投資家や専門家を見つけて、新しい体制への変革にチャレンジしていただければと思います。

第7章
議決権の異なる株式を用いる「dual class」

VENTURE EQUITY FINANCE
STOCKS AND CONTRACTS
FOR ECONOMIC REVOLUTION

　本章では近年、米国の大手ネット系企業で用いられている、議決権が異なる2つの株式を用いる資本政策「dual class」方式について考えます。
　第5章（乙種普通株式）、第6章（MBO）等の方法は、議決権だけでなく経済的持分も是正する方法であるのに対し、このdual class方式は経済的持分はいじらずに、上場後の経営陣のリーダーシップを安定に保つために議決権だけを増やすものなので、企業価値が一定以上に大きくなってしまったあとや、上場が目前となってきている状況でも既存株主の同意が得やすい方法だと考えられます。

米国のdual classの活用例

　米国でdual classと呼ばれる資本政策は、たとえばClass A普通株式（Class A common stock）とClass B普通株式（Class B common stock）という2種類の普通株式を発行するものです。通常、Class A普通株式は1株1議決権で、Class B普通株式には10倍の1株10議決権といった議決権を割り当て、経営陣などの上場前からの株主がClass B普通株式を保有し、Class A普通株式を上場して一般株主に売り出すことで、経営陣が全議決権の過半数を超える絶対的な多数を確保して、買収などを心配することなく経営に専念できるようにします。

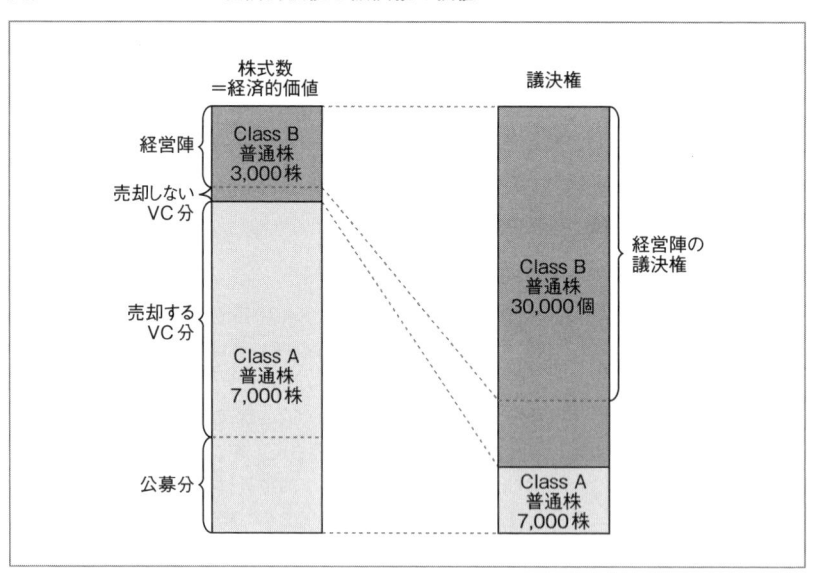

図表7-1　dual classの経済的価値と議決権の価値

　これを図解すると図表7-1のようになります。一般に1株あたりの

経済的価値は、Class A普通株式もClass B普通株式も基本的に同じに設計されていますので、経済的持分の比は、図の左のようになりますが、議決権が10倍違うと、両クラスの議決権のパワーは、図の右のように、Class B普通株式のほうが、圧倒的に強くなります。

米国では、GoogleやFacebookといったテック系のベンチャーが採用する以前から、New York Times社、Washington Post社、Dow Jones社（Wall Street Journal）といったメディア系の企業や、ウォーレン・バフェットが会長兼CEOを勤めるBerkshire Hathawayなどで採用されています。また、カナダではフォーシーズンズ・ホテルなど、上場企業の2割以上がこの「dual class」方式を採用しています。

Googleによるdual classの採用

ベンチャーの世界では、Googleが2004年に上場した際に採用したことで、dual classが一躍有名になりました。

このときには、世界中で「Googleの2人の創業者の専制的な支配をすることになり、Googleがよからぬ方向に進むのではないか」といった懸念も表明されました。Googleは、上場時の目論見書（S-1）に創業者2人の連名で「Letter from the Founders "an Owner's Manual" for Google's Shareholders」（「Google株式オーナー・マニュアル」）というレターを付け、この中で、

- dual classを採用して創業者2名が絶対的な議決権を保有しているので、Google株式に投資をするということは、非常に長期の創業者2名へ「賭ける」ことになること
- Googleが主戦場とするメディアやテクノロジーの業界は、統合や敵対的買収の歴史を経験してきており、株式を公開するにあたって、第三者がGoogleに影響力を及ぼしたり買収したりすることを

困難にする必要があること
- New York Times、Washington Post、Dow Jones や Berkshire Hathaway なども採用している資本政策であること
- 学術的な調査でも、dual class が株価に悪影響を及ぼすとは認められていないこと
- 世界的にも超大物な人物を社外取締役として取締役会メンバーに招聘してコーポレート・ガバナンスを強化しているので、創業者2人が好き勝手なことをするというわけではないこと

などを丁寧に説明しました。

図表7-2　Google の上場直前の株主構成

	Shares Beneficially Owned Prior Offering						Shares Beneficially Owned After Offering				
	Class A Common Stock		Class B Common Stock		% Total Voting Power(1)	Shares Being Offered	Class A Common Stock		Class B Common Stock		% Total Voting Power
Name of Benefial Owner	Shares	%	Shares	%			Shares	%	Shares	%	
Officers and Directors											
Eric Schmidt	0	*	14,758,600	6.1	6.1	368,965	0	*	14,389,635	6.1	6.0
Sergey Brin	0	*	38,489,048	15.9	15.8	481,113	0	*	38,007,935	16.0	15.8
Larry Page	0	*	38,593,200	16.0	15.9	482,415	0	*	38,110,785	16.0	15.8
Omid Kordestani	0	*	4,810,520	2.0	2.0	240,526	0	*	4,569,994	1.9	1.9
Wayne Rosing	0	*	1,468,000	*	*	70,149	0	*	1,397,851	*	*
L. John Doerr	0	*	21,043,711	8.7	8.7	0	0	*	21,043,711	8.9	8.7
John Hennessy	0	*	65,000	*	*	0	0	*	65,000	*	*
Arthur Levinson	0	*	65,000	*	*	0	0	*	65,000	*	*
Michael Moritz	0	*	23,893,800	9.9	9.8	0	0	*	23,893,800	10.1	9.9
Paul Otellini	0	*	65,000	*	*	0	0	*	65,000	*	*
K. Ram Shriram	0	*	5,324,660	2.2	2.2	266,233	0	*	5,028,427	2.1	2.1
All executive officers and directors as a group(15 persons)	157,000	1.0	151,281,553	62.0	61.7	2,044,651	157,000	*	149,236,902	62.3	61.4
5% Security Holders											
Entities affiliated with Kleiner Perkins Caufield	0	*	21,043,711	8.7	8.7	0	0	*	21,043,711	8.9	8.7
Entities affiliated with Sequoia Capital	*23,893,800		9.9	9.8	0	0	*23,893,800		10.1	9.9	
Gilad Elbez	1,046,834	7.0	0	*	*	0	1,046,834	3.1	0	*	*
Yahoo! Inc.	2,700,000	17.9	5,498,884	2.3	2.4	1,610,758	1,639,130	4.9	4,948,996	2.1	2.1

出所：Google の上場申請資料（S-1）

その後、LinkedIn、Groupon、Zynga、Yelp、Facebook といった大型ネット系企業の上場でも、この dual class が用いられました（特にZynga は、dual class〈2種類〉ではなく、1株で1個、7個、70個の議決権を持つ3種類の普通株式を使う「three class structure」を採

用しました)。

Googleの取締役

　このように、創業者に絶対的な権力を持たせる場合には、その絶対者が暴走しないようなコーポレート・ガバナンスの仕組みが併せて導入されることが求められることになります。Googleの上場時の取締役（ボードメンバー）は9名で、経営陣からはEric Schmidt、Sergey Brin、Larry Pageの3名が取締役となり、社外取締役として以下の6名が名を連ねていました。[*1]

　　　L. John Doerr：ベンチャーキャピタルKleiner Perkins Caufield & ByersのGeneral Partnerで、Amazon.com、drugstore.com、Homestore.com、Intuit、palmOne、Sun Microsystemsなどのdirectorを兼任。
　　　John L. Hennessy：Stanford大学President、Cisco Systemsの取締役経験者。
　　　Arthur D. Levinson：Genentechの会長兼CEO、Apple Computerのdirector等経験者。
　　　Michael Moritz：ベンチャーキャピタルSequoia CapitalのGeneral Partner。
　　　Paul S. Otellini：IntelのPresident and COO。
　　　K. Ram Shriram：Netscapeの初期経営メンバー、（Amazon.comに買収された）JungleeのCEO、Amazon.comのVice President of Business Developmentなどを歴任。

[*1] 出所：Googleの上場申請資料（S-1）

もちろん、最も大事なのは個々の取締役がどの程度真剣にGoogleおよびその株主のことを考えて行動してくれるかどうかという「精神面」であって、メンバーのブランドはそれを形式的に支えるものでしかありませんが、上記のメンバーは少なくとも形式的には世界でも最もスゴい経歴と言っていい方々です。

　米国では、上場直前までは株式の種別（経営陣が保有する普通株式や、ベンチャーキャピタルが投資するSeries A、Series B……などの株式）ごとに取締役選任権が定まっているのが一般的ですので、このように、社内の取締役より社外取締役が多い取締役会の構成になるのが普通です。

　通常、上場時にはSeries A、Series Bといった優先株式は普通株式に転換されますので、この権利は消失しますが、設立のときから社外取締役には慣れているので、上場後の取締役会も自然に社外取締役が過半の構成になることが多いです。結局、経営者を直接「ガバナンス」するのは取締役会なので、そのメンバーがちゃんとした監督をする人たちであれば、議決権がどうであろうと、会社としての妥当性や透明性は保たれると考えられます。

経営者に「代わり」はいるのか？

　日本では、大企業の社長になる人は「生え抜き」の人がほとんどで、外部から社長がくるといったことは、経営再建など、よほどのことがないと起こらないのが普通ですが、米国では創業者より優秀な経営者候補がいれば、その人が経営者に付くのが一般的かと思います。

　しかしこれはあくまで「企業価値をより高められる人が外部にいれば」の話であって、創業者がそのまま経営をしたほうが企業価値が上がるなら、わざわざ経営陣からはずす必要はありません。特にGoogleのように高度な知識や技術を必要とするテック系の企業では、創業者より

07 > 議決権の異なる株式を用いる「dual class」

ビジネスを理解できる人を外部から連れてくるのは難しいケースが多いと思います。

対買収戦略をとることは「悪」か?

　上場というのは、誰でも自由に会社の株式を売買できるようになることですので、既存の株主の大半が株式を売る気があり、十分な資金を持っている人がいれば、その人はその上場企業を丸ごと買うことができることになります。株主としては、会社が非常に高い価値で買収されるなら、それに越したことはないので、そうした観点からは、買収防衛策を採用しないほうが株主のためになるという考え方もできます。

　しかし、Googleの例に戻りますと、Googleが上場時にライバルとしていたMicrosoftやYahoo!といった巨大企業は、Googleが上場すると、Googleと製品やサービスで戦うという手の他にGoogleを買収するという手段が使えることになります。少なくとも当時のMicrosoftやYahoo!は、ネットワーク外部性[*2]などが強く働くビジネスモデルを採用しており、経済学的には、単純で競争的な市場メカニズムに服している相手とは必ずしも言えなかったと思います。そうした相手に対して、Googleが「丸腰」で戦う必要は必ずしもないという考え方もできると思います。

　Google社では、上場後、超大型のMotorola社の買収や、dual classに加えて第3の無議決権株「Class C普通株式」を導入するなど、株主に多大な影響を与えかねない意思決定をたくさんしてきましたが、開示されている詳細な検討過程を見ると、取締役会によるガバナンスはかな

[*2] 利用者が増えれば増えるほど、利用者にメリットが発生すること。たとえば、電話やインターネット、SNSなどは、他の利用者がゼロだと役に立ちませんが、ほとんど全員が使っていれば、使うメリットが大きく増大します。

りきちっと機能しているのではないかと思われますし、実際、上場後10年間のGoogleの活動を見れば、株価も右肩上がりで伸びています。結果として創業者が議決権を持って強いリーダーシップを持っていることがプラスに働いたことはあっても、マイナスになったという感じはあまりしません。

日本版 dual class のスキーム

このdual class方式は、日本でも採用できるでしょうか？

以下、この「dual class」の資本政策を日本で初めて採用した、「CYBERDYNE株式会社」（サイバーダイン）[*3]の事例をもとに、日本版のdual classについて勉強させてもらいましょう。

「単元株」による議決権の設計

GoogleやFacebookが採用している米国のdual classは、Class A普通株式が1株1議決権なのに対してClass B普通株式が1株10議決権というように、1株の議決権を変えていました。ところが、**日本の会社法では、1株に複数の議決権を持たせることはできません。**

このため日本では「単元株」によって議決権に差を付けることになります。単元株とは会社法上の概念で、一定の数の株式をもって株主総会

---

*3　CYBERDYNE社は、障害者の歩行支援などを行うロボットスーツ「HAL」を開発する筑波大発のベンチャーです。2014年2月19日に東証が上場を承認しました。なぜこのdual class方式を採用したかについては、「なお、当該技術は、人の殺傷や兵器利用を目的とした軍事産業への転用など、平和的な目的以外の目的で利用される可能性があります」と、同社技術の軍事転用を防止するためという理由で説明されています。

や種類株主総会で1個の議決権を行使できることを定款で定めるものです（会社法第188条）。

現在、日本で上場する企業は、100株を1単元にそろえることが基本になっていますが、CYBERDYNE社では、**上場される「普通株式」は100株を1単元**とし、この普通株式と1株あたりの経済的価値は同じで、**1単元が10株である「B種類株式」**という株式を経営者等が保有することにしています。

具体的には、以下のように定款で単元株式数を変えています。

（単元株式数）
第7条　普通株式の単元株式数は100株とし、B種類株式の単元株式数は10株とする。

（議決権）
第14条　普通株式を有する株主（以下「普通株主」という。）およびB種類株式を有する株主（以下「B種類株主」という。）は、全ての事項について株主総会において議決権を行使することができる。

すなわち、上場される「普通株式」は100株で1議決権なのに、B種類株式は10株で1議決権となります。後述のように、1株の経済的価値は普通株式もB種類株式も同じですので、B種類株式は普通株式の10倍の議決権を持つことになるわけです。

普通株式とB種類株式の経済的価値は同じ

次に、普通株式とB種類株式の経済的な性質の違いについての定款の定めです。

（剰余金の配当および残余財産の分配）
第13条　普通株式およびB種類株式にかかる剰余金の配当および残余財産の分配は、同順位かつ同額で行われる。

（株式の分割、株式の併合等）
第19条　当会社は、株式の分割または株式の併合をするときは、普通株式およびB種類株式ごとに、同時に同一の割合でする。

　2．当会社は、当会社の株主に募集株式の割当てを受ける権利を与えるときは、普通株主には普通株式の割当てを受ける権利を、B種類株主にはB種類株式の割当てを受ける権利を、それぞれ同時に同一の割合で与える。

　3．当会社は、当会社の株主に募集新株予約権の割当てを受ける権利を与えるときは、普通株主には普通株式を目的とする新株予約権の割当てを受ける権利を、B種類株主にはB種類株式を目的とする新株予約権の割当てを受ける権利を、それぞれ同時に同一の割合で与える。

　4．当会社は、株式無償割当てをするときは、普通株主には普通株式の株式無償割当てを、B種類株主にはB種類株式の株式無償割当てを、それぞれ同時に同一の割合でする。

　5．当会社は、新株予約権無償割当てをするときは、普通株主には普通株式を目的とする新株予約権の新株予約権無償割当てを、B種類株主にはB種類株式を目的とする新株予約権の新株予約権無償割当てを、それぞれ同時に同一の割合でする。

　6．当会社は、株式移転をするとき（他の株式会社と共同して株式移転をする場合を除く。）は、普通株主には普通株式に代えて株式移転設立完全親会社の発行する普通株式と同種の株式を、B種類株主にはB種類株式に代えて株式移転設立完全

> 親会社の発行するB種類株式と同種の株式を、それぞれ同一の割合で交付する。
> 7. 当会社は、単元株式数について定款の変更をするときは、普通株式およびB種類株式のそれぞれの単元株式数について同時に同一の割合でする。

　上記のように、議決権以外の1株あたりの株式の経済的価値は、普通株式もB種類株式も基本的にまったく同じになるように設計してあります。

種類株主総会をなるべくしない工夫

> （普通株式にかかる種類株主総会の決議を要しない旨の定め）
> 第15条　当会社が、会社法第322条第1項各号に掲げる行為をする場合には、法令または定款に別段の定めがある場合を除き、普通株主を構成員とする種類株主総会の決議を要しない。

　定款第15条の「会社法第322条第1項各号に掲げる行為」とは、株式の発行や、合併、株式交換などのことです。会社法上の原則は、合併や株式交換など、会社法322条第1項に掲げられている行為で、ある種類の株式の種類株主に損害を及ぼすおそれがあるときは、当該行為は、当該種類の株式の種類株主を構成員とする種類株主総会の決議がなければ、その効力を生じないことが原則となっています。しかし、会社法322条第2項と第3項で、発行する株式の種類や内容を変更する場合以外は、この決議を要しないようにもできると定められているので、CYBERDYNE社はそうしているわけです。

B種類株式の譲渡制限

また、上場後に自由に取引される必要のある普通株式にはもちろん譲渡制限は付けられませんが、定款第16条でB種類株式には譲渡制限（譲渡には取締役会の承認が必要）を付けています。

> （B種類株式にかかる譲渡制限）
> 第16条　B種類株式を譲渡により取得するには、取締役会の承認を要する。ただし、譲受人がB種類株主である場合においては、取締役会が会社法第136条または第137条第1項の承認をしたものとみなす。

後段の「取締役会が会社法第136条または第137条第1項の承認をしたものとみなす」は、B種類株式の株主間での譲渡は自由という意味です。[*4]

B種類株式から普通株式への転換は自由

そしてB種類株式は、いつでも普通株式に転換できます。

> （B種類株式にかかる取得請求権）
> 第17条　B種類株主は、いつでも、当会社に対して、その有するB種類株式の全部または一部を取得することを請求するこ

[*4] ちなみに、B種類株式に譲渡制限が付いていても、一部でも譲渡制限がはずれている会社は会社法上の「公開会社」にあたります（会社法2条5号「その発行する全部又は一部の株式の内容として譲渡による当該株式の取得について株式会社の承認を要する旨の定款の定めを設けていない株式会社をいう。」）。

> とができるものとし、当会社はB種類株主が取得の請求をしたB種類株式を取得するのと引換えに、当該B種類株主に対して、B種類株式1株につき普通株式1株を交付するものとする。

　B種類株式のほうが、議決権が10倍付いていて権利が強いので、B種類株式を普通株式に転換したいということにはならなさそうに思えるかもしれませんが、譲渡制限がなく、取引所に上場されているのは普通株式だけですし、後述のとおり、第三者にB種類株式が譲渡された場合にはいずれにせよ普通株式に強制的に転換されることになるので、B種類株式を売却したい場合には、譲渡制限のない普通株式に転換する必要があるわけです。

　（もちろん、普通株式からB種類株式への転換は、その規定がないので、できません。）

「ブレークスルー条項」「サンセット条項」

　また定款では、会社側から強制的にB種類株式を普通株式に転換する、「ブレークスルー条項」や「サンセット条項」について定めています。「ブレークスルー条項」「サンセット条項」とは、平成19年（2007年）12月に公表された経済産業省の企業価値研究会の提言の「非効率な支配権移転の防止」の項よると、以下のとおりです（以下の「スキーム」とはdual classなどを含む買収防衛策などのことです）。

> **サンセット条項**：一定期間経過後に株主総会の特別決議等（当該決議に際しては一株一議決権で議決）でスキームの解消について可決されたり、予め定めた一定の条件が成就したりした場合に、スキームが解消されるなどの仕組み。

ブレークスルー条項：買収者が一定数の株式数を取得した等の場合には、自動的にスキームが解消される仕組み。

CYBERDYNE社の定款では、これらは以下のとおり定められています。

（B種類株式にかかる取得条項）
第18条　当会社は、次の各号のいずれかに該当する場合、当該各号に定める日（取締役会がそれ以前の日を定めたときはその日）の到来をもって、その日に当会社が発行するB種類株式の全部（当会社が有するB種類株式を除く。）を取得し、B種類株式1株を取得するのと引換えに、B種類株主に対して、普通株式1株を交付する。
① 当会社が消滅会社となる合併、完全子会社となる株式交換または株式移転（他の株式会社と共同して株式移転をする場合に限る。）にかかる議案が全ての当事会社の株主総会（株主総会の決議を要しない場合は取締役会）で承認された場合　当該合併、株式交換または株式移転の効力発生日の前日
② 当会社が発行する株式につき公開買付けが実施された結果、公開買付者の所有する当会社の株式の数が当会社の発行済株式（当会社が有する株式を除く。）の総数に対して占める割合が4分の3以上となった場合　当該公開買付けにかかる公開買付報告書が提出された日から90日目の日なお、本号において「所有」、「公開買付者」または「公開買付報告書」とは金融商品取引法第2章の2第1節に定める所有、公開買付者または公開買付報告書を、「公開買付け」とは金融商品取引法第27条の3第1項に定める公開買付けをいう。

③ 株主意思確認手続において、確認手続基準日に議決権を行使することができる株主の議決権（但し、第7条にかかわらず、普通株式及びB種類株式のいずれの単元株式数も100株であるとみなして、議決権の数を計算する。以下、本号において同じ。）の3分の1以上を有する株主の意思が確認でき、意思を確認した当該株主の議決権の3分の2以上に当たる多数が、当会社が本号に基づき当会社が発行するB種類株式の全部（当会社が有するB種類株式を除く。）を取得し、B種類株式1株を取得するのと引換えに、B種類株主に対して、普通株式1株を交付することに賛成した場合　当該株主意思確認手続の日から90日目の日　なお、本号において「株主意思確認手続」とは、(1)○○○○［注：上場時の代表取締役］が当会社の取締役を退任した場合（但し、重任その他退任と同時若しくは直後に選任される場合を除く。）に、当該退任の日（当該退任と同日を含む。）から1年以内に終了する事業年度のうち最終のものに関する定時株主総会の終結の時までに、並びに、(2)直前の株主意思確認手続の日の後5年以内に終了する事業年度のうち最終のものの終了後3か月以内に、それぞれ取締役会の決議により定める方法により確認手続基準日に議決権を行使することができる全ての株主の意思を確認するために行われる手続をいう。また、本号において「確認手続基準日」とは、株主意思確認手続のための基準日として取締役会の決議により定める日をいう。

2．当会社は、B種類株主に関して次の各号のいずれかに該当する事由が発生した場合、会社法第170条第1項に定める日に、当該

各号に定めるB種類株式を取得し、当該B種類株式1株を取得するのと引換えに、当該B種類株主に対して、普通株式1株を交付する。

① B種類株主以外の者がB種類株式を取得することまたは取得したことについて、会社法第136条または第137条に定める承認の請求がなされた場合 当該承認の請求がなされたB種類株式
② B種類株主が死亡した日から90日が経過した場合 当該B種類株主が有していたB種類株式の全部（ただし、他のB種類株主に相続または遺贈されたB種類株式および当該90日以内に他のB種類株主に譲渡されたB種類株式を除く。）

以上のように、CYBERDYNE社が消滅会社となる合併等（第1項第①号）、TOB（第1項第②号）、社長が辞めた場合や5年ごとの「株主意思確認手続」によるもの（第1項第③号）、B種類株式がB種類株主以外の者によって取得された場合（第2項第①号）、相続が発生した場合（第2項第②号）に、強制的にB種類株式を普通株式に転換することにしています。

CYBERDYNE社が提出した有価証券届出書の「事業等のリスク」にも、これらの条項についての説明があります。

(ⅳ) ブレークスルー条項
当社は、極めて小さい出資割合で会社を支配するような状況が生じた場合には本スキームの解消が可能となるようにするため、当社の発行する株式につき公開買付けが実施された結果、公開買付者の所有する当社の株式の数が当社の発行済株式（自己株式を除きます。）

の総数に対して占める割合が4分の3以上となった場合には、B種類株式の全部を普通株式に転換する旨のブレークスルー条項（注）を定款に定めております。

(注)「ブレークスルー条項」とは、発行済株式総数のうち一定割合の株式を取得した者が現れた場合にスキームを解消させる条項をいいます。

(v) サンセット条項

B種類株式は、上記(ⅲ)のとおり、Aは、本スキームの継続性を確保するため、その時点で有するB種類株式の一部を本財団法人へ無償で譲渡し、本財団法人はB種類株式を継続して保有する予定であり、本スキームは、当社グループの先端的なロボット技術の開発を行ったAが当社の取締役を退任し、又は死亡した後も継続することが予定されています。しかし、Aが取締役を退任した後も本財団法人がB種類株主として当社議決権を行使することが、普通株主を含む当社株主の意思と合致しない可能性があるため、Aが取締役を退任（但し、重任その他退任と同時若しくは直後に選任される場合を除く。）した場合は、当該退任の日（当該退任と同日を含む。）から1年以内に終了する事業年度のうち最終のものに関する定時株主総会の終結の時までに、また直前の株主意思確認手続の日の後5年以内に終了する事業年度のうち最終のものの終了後3か月以内に普通株式及びB種類株主全体の意思を確認するための株主意思確認手続を実施することとしております。具体的には、B種類株式の単元株式数を100株とみなして計算される普通株主及びB種類株主の議決権の3分の1以上を有する株主の意思が確認でき、意思を確認した当該株主の議決権の3分の2以上に当たる多数が賛成した場合には、B種類株式の全部を普通株式に転換する旨のサンセット条項（注）を定款に定めております。

> (注)「サンセット条項」とは、議決権種類株式導入の目的が終了した場合又はこれらの事由が生じたとみなすことのできる場合に、スキームを解消させる条項をいいます。
>
> (vi) 普通株主を構成員とする種類株主総会の排除
> 当社は、会社法第322条第1項各号に掲げる行為をする場合には、法令又は定款に別段の定めがある場合を除き、普通株主を構成員とする種類株主総会の決議を要しない旨を定款に定めております。
> 但し、種類株主総会を排除しても普通株主が不当に害されないようにするため、会社法第322条第1項各号に掲げる行為のうち、①株式の併合、株式の分割、株式無償割当て、新株予約権無償割当て、株式及び新株予約権の株主割当、株式移転（他の株式会社と共同して株式移転をする場合を除きます。）並びに単元株式数の変更については、同時に同一の割合で（株式移転については同一の割合で）行う旨を定款に定めており、また、②当社が消滅会社となる合併、完全子会社となる株式交換又は株式移転（他の株式会社と共同して株式移転をする場合に限ります。）にかかる議案が全ての当事会社の株主総会（株主総会の決議を要しない場合は取締役会）で承認された場合には、B種類株式の全部を普通株式に転換する旨の取得条項を定款に定めております。

　また、CYBERDYNE社の上場承認がおりる直前の2014年2月5日に東京証券取引所から「IPOの活性化等に向けた上場制度の見直しについて」というリリースが出ており、その「2．議決権種類株式に係る上場審査の観点の明確化」という項目で、以下が挙げられています。

> ● 議決権種類株式の利用の必要性及び当該必要性に照らしたスキームの相当性について、上場審査において株主共同の利益の観点か

> ら確認することを明確化します。
> - 既存の審査項目のうち、①極めて小さい出資割合で会社を支配する状況が生じた場合のスキーム解消条項（サンセット条項又はブレークスルー条項）及び②譲渡等が行われるときの転換条項については、今後は相当性に関する審査項目としてその内容を評価します。
> - 少数株主保護のための方策などその他の審査項目については現行どおりとします。

　タイトルが、「IPOの活性化等に向けた」ですので、取引所としてもCYBERDYNE社1社にしかdual classを認めないつもりではなく、「こうしたスキームを使って、今までなら上場しにくかった企業もどんどん上場してください」という意思があると考えたいです。

　ただし、仮に取引所はOKでも、実際に株式を投資家に販売するのは幹事証券会社ですので、主幹事証券が「ややこしいので、うまく投資家に説明できない」「めんどくさい」と思えばこのスキームを使っての上場はできないことになります。証券会社にやる気になってもらうためには、それなりの企業規模やオファリング（公募や売出しをする株式）の金額のサイズも必要になると思われます。[*5]

dual classへの変更手続き

　設立時から、このようなdual class方式を採用している会社はないで

[*5] 私見ですが、時価総額数十億円程度のIPOでは、面倒くさいのでやってくれない可能性が高いのではないかと思います。必ずdual classに頼れるわけではないからこそ、基本的には、上場時に経営陣が過半数を超える議決権を確保できるような資本政策を組むべきだと言えます。

しょうから、上場前のいつかの段階でdual classに変更する必要があります。

具体的には、定款を変更することによって、それまで発行されていた普通株式の全部を、まずは権利の強いB種類株式に転換（内容を変更）することになります。また、上場後に売却を希望する分などについては、株主からの依頼によりB種類株式を普通株式に転換することになります。当然、それまで発行されていた優先株式も、上場時にB種類株式に転換されることになるはずです。[*6]

第5章の「乙種普通株式」や第6章の「MBO」は、複雑な条件がついた優先株式等が登場しますし、議決権だけでなく経済的持分まで変化しますので、株主への説明も大変ですし、技術的にも会社法や税務などについて、慎重に考える必要がありました。

それに対して、このdual classについては、変わるのは議決権だけであって、株主間での経済的な利益相反や、税務上の問題なども、基本的には発生しないスキームで、その分、楽だと思います。また、上場審査についてもCYBERDYNE社が道を切り拓いてくれたわけですから、前掲の提言や公開されている定款などを参考に、弁護士、主幹事証券、取引所などと相談しながら進めれば、技術的にはクリアできるのではないかと考えます。

[*6] CYBERDYNE社では、社長と社長関連の2つの財団を除く全株主は、上場前に保有するB種類株式をすべて普通株式に転換しました。他方、米国のネット企業上場の例では、既存のベンチャーキャピタル等も上場時に売却する分以外はすべて「B種」のまま残しているケースが多いと思います。

07 > 議決権の異なる株式を用いる「dual class」

本章のまとめ

　GoogleやFacebookでは、社外取締役が過半数（社長以外ほぼ全員社外取締役）というだけでなく、超大物の社外取締役を連れてきていて、その取締役会が、議決権を大量に持つ創業者をフェアにモニタリングするという構造を作っていましたが、こうしたコーポレート・ガバナンスの形を作るのはコストも相当かかります。

　日本のCYBERDYNE社はそうしたGoogleほどのコーポレート・ガバナンス体制は採用していませんが、それでも上場は認められました。

　いずれにせよ、このCYBERDYNE社の上場は、日本のベンチャーの資本政策史において、大きな一歩だと思います。

　シードやアーリーといった段階であれば、経営陣のインセンティブを高めることで何倍にも成長する可能性があります。こうした場合には、第5章、第6章の乙種普通株式やMBO的な方法で、議決権だけでなく経営者が保有する株式の経済的価値も是正する（すなわち、上場時には普通株式一本でわかりやすい構造にできるようにしておく）ことが望ましいことも多いと思います。

　一方、すでに利益が出ていたり、企業が急成長していたりして、企業価値が相当大きくなってしまったあとでは、「乙種普通株式」や「MBO」は困難なことが多いと思います。たとえば、上場直前の企業価値が100億円で上場後は200億円になることが期待されるとしたら、企業価値は倍にしかならないので、既存株主に「持株比率を半分にさせてください」と言っても、応じてもらえるはずはないと思います。上場が見えてくるこのステージまで達すると、優先株式はほとんど普通株式と同じ価値しか持たなくなる（優先株式を発行しても、どうせすぐに普通株式に転換されてしまう）ので、税務上も持株比率を大きく変更することは困難に

なると思います。

　これに対して、このdual classによる資本政策は企業価値がいくら大きくなっても採用できるというところが特徴です（GoogleやFacebookなどは、日本円で兆円規模の企業価値になってから、dual classを採用したと考えられます）。
　このため、レイターやpre-IPOといった段階になった企業で、経営陣の持株比率が低い企業は、このdual class方式を活用するという手もお考えいただければと思います。
　ただし、前述のとおり、あまり時価総額が低い企業が採用するのは難しいかもしれませんし、経営陣の持株比率が9.1％[*7]を切るような極めて低い場合には、議決権を10倍にしても過半数を超えませんので、dual classを採用してもあまり意味がないかもしれません（TwitterやAlibabaといった会社は、経営者の持株比率が非常に低いので[*8]、実際dual classは採用していません）。

[*7] 経営陣の持株比率をxとおいて、経営陣の株式だけが10倍の議決権を持つ株式だとすると、$10x = 1 - x$（経営陣の議決権数が、その他の株式の議決権数と同数になる）を満たすxは「9.09％」となります。

[*8] Alibabaはソフトバンクや Yahoo など事業会社の大株主がいることもあると思います。

第8章
これからの日本のベンチャー投資ストラクチャー

VENTURE EQUITY FINANCE
STOCKS AND CONTRACTS
FOR ECONOMIC REVOLUTION

本章では投資を行う側のベンチャーキャピタルやアクセラレーターなどの事業体の構造について考えます。ベンチャーキャピタルを、運営する人にとってよりインセンティブがあるものにすることで、exitした元ベンチャー経営者をはじめとする優秀な人材をベンチャー生態系に呼び込むことができるでしょうし、元気がいいベンチャーキャピタルが増えれば、ベンチャーへの投資も活発化し、ベンチャーは成長のための資金をより調達しやすくなります。

株式会社がファンドを運営するのは日本だけ?

　日本のベンチャーキャピタルやプライベート・エクイティを国際的に見た場合の大きな「特徴」は、ほとんどのファンドの運営者（General Partner＝GP、ジーピー）を「株式会社」がやっているというところです。

　米国のファンドのGPは、LLC（Limited Liability Company）が行っていることが多いと思います。LLCは名前のとおり**有限責任**であり、法人格を持つ「会社」であるにもかかわらず、個人パートナーの集合体である「パートナーシップ」的要素が強く、税務上はLLC段階で法人税

図表8-1　日本の多くのベンチャーファンドとその運営者

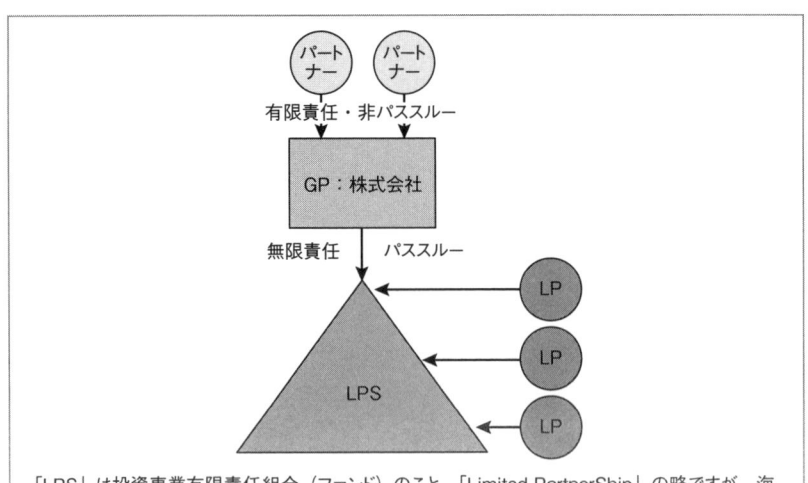

「LPS」は投資事業有限責任組合（ファンド）のこと。「Limited PartnerShip」の略ですが、海外のLimited Partnershipと区別するために「LPS」と表記するのが普通です。「LP」はLimited Partnerを意味します。

が課税されず、その構成員(パートナー)の持分に応じて、パートナー個人それぞれの所得に合算して課税される**パススルー(pass through)課税**を選択できるところが大きな特徴になっています。

つまり、日本の場合、図表8-1のようにGPが株式会社なのに対し、米国等の場合、図表8-2のようにLLCがGPになっています。

私は、ベンチャー投資を盛んにするためには、米国のように、ファンドを運営するGPが**「有限責任」で「パススルー」であるという2つの性質を持っていることが非常に重要**だと考えています。

本章では以下、この「有限責任」と「パススルー」を日本でも両立させる方法について考えていきたいと思います。

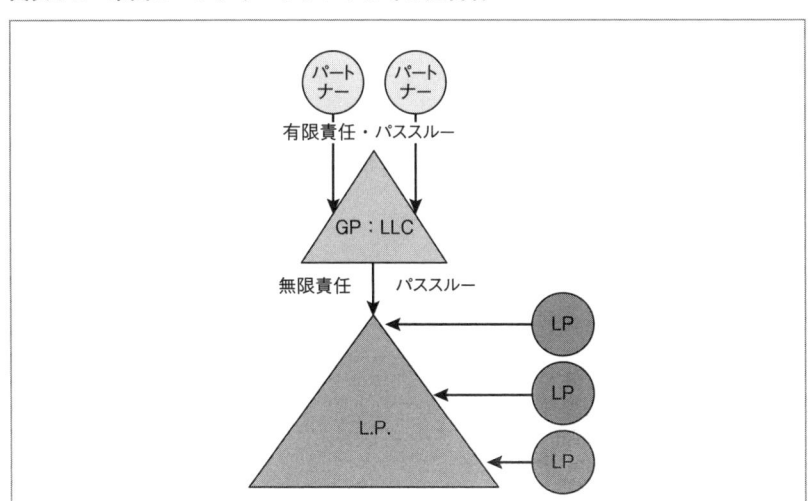

図表8-2 米国のベンチャーファンドとその運営者

「L.P.」はLimited Partnershipのこと。省略記号なしの「LP」はLimited Partnerを意味します。

ベンチャー投資はなぜ「個人」が重要なのか?

　米国でベンチャー投資等を行う主体として、なぜ「個人の集合体」であるパートナーシップやLLCといった事業体が用いられるのかについては、いろいろな理由が考えられますが、1つには、**ベンチャー投資に必要とされる意思決定に、個人のセンスや機動性、信用が重要だから**ではないかと思います。

　ベンチャー投資は、投資してから株式を売却して資金を回収するまでに通常数年の時間がかかり、非常に流動性が低いものです。また、ベンチャーファンドは新規性の高いベンチャーに投資をしますので、ファンドを組成するときに投資する対象が明確に決まっていません（1年もすればベンチャーの環境やトレンドはガラっと変わってしまっています）。過去の実績（トラックレコード）がどんなに良くても、今後の投資の結果がどうなるかは結局のところはやってみないとわかりません。組織として、ベンチャー投資のノウハウが蓄積されるということはありますが、最先端の可能性を追うことを完全にマニュアル化できるわけもないので、最終的には、そのベンチャーキャピタルで働く「個人」のセンスが求められることになります。

　このため、ベンチャーファンドというのは、つまるところ一貫した「顔の見える個人」が「あのパートナーならやってくれそうだ」という、個人の信用で資金を集め、その個人のセンスで投資をし、その個人の能力でハンズオンして企業価値を高め、資金を回収するというサイクルを回す必要性が強いのだと思います。[*1]

　また第6章で見たように、**ベンチャーのようなリスクもリターンも**

| 08 | これからの日本のベンチャー投資ストラクチャー |

大きい投資については、「確率」ではなく「期待値」で考えることが重要であり、ベンチャーキャピタルのパートナーが、ファンド（L.P.）の利害と比例するインセンティブを持つのが合理的だ、ということもあると思います。

　米国でも、1970年代までは金融機関系のベンチャーキャピタルが多かったのが、80年代に入ってから個人キャラ型のベンチャーキャピタリストが増え始めたと言われますが、日本でも同様に、現在、独立系の色彩の強いベンチャーキャピタルが急速に増えています。10年後くらいには「個人」のキャラやネットワークが、もっとベンチャー投資の中心的要素になっていっても、おかしくありません。
　そのためには、優秀な個人をベンチャー生態系に呼び込む「仕組み」が必要で、その鍵はズバリ、**有限責任制とパススルー性**だと考えます。

有限責任の重要性

　まず1つ目の要素の「有限責任制」について考えてみます。
　現在、日本で設立されるベンチャーファンドに用いられるのは、主に**投資事業有限責任組合**（LPS）という事業体[*2]で、そのファンドの業務

[*1] これはベンチャーキャピタルの側に限りません。新規性の高い領域にチャレンジする企業も、Appleならスティーブ・ジョブズ、Googleならラリーとセルゲイ、ソフトバンクなら孫正義といった「顔」が見えることで、投資家から信頼を得て資金を集め、リスクが高い領域にチャレンジしていくことができるのだと思います。

[*2] 1990年代までは、民法上の組合（GP以外も含めて組合員全員が無限責任）が用いられていました。また、日本をベースに活動するベンチャーキャピタルでも、ケイマン諸島でファンドを組成しているケースもあります。
　　組合員が少人数で全員が意思決定に参加できる場合には、LPSではなくLLP自体を投資のファンドとして使う方法もあります。フェムト・スタートアップ有限責任事業組合（LLP）はLLPの組合員3名で意思決定をしてLLP自体で投資をしています。

図表8-3　個人が直接、無限責任を負ってGPを行う方法（日本）

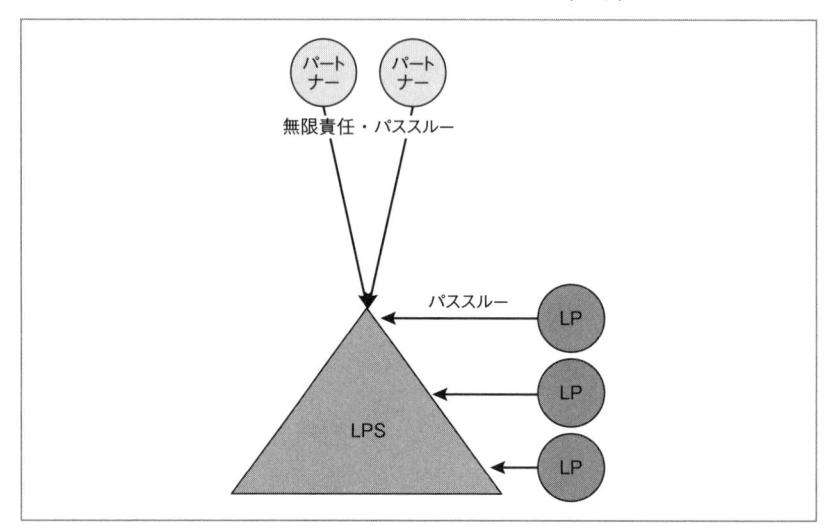

執行を行うGP（General Partner）は、**無限責任組合員**と呼ばれます。投資事業有限責任組合に出資をする有限責任組合員（LP＝Limited Partner）は、出資額までしか責任を負いませんが、無限責任組合員は、出資の額にかかわらず責任を負わなければならない無限責任です（図表8-3）。

「無限責任」。

いかにも恐ろしげな名前じゃあないですか。失敗すると、どこまでも真っ暗な深淵に落ちていく感じがします。

実際には、ベンチャーファンドが投資を行うのは、主としてそれ自体が有限責任である株式なので、借入れを行わず、ファンドが集めた資金の範囲内で投資をするだけであれば、原則として債務超過にはならないし、GPが無限のリスクを負うということもないはずです（実際、個人でLPSの無限責任組合員になっている勇者も何人かいらっしゃいま

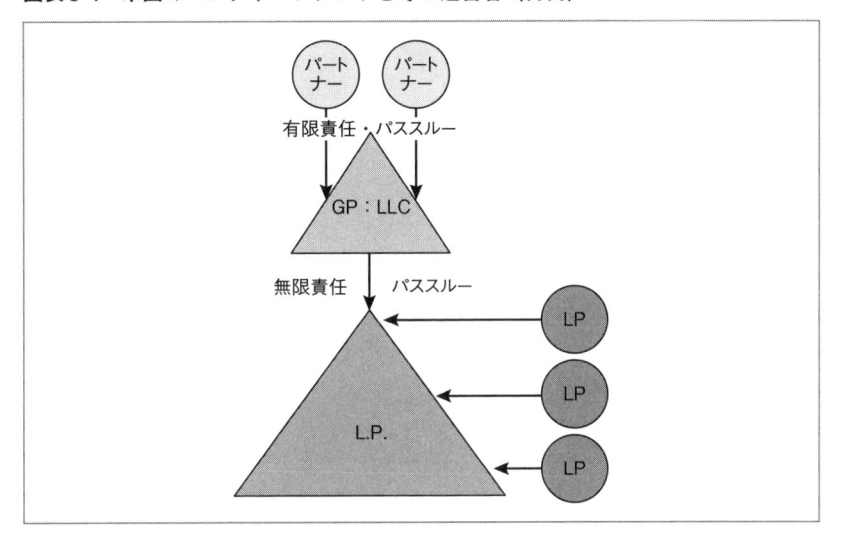

08 これからの日本のベンチャー投資ストラクチャー

図表8-4　米国のベンチャーファンドとその運営者（再掲）

す）。しかし、損害賠償義務などで、どんな債務が発生するかはわからないので、そのリスクをすべてGP個人が無限責任で負うというのは、一般には不安があるのは間違いありません。[*3]

米国のファンドで使われるL.P.（Limited Partnership）もGPは無限責任ですが、このL.P.の無限責任のリスクをプロテクトするために、図表8-4のように**LLCをGPとして**、有限責任ですむようにしています。

ベンチャー振興のためには、今後は日本でも、実際にベンチャーを成功させたことがある経営者や技術者などに、どんどんベンチャーキャピ

[*3] 「金はないが野望はある！」という人がベンチャーキャピタルを始める場合はまだいいです。しかし私は、これからの日本には、すでにベンチャーを立ち上げて成功し、ビジネスがわかっていて、ベンチャーに必要な人的ネットワークもあり、事業をexitしてそこそこの（数億円超の）資産を形成したような人がベンチャーキャピタルの側に回ることが重要だと考えております。そういう人を投資の世界に引き込むには、「まず大丈夫とは思いますが、無限責任ですのでよろしく」ではまずいと思うわけです。

タルに参画していただきたいわけですが、そうした方々は、すでにそれなりの資産も形成していることが多いため、個人で無限責任を負って、万が一の場合に今まで形成した財産をすべて失うというリスクを取ることに気が進まないはずです。

株式会社をGPにすれば有限責任にはなりますが、後述のとおり、ファンドが大成功しても取締役等はファンドの利益に比例する形でインセンティブを受け取ることが困難です。つまり、株式会社は「パススルー」ではありません。

有限責任とモラルハザード

せっかくLPS法の原則では無限責任としているGPを有限責任で保護することに違和感を感じる方もいらっしゃるかもしれません。[*4]しかし、日本の多くのベンチャーファンドのGPは有限責任の株式会社です。同じ有限責任のLLPがGPになっても、株式会社以上に問題が発生するわけもありません。

そもそも、**17世紀初頭に世界最初の株式会社である東インド会社が有限責任制を採用して以来、有限責任制度のおかげでリスクにチャレンジする人が増え、自由主義経済は現代の状態にまで発展してきた**と言っても過言ではありません。「失敗も1つの重要な経験」なので、社会を

[*4] 実際、「有限責任事業組合契約に関する法律」（LLP法）と同施行令では、LLPは弁護士・会計士・税理士等の業務には利用できないことになっていますが、これは、そうした高度に専門的な知識を用いる業務に関しては「情報の非対称性」があるため、専門家に無限責任を負わせて自らを律せさせることが、一般の利用者を保護するためにつながるという考え方もあったのかもしれません。
　しかしベンチャーキャピタルについては、ファンドに投資をするのは金融機関や大手事業会社などのプロが中心となるため、情報の非対称性を理由に取引する人を保護する必要性は小さいと考えられます。

発展させるためには、失敗をした人を社会的に葬り去るよりは、失敗の経験を社会として取り込むことが必要です。有限責任は、ミクロに個別の案件を見ればモラルハザードを生むことがあるのは事実ですが、マクロ的には経済にプラスの効果を及ぼすのは間違いないと考えます。

パススルーの重要性

こうしたファンドの運営を株式会社が行う場合、取締役や従業員は株式会社から報酬や給与を受け取ることになります。株式会社には当然、法人税が課せられますし、日本では株式会社の役員報酬は毎月一定額（定期同額給与）や、あらかじめボーナスの額を届け出た額（事前確定届出給与）しか損金算入することができません。毎年、経常的な業務を繰り返し行う事業ならともかく、ベンチャーファンドにおいては、売却するのは投資してから何年も先で、うまくいった場合にはドカンとまとめて利益が発生するため、株式会社を使うと、業績をダイレクトにインセンティブとして個人に反映させたり、フレキシブルに分配を行うことが難しくなります。

また、特に株式等のキャピタルゲインについては、税務上の扱いが個人と法人で大きく異なります。

日本の所得税の株譲渡所得の分離課税の税率は原則約2割であり、総合課税される累進課税の所得税等の最高税率約5割や法人税等の約4割よりも抑えられた税率となっています。[5]個人が直接LPSのGPになることもできますし、前述のとおりそうした実例もありますが、その

---

*5　いずれも地方税込みで、復興特別所得税の端数は含めていません。

場合、途中で法人税が課せられることはない（パススルーになる）ものの、個人が無限責任を負うことになります。

LLP-LPS ストラクチャー

現在のところ、日本で有限責任で、かつ（所得税法上の株譲渡所得が株譲渡所得のまま）パススルーとなる事業体はLLP（有限責任事業組合）だけです。[*6] LLPは民法上の組合の組合員を有限責任にしたもので、法定監査等も必要なく比較的簡単に設立できます。

LLPには会社と違って法人格はありません。組合は、組合員が「一緒にビジネスをやって、利益を分配しよう」という「契約」なのです。

有限責任でパススルーにするためには、ベンチャーキャピタルを行うパートナーがこのLLPを組成して無限責任組合員（GP）となり、LPSをファンドにするストラクチャーを採用することが考えられます。図表8-5のように、米国のファンドなどで用いられるLLCの代わりにLLPを用い、L.P.の代わりにLPSを用いるわけです。

私が新生企業投資株式会社とともに2013年4月に立ち上げたベンチャーキャピタルであるフェムトグロースキャピタルでは、実際、LLPがLPSのGPとなる契約を締結しています。このフェムトグロースキャピタルでは、筆者個人が、新生企業投資株式会社[*7] と50：50でLLP（有限責任事業組合）を組成してGPを務めています（図表8-6）。

[*6] 匿名組合は有限責任で、かつ匿名組合段階では法人税が課されませんが、株譲渡所得で利益が出た場合であっても、その匿名組合からの分配は、一般には株譲渡所得とはならないと解されていると思います。

[*7] 新生銀行グループ100％で、ベンチャー投資等を行っている会社です。

08 これからの日本のベンチャー投資ストラクチャー

図表8-5　米国のLLP-LPS方式（有限責任とパススルーを両立）

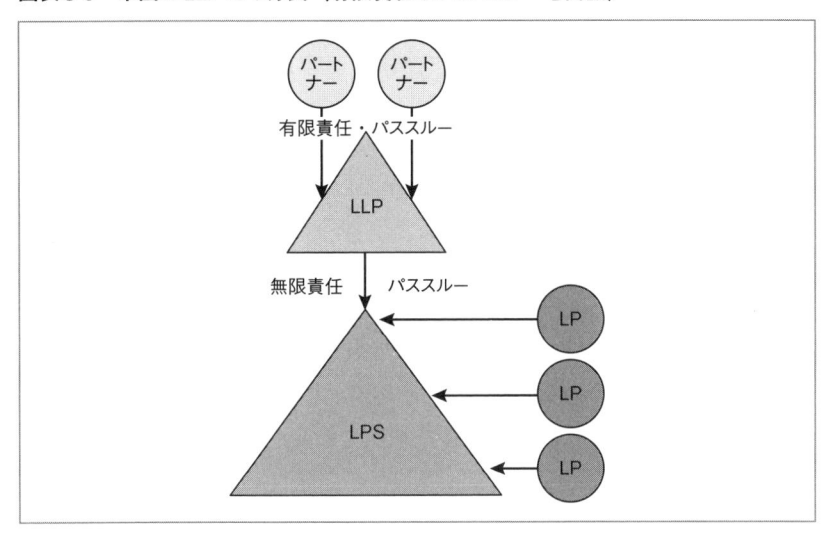

図表8-6　フェムトグロースキャピタルのストラクチャー

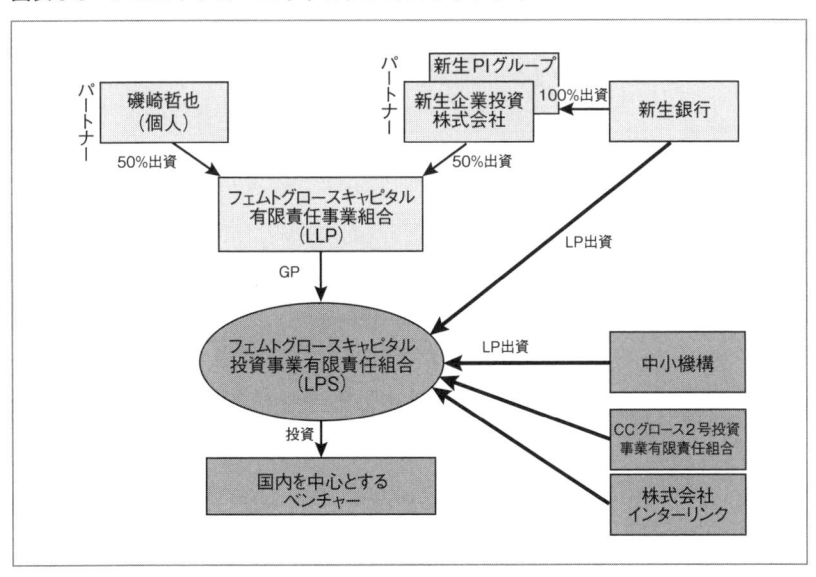

また、2013年10月に立ち上がった株式会社東京大学エッジキャピタル（UTEC）のUTEC 3号投資事業有限責任組合でも、代表の郷治友孝氏らで構成されるUTEC 3 Partners有限責任事業組合というLLPが共同GPを務める構造が採用されています。

　経済産業省のホームページでも、「任意組合や匿名組合、LLPはLPSの組合員になることはできますか」という問いがあり、「LPS法ではGPの資格のみならず有限責任組合員（以下「LP」と言う。）の資格についても制限する規定はありません。」と回答が行われており[*8]、LLPがLPSのGPになれる可能性が示唆されています。

　LLP（有限責任事業組合契約）は、個人又は法人だけが組合員となることが想定されており[*9]、他のLLPやLPS、民法上の組合など、人格を持たない事業体がLLPのメンバーとなることはできない書きっぷりとなっていますが、LPS法については、こうした組合員の資格について制限する規定は見当たりません。LPSのLP（有限責任組合員）として組合が出資者になっているケース（いわゆる「fund to fund」）の事例は山ほどありますので、本質的に、組合はLPSの組合員（GP）になれますし、同じ組合であるLLPもLPSの組合員になれるはずです。

[*8] 「投資事業有限責任組合に関する最近の問い合わせ事例に対するFAQ集」（平成23年4月）の4ページ。しかし、「GPについては、『氏名又は名称及び住所』を登記しなければならないことから登記が行えるかどうかご留意ください。」とも回答されていますので、登記が問題ということになります。聞くところによると、以前はこのQ&Aには明確に「LLPはLPSのGPにはなれません」と書いてあったのが、LPS法の記載に則して「できないとは書いてない」というニュアンスに変わって、一歩前進したようです。

[*9] 有限責任事業組合契約に関する法律　第1条（目的）
この法律は、共同で営利を目的とする事業を営むための組合契約であって、組合員の責任の限度を出資の価額とするものに関する制度を確立することにより、個人又は法人が共同して行う事業の健全な発展を図り、もって我が国の経済活力の向上に資することを目的とする。

08　これからの日本のベンチャー投資ストラクチャー

登記上の注意

　フェムトグロースキャピタルを立ち上げるにあたって法務局に相談したところ、やはりLLPがGPである旨の登記はできないとの回答でした。LLPは民法上の組合と異なり、登記されている存在なので、登記できないのはヘンな気はしますが、不動産や特許や商標[*10]などを所有している場合も、LLPではなくLLPの組合員が個別に、共同で所有しているかのように、登記や登録が行われますので、仕方ないところなのかもしれません。
　（日本の役所の扱いは、たいてい「人格」がある者〈法人、自然人〉しか相手にしてもらえないと考えておいて、間違いないかと思います。）

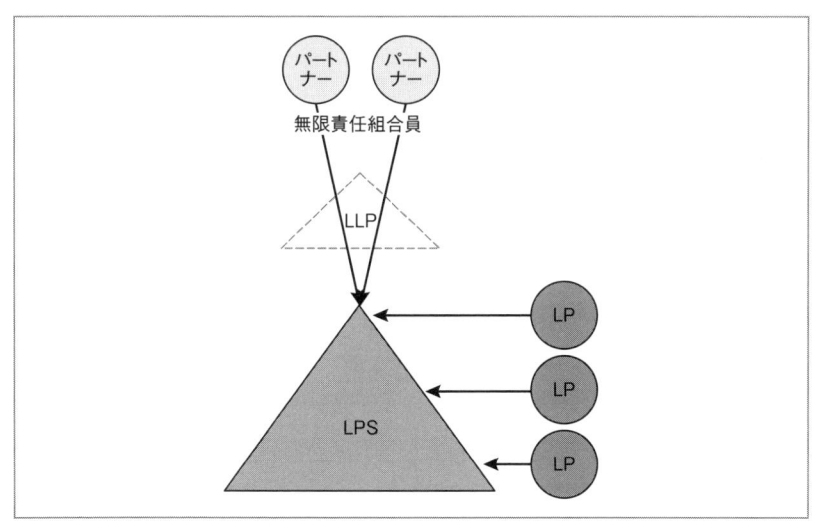

図表8-7　善意の第三者が登記を見た場合の見え方

[*10]　2012年1月に立ち上げたフェムト・スタートアップというLLPで「フェムト」という商標を持っているのですが、その商標もLLPの組合員3名の名義になっています。

このため、「**契約上、LPSのGPはLLPであるが、登記にあたってはLLPの各組合員が（バラバラに）GPを務めているとみなして登記する**」という内容の契約書案を作成して再度相談をしたところ、「こうした契約が有効であるかどうかは法務局が判断するところではないが、この契約書であれば登記は可能だ」という回答をいただきました。

　つまり、登記簿だけから見た外見上は図表8-7のように、LLPがどこにも出てこないことになります。

　また、このように登記上のGPと実態上のGPが異なる契約がそもそも有効なのかどうかについて、大手法律事務所の弁護士から「登記だけを見た善意の第三者には対抗できないが、契約は有効と考えられる」旨の意見をいただくこともできました。

　登記上の表示と実態が異なっているのは、組合の実務を初めて目にする人にとっては大いに違和感があるとは思いますが、以上のとおり、組合の実務においては通例のことです。民法上の組合で業務執行を行う組合員名で不動産を登記したが、効力は組合に及ぶとした裁判例も昔から存在しています。

　組合は人格がないので、いろいろ社会的に不都合な点がないわけではありませんが、不特定多数の消費者などと直接取引をするならともかく、前述のとおり、ベンチャーファンドは少数の比較的リテラシーが高い人たちとしか取引はしませんので、今のところ、特に困ることは発生していません。

　また、前述したように、株式会社東京大学エッジキャピタル（UTEC）の「UTEC3号投資事業有限責任組合」も、代表の郷治友孝氏らで構成されるUTEC 3 Partners有限責任事業組合というLLPをGPとしていますが、「組合の事業」として登記される項の前文に、

「株式会社東京大学エッジキャピタル及びUTEC 3 Partners有限責任事業組合を共同の無限責任組合員とする本組合は、」

という文言をわざわざ入れることで、登記簿だけしか見ていない善意

の第三者に対してもLLP（UTEC3Partners有限責任事業組合）が共同GPであることを気付かせる仕組みにしています（頭いいですね！）。

LPS契約書の実例

　有限責任でパススルーのLLPをGPとするために、フェムトグロースキャピタルLPSではLPS契約書に以下のような工夫をしてみました。[*11]
　まず、第1条の「定義」で、無限責任組合員がLLPである旨と、登記にあたっては、LLPではなくLLPの組合員[*12]を無限責任組合員として登記する旨を定めています。

第1条　定義
　　　　　　：

「無限責任組合員」
東京都〇〇区〇〇丁目〇番〇号に事務所の所在地を有する□□□□有限責任事業組合、同有限責任事業組合の後任者として第34条（組合員の脱退）第4項に基づき選任された者及び第32条（組合員の地位の譲渡等）第8項に基づき同有限責任事業組合に替わって本組合の無限責任組合員となった者（但し、脱退し又はその地位の全部を他の者に譲渡若しくは交代した無限責任組合員を除く。）但し、

[*11] 契約の全体像については、経済産業省の「投資事業有限責任組合モデル契約」をご覧ください（http://www.meti.go.jp/policy/economy/keiei_innovation/sangyokinyu/kumiaihou.htm）。
　　このフェムトグロースキャピタルLPSの契約書は、独立行政法人中小企業基盤整備機構のひな型をベースにし、AZX総合法律事務所のほか、新生銀行その他の契約当事者、それぞれの顧問弁護士事務所等との多くのやり取りにより作成されましたが、掲載にあたっては表現を若干変更した部分もあり、文責は筆者にあります。
[*12] フェムトグロースキャピタルLLPの場合、磯崎哲也及び新生企業投資株式会社が組合員です。

無限責任組合員につき登記を行う場合には、□□□□有限責任事業組合に代わり、同有限責任事業組合の組合員である〇〇〇〇及び〇〇〇〇、並びにこれらの者の後任者として同有限責任事業組合の組合契約に基づき選任された者であって本契約に従い承認された者を、無限責任組合員であるとみなし、これらの者の名義で登記を行う。なお、本契約において単に無限責任組合員と表記する場合、□□□□有限責任事業組合が無限責任組合員でなくなった場合を除き、□□□□有限責任事業組合を指すものとする。

⋮

続いて第7条でも、登記上は、GPであるLLPの組合員が無限責任組合員として登記されることを定めています。

第7条　登記
1. 無限責任組合員は、有限責任組合法第17条の規定に従い、本組合の事務所の所在地において組合契約の登記をするものとする。
2. 前項の登記にあたっては、□□□□有限責任事業組合に代えて、同有限責任事業組合の組合員である〇〇〇〇及び〇〇〇〇を効力発生日における無限責任組合員とみなして登記するものとする。有限責任組合員は、□□□□有限責任事業組合のみが無限責任組合員としての義務及び責任を負うものであること、並びに、〇〇〇〇及び〇〇〇〇が同有限責任事業組合に対する出資の価額を限度として、同有限責任事業組合の債務を弁済する責任を負うことを確認する。

(以下略)

第17条　組合債務に対する対外的責任

> 1. 本組合の債務は、無限責任組合員が組合財産をもって弁済するものとする。但し、組合財産をもって本組合の債務全額を弁済することができない場合は、無限責任組合員は、本組合の債務に関しその出資をなした組合財産のほか自らの固有財産をもって弁済するものとする。
> 2. 第27条（分配制限）第2項に規定する場合を除き、有限責任組合員は、出資の価額を限度として債務を弁済する責任を負う。

　署名欄にも、以下のように、LLPだけでなく、登記用にLLPの組合員についても記載しました。

> 署名欄
> 組合員　東京都〇〇区〇〇丁目〇番〇号
> <u>□□□□有限責任事業組合</u>
> 組合員　〇〇　〇〇
>
> 組合員　神奈川県〇〇市〇〇区〇〇丁目〇番〇号
> 〇〇　〇〇【注：LLPの組合員の個人／法人】
> 　（□□□□有限責任事業組合の組合員として）
>
> 組合員　東京都〇〇区〇〇丁目〇番〇号
> 〇〇　〇〇【注：LLPの組合員の個人／法人】
> 　（□□□□有限責任事業組合の組合員として）
>
> 組合員　【注：以下LPの署名となります】

　組合員の名簿も、以下のようにLLPとその組合員を記載しています。

別紙 1

組合員名簿

氏名又は名称	住　所	電子メール及び担当者	無限責任組合員と有限責任組合員との別	適格機関投資家か否かの別	出資口数
□□□□有限責任事業組合	東京都○○区○丁目○番○号	xx@xxx.com ○○○○	無限責任組合員	否	○○口
○○○○（□□□□有限責任事業組合の組合員として）	○○県○○市○区○丁目○番○号	xxx@xxx.com ○○○○	無限責任組合員（登記の目的のためにのみ無限責任組合員とみなす）	否	(○○口)（□□□□有限責任事業組合の組合員として）
○○○○（□□□□有限責任事業組合の組合員として）	東京都○○区○丁目○番○号	yyy@yyy.com ○○○○	無限責任組合員（登記の目的のためにのみ無限責任組合員とみなす）	否	(○○口)（□□□□有限責任事業組合の組合員として）
【注：以下LPの名称】	東京都○○区○丁目○番○号	zzz@zzz.com ○○○○	有限責任組合員	適	○○口

　以上のように、LLPが仮にGPになれるとしても、登記は実態と食い違わざるを得ません。よりわかりやすくするためには、登記のみを見た善意の第三者に対してもGPがLLPであることを対抗できるようにすることが望ましいと考えます。

「carried interest」と「成功報酬」

　ベンチャーキャピタルの報酬の構造はシンプルで、世界中概ねどこでも、GPが受け取れるマネジメントフィーは出資約束金額（ファンドサ

イズ）の総額に対して年間 2％〜2.5% 前後、キャピタルゲインが出たときには20%前後がもらえるという「**2-20（two-twenty）**」という比率で共通しています。

　このキャピタルゲインが出たときにGPに追加で支払われる額は、日本では「成功報酬」と呼ばれてきましたが、海外では「キャリー（carried interest）」と呼ばれています。従来の日本では株式会社がGPを務めることが多かったので、「報酬」でも「株式の譲渡益」でも約 4 割の法人税等がかかるという点では同じでした。そもそも、株式会社がGPを務める日本の従来の典型的なベンチャーキャピタルファンドの契約書の条項も、**「成功報酬」として消費税等も支払っている**ので、これは税務上「報酬」としか考えられません。

　これに対して、個人がGPを務める場合には、総合課税される「報酬」と株式譲渡益である「carried interest（持分）」とでは、税率が大きく異なってきます。ちなみにどこの国でも、「fee（報酬）」は給与などと同様、比較的高い税率で課税されますが、「carried interest」の部分はキャピタルゲインとして、比較的低いフラットな税率で課税されているようです。[*13]

　今後、個人のパートナーが営むベンチャーキャピタルファンドが増える（**国際的に「普通」の状態に近づいていく**）とすると、成功「報酬」ではなく「キャリー」を選択するファンドが増えていくと思われます。

　また、**消費税等も現在の8％から上がっていかざるを得ないでしょうから**、リターンの手取りや利回りを気にするLP投資家から、「消費税のかかる『報酬』じゃなく『分配』にしてよ」という要求が高まって来るかもしれません。

ファンドの税務は「せこい話」ではない

　以前、独立系でファンドをやっている方に、「日本でも、有限責任でパススルーのストラクチャーが必要ですよね」という話をしたら、「私は、そういった『節税』には興味ないので、総合課税でかまわない」という反応が返ってきてちょっとビックリしました。

　「税金なんて細かいことはどうでもいいよ」というのは、個人の態度としてはカッコいいかもしれませんが、日本のベンチャー活性化を考えた場合のマクロな視点からは税務上の扱いを考えることは重要です（世の中が税金を気にしない人ばかりなら、政策でさまざまな税制上の優遇措置を行うことも効果がないはずですので）。

　今後より多くの優秀な人をベンチャー投資業界に呼んでくるためには、やはり、理論的に合理性がある方法、より強いインセンティブとなる方法を採用したほうがいいはずです。

＊13　Wikipediaのcarried interest（英語版）の項によると、米国の税務の項には、米国でも日本と同様、実際にGPにキャリーが支払われたときではなく、パートナーシップが利益をあげた時点で課税が行われることになっており、これに対してヘッジファンドの所得の区分は、税率の高い通常の所得か短期譲渡所得（通常の所得と同様の課税）となることが多いと書かれています（だからヘッジファンドでは「performance fee」とも呼んでいるようです）。
　英国では、1972年のFinance Actという法律では、GPが受け取る所得は、キャピタルゲインではなく通常の収入として課税されることになっていたが、1987年に英国ベンチャーキャピタル協会（British Venture Capital Association（BVCA））と課税当局が合意（agreement）を結んで、キャリーは通常の所得ではなくキャピタルゲインとして課税されるということになったとのことで、若干の変遷はあったものの、現在でも基本的にはこの扱いになっているようです。
　どこの国でも、イノベーションや成長戦略としてベンチャー振興が重要だと考えられていると思いますが、以上のとおり、論争や批判はありながらも、英米ではベンチャーキャピタルのキャリーはキャピタルゲインとして取り扱われ、税率も低くフラットなものになっているようです。

なぜ株譲渡所得は分離課税で一定の税率なのか？

　それにはまず、個人の株式の譲渡益が分離課税で一定の低い税率なのは、決して「キャピタルゲインで暮らす金持ち優遇」のためなどではなく、理論的に当然の帰結なのだということを理解しておく必要があると考えます。

　ベンチャーキャピタルの株式の譲渡による所得は、給料などと違って**複数年にまたがる努力の成果だというところが特色**です。給料などの所得は累進税率ですので、たとえば投資から5年かかってexitした場合にまとめて発生する譲渡益を、単年度で「報酬」とみなすと、必要以上に高い税率となってしまうわけです。
　税法の基本書として有名な『租税法』（金子宏著、弘文堂）の記載では、多くの国ではキャピタルゲインに対して課税はされているが、給与とまったく同じ扱いといったことにはなっておらず、なんらかの平準化措置（averaging system）が採用されているのが普通だと述べています（第19版231ページ）。

　また、ベンチャーのexit時の企業価値や株価は、企業が今までに稼いだ所得の合計（純資産法）的観点から決まるというよりも、それよりはるかに高い、今後企業が稼ぐであろう将来のキャッシュフローの現在価値（DCF＝Discounted Cash Flow）で決まることが多いです。
　このため、そのベンチャーのキャピタルゲインに課税するということは、国としては、**本来、将来にならないと課税できないはずの利益に対する税金を先取りできた**とも考えられるわけです。

組合の税務の原則

　民法上の組合や、有限責任事業組合（LLP）、投資事業有限責任組合（LPS）などの組合がパススルーであるということは、所得税法や法人税法などの「法令」ではなく「**通達**」に書いてあります。通達は一般の人に対して直接効力を持つ「法令」ではありませんが、税務の実務は、基本的には通達を参考にして行われています。[*14]

　また、法人税基本通達14－1－1、「任意組合等の組合事業から生ずる利益等の帰属」では、

>　（任意組合等の組合事業から生ずる利益等の帰属）
>　14－1－1　任意組合等において営まれる事業（以下14－1－2までにおいて「組合事業」という。）から生ずる利益金額又は損失金額については、各組合員に直接帰属することに留意する。
>　（平17年課法2－14「十五」により追加）

[*14]　法人税法第3条では、
　（人格のない社団等に対するこの法律の適用）
　第三条　人格のない社団等は、法人とみなして、この法律（別表第二を除く。）の規定を適用する。
と、「人格なき社団」にも法人税がかかることになっていますが、法人税基本通達1－1－1では、
　（法人でない社団の範囲）
　1－1－1　法第2条第8号《人格のない社団等の意義》に規定する「法人でない社団」とは、多数の者が一定の目的を達成するために結合した団体のうち法人格を有しないもので、単なる個人の集合体でなく、団体としての組織を有して統一された意志の下にその構成員の個性を超越して活動を行うものをいい、次に掲げるようなものは、これに含まれない。（昭56年直法2－16「二」、「六」により改正）
　（1）　民法第667条《組合契約》の規定による組合
　（2）　商法第535条《匿名組合契約》の規定による匿名組合
と書かれており、組合は「法人でない社団」ではないので、組合に法人税はかからない、ということになっています。

(注) 任意組合等とは、民法第667条第1項に規定する組合契約、投資事業有限責任組合契約に関する法律第3条第1項に規定する投資事業有限責任組合契約及び有限責任事業組合契約に関する法律第3条第1項に規定する有限責任事業組合契約により成立する組合並びに外国におけるこれらに類するものをいう。以下14－1－2までにおいて同じ。

となっていて、LPS（投資事業有限責任組合）を含む組合で営まれている事業の損益は、組合で課税されるのではなく**各組合員に直接帰属する**ことになっています。

「分配割合」が重要キーワード

では、組合で発生した損益をどのように各組合員に直接帰属させるのかですが、個人の場合、「所得税基本通達36・37共－19」という通達に出てくる分配割合という単語が、超重要キーワードです。

（任意組合等の組合員の組合事業に係る利益等の帰属）
36・37共－19　任意組合等の組合員の当該任意組合等において営まれる事業（以下36・37共－20までにおいて「組合事業」という。）に係る利益の額又は損失の額は、当該任意組合等の利益の額又は損失の額のうち**分配割合**に応じて利益の分配を受けるべき金額又は損失を負担すべき金額とする。
　ただし、当該分配割合が各組合員の出資の状況、組合事業への寄与の状況などからみて経済的合理性を有していないと認められる場合には、この限りではない。（平17課個2－39、課資3－11、課審4－220改正）

(注)
1　任意組合等とは、民法第667条第1項《組合契約》に規定する組合契約、投資事業有限責任組合契約に関する法律第3条第1項《投資事業有限責任組合契約》に規定する投資事業有限責任組合契約及び有限責任事業組合契約に関する法律第3条第1項《有限責任事業組合契約》に規定する有限責任事業組合契約により成立する組合並びに外国におけるこれらに類するものをいう。以下36・37共－20までにおいて同じ。
2　分配割合とは、**組合契約に定める損益分配の割合又は民法第674条**《組合員の損益分配の割合》、投資事業有限責任組合契約に関する法律第16条《民法の準用》及び有限責任事業組合契約に関する法律第33条《組合員の損益分配の割合》の規定による損益分配の割合をいう。以下36・37共－20までにおいて同じ。

つまり、民法第674条「組合員の損益分配の割合」では、以下のように、組合員間で出資比率と異なる分配割合を定めることも可能ということが間接的に書かれています。

（組合員の損益分配の割合）
第六百七十四条　当事者が損益分配の割合を定めなかったときは、その割合は、各組合員の出資の価額に応じて定める。
2　利益又は損失についてのみ分配．の割合を定めたときは、その割合は、利益及び損失に共通であるものと推定する。

株式会社は「株主平等の原則」があるので、同じ種類の株式は同じ価値があるはずですが、**組合ではフレキシブルな分配を自由に設計できる**わけです。[*15]
そして、上記で引用した所得税基本通達では、**民法上の組合やLLPや**

LPSの契約での取り決めを尊重して、出資比率ではなく、この**「分配割合」を元に、各組合員に帰属する損益を決めよう**ということになっているわけです。

　つまり、GPの出資比率は１％だけど、キャピタルゲインが出たら、その20％がGPに加算されるという分配割合を組合契約で定めている場合には、税務上も、その分配割合でGPの利益を考えてもらえるということになりますし、また、**GPを営むLLPで発生した株の譲渡所得は、個人に「直接帰属」**するのだから、GP個人の所得の区分も当然**「株の譲渡所得」（分離課税でフラットな税率）**ということになります。

　しかし、前掲のとおり「ただし、当該分配割合が各組合員の出資の状況、組合事業への寄与の状況などからみて経済的合理性を有していないと認められる場合には、この限りではない」という「ただし書き」もついていますので、キャピタルゲインが出たときにその20％を分配することが経済的合理性を有しているかどうかが問題になります。

　しかし、前掲のように「2-20（two twenty）」（ファンドの管理報酬が２％前後で、キャリーが20％前後）というのは、米英をはじめ、世界的にデファクト・スタンダードになっている比率です。経済的合理性があるからこそ世界中でこの比率が採用されていると考えられますから、これが経済合理性がある分配割合であると認められる可能性は高いと考えています。

＊15　LPS法（投資事業有限責任組合契約に関する法律）第16条や、LLP法（有限責任事業組合契約に関する法律）第33条でも、この民法の規定が準用されています。

組合員の所得の計算方法

　個人の確定申告の際には、組合で行った決算の分配割合に応じた部分（たとえば分配割合が10%なら10%分）を、個人の所得に足し込むことになります。

　　(任意組合等の組合員の組合事業に係る利益等の帰属の時期)
　　36・37共－19の2　任意組合等の組合員の組合事業に係る利益の額又は損失の額は、その年分の各種所得の金額の計算上総収入金額又は必要経費に算入する。
　　　ただし、組合事業に係る損益を毎年1回以上一定の時期において計算し、かつ、当該組合員への個々の損益の帰属が当該損益発生後1年以内である場合には、当該任意組合等の計算期間を基として計算し、当該計算期間の終了する日の属する年分の各種所得の金額の計算上総収入金額又は必要経費に算入するものとする。(平17課個2－39、課資3－11、課審4－220追加)

　この場合、下記(1)のとおり、貸借対照表（B/S）や損益計算書（P/L）を組合員の分配割合に応じて足し込む方法（下記条文の「(1)」）が原則となります。

　　(任意組合等の組合員の組合事業に係る利益等の額の計算等)
　　36・37共－20　36・37共－19及び36・37共－19の2により任意組合等の組合員の各種所得の金額の計算上総収入金額又は必要経費に算入する利益の額又は損失の額は、次の(1)の方法により計算する。ただし、その者が(1)の方法により計算することが困難と認められる場合で、かつ、継続して次の(2)又は(3)の方法により計算してい

る場合には、その計算を認めるものとする。(平17課個2－39、課資3－11、課審4－220、平24課個2－30、課審5－25改正)

(1) **当該組合事業に係る収入金額、支出金額、資産、負債等を、その分配割合に応じて各組合員のこれらの金額として計算する方法**
(2) 当該組合事業に係る収入金額、その収入金額に係る原価の額及び費用の額並びに損失の額をその分配割合に応じて各組合員のこれらの金額として計算する方法（略）
(3) 当該組合事業について計算される利益の額又は損失の額をその分配割合に応じて各組合員にあん分する方法（以下略）

　法人の場合にも、法人税基本通達14－1－1の2（任意組合等の組合事業から受ける利益等の帰属の時期）、14－1－2（任意組合等の組合事業から分配を受ける利益等の額の計算）で同様のことが定められています。[16]

　また、組合の**所得区分と経費の扱い**については、平成16年6月14日付の経済産業省から国税庁への照会、「投資事業有限責任組合及び民法上の任意組合を通じた株式等への投資に係る所得税の取扱いについて」において確認されており、ファンドが営利を目的として継続的に行う株式等の譲渡を行うものであれば、株式等の譲渡については、「株雑所得」または「株事業所得」として、租税特別措置法の分離課税（フラッ

---

[16] 法人税基本通達14－1－2の注2が参考になりますが、「分配割合に応じて計算する」というのは、単純に「分配割合」でP/Lなどを単純分割しろと言ってるわけではなくて、「合理的な計算方法」であればいいことになります。
　前述のように、前期末の各組合員別のB/Sの数値に、分配割合を考慮したP/Lの数値を加算したりして、期末のB/Sを出すといった、ちょっとややこしいことをする必要が出てくることになります。

ト税率）にしていいということになっています（下記引用を参照してください）。*17

　なお、各種所得に経費が按分されることにより、たとえば、投資組合において株式等の譲渡収入がない事業年度においても、株式等の譲渡に係る所得に経費が按分されることが考えられますが、当該按分された経費は、株式等の譲渡収入を得るための必要経費であるため、各個人投資家の株式等の譲渡に係る他の所得との通算が可能であるものと考えます。

　株式投資一本のファンドなら、ファンドの経費は、総合課税の所得との損益通算はせず、有価証券の譲渡所得の分離課税の中で損益通算するということになります。

成功時分配額に関するLPS契約書の例

　以上のことから、フェムトグロースキャピタルのLPS契約書では、「成功報酬」という言葉は使わず、「carried interest」を「成功時分配額」という言葉にしてみました。

第25条　損益の帰属割合
1. 各事業年度末において、本組合の事業に関する損益は、各組合員の出資履行金額の割合に応じた額を、次条第10項で定義さ

---

*17　途中に、事業の種類別に経費を配賦するややこしい計算式が出てきますが、通常のベンチャーキャピタルファンドの事業は株式投資一本なので気にしなくていいと思います。

れる成功時分配額で調整した額に応じて各組合員に帰属するものとし、これにより計算される各組合員への損益の帰属割合を、民法第674条第1項の損失の分配の割合とする。但し、これによりその事業年度末の有限責任組合員の持分金額が零を下回ることとなる場合には、有限責任組合員の持分金額は零とし、当該零を下回る部分に相当する損失はすべて無限責任組合員に帰属するものとする。
2. 前項但書の規定に従い損失が無限責任組合員に帰属した結果その持分金額が零を下回ることとなった場合、無限責任組合員の持分金額が零以上にならない範囲で本組合の利益はすべて無限責任組合員に帰属する。

第26条　組合財産の分配
（略）
10. 本条の規定に従い組合財産の分配を行うに際し、すべての組合員の出資約束金額及び脱退組合員の脱退時点までの出資履行金額の合計額（以下本項において「出資約束金額等合計額」という。）に対する当該分配までに行われた組合財産の分配累計額及び当該分配における分配可能額（下記(i)又は(ii)に定めるそれぞれの残額をいう。以下同じ。）の合計額の比率が100パーセントを上回る場合には、無限責任組合員は、(i)投資証券等の処分等に関して処分収益を分配する場合には、当該処分収益から、当該処分等に要した諸費用（もしあれば）及び公租公課（もしあれば）、当該処分等の時において支払期限が到来している組合費用（もしあれば）の合計額を控除した残額、(ii)その他投資収益を分配する場合には、当該その他投資収益から、当該その他投資収益の受領に要した諸費用（もしあれば）及び公租公課（もしあれば）、その他投資収益を受領する時において支払

期限が到来している組合費用（もしあれば）の合計額を控除した残額（但し、(i)又は(ii)のいずれについても、当該分配における分配可能額とすべての組合員及び脱退組合員についての分配累計額の合計額から、出資約束金額等合計額を控除した残高を上限とする。）の20％に相当する額（以下「成功時分配額」という。）を受領するものとする。なお、本項が適用される場合には、分配可能額から成功時分配額を控除した金額を対象として、本条第2項から第9項までの規定が適用されるものとし、無限責任組合員はかかる適用の結果自己の出資履行金額に対応して分配を受けるべき金額を成功時分配額に加えて受領することができるものとする。

第30条　無限責任組合員に対する報酬
1. 無限責任組合員は、本組合の業務執行に対する報酬として、本条第2項及び第3項に定める管理報酬を、組合財産から受領するものとする。

（注：以下では「マネジメントフィー」だけを規定し、「成功報酬」の規定は行いません。）

本章のまとめ

　日本でも、「LLP-LPSストラクチャー」を採用することにより、米国の「LLC-LPストラクチャー」と同様、GPが有限責任とパススルーのメリットを享受することができると考えられます。

　上記で提示したのは、LPSでキャピタルゲインが出た場合に、その20％をGPに分配するというシンプルな例ですが、GPであるLLPのほ

うでは、さらに、案件別に関わったパートナーごとに分配のウェイトを付けたり、ファンドの従業員への分配などを工夫する必要もあるかもしれません。

　この章を参考にしていただいて、優秀な人材がベンチャーキャピタル業界にたくさん参入し、ベンチャー生態系が豊かになることを祈っております！

終章
ベンチャーの未来ビジョン

VENTURE EQUITY FINANCE
STOCKS AND CONTRACTS
FOR ECONOMIC REVOLUTION

前章まででご覧いただいたとおり、今後10年程度の日本のベンチャー生態系は、M&Aが増えることによって、ベンチャー投資のサイクルが速まり、ベンチャー経済が加速して、ますます起業が活気付くことになるはずです。そしてそのためには、優先株式やM&Aに関するツールやノウハウ等が普及する必要があると考えられます。

ただし、ベンチャー生態系にはさまざまな「卵とニワトリ」の関係があるので、スピードに乗るまでは時間がかかるかもしれません。この最終章では、ファイナンス的な観点からのベンチャー生態系の未来像を提示し、そこに到達するためのスピードをさらに加速するために、どのような方策を取ればいいのかを考えてみたいと思います。

社会にとって
起業／ベンチャーとは何か

まず原点に立ち返って考えてみます。
そもそも起業はなぜ増やす必要があるのでしょうか。

起業する個人にとって、起業の意味は、「チャレンジ」「修行」「莫大な財産を手にするための手段」「自分が生きた証をこの世に刻む行為」「自分がやりたいことをやるためのステップ」等、実にさまざまな動機が考えられます。では、社会全体から見た場合に、起業やベンチャーにはどういった意義が見いだされるでしょうか？　以下で考えてみたいと思います。

起業は雇用を増加させる

まず第一に、**起業は新しい雇用を創出します。**
実際、マクロ的に見て雇用を生んでいるのは、図表9-1のとおり、設立5年未満の企業が中心です。

もちろん、個々の企業をミクロに見ると、社齢（設立からの年数）が短い企業でも雇用を減らしていることもあるでしょうし、社齢が30年でも雇用を増やす会社もありますが、マクロ的な観点から日本全体の社齢ごとに集計してみると、雇用を生んでいるのは若い企業だということになります。
つまり、**若い企業（すなわち起業）を増やすこと**は、雇用増に直結する施策なのです。

| 終章 | ベンチャーの未来ビジョン |

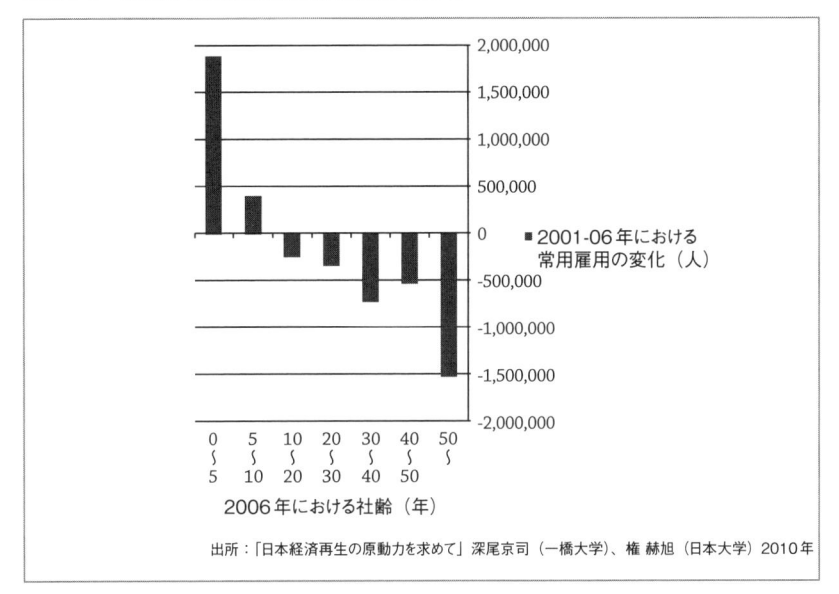

図表9-1　企業の社齢別に見た常用雇用の純増

グラフ: 2006年における社齢（年）別の2001-06年における常用雇用の変化（人）

- 0～5: 約1,900,000
- 5～10: 約500,000
- 10～20: 約-200,000
- 20～30: 約-300,000
- 30～40: 約-600,000
- 40～50: 約-500,000
- 50～: 約-1,700,000

出所：「日本経済再生の原動力を求めて」深尾京司（一橋大学）、権赫旭（日本大学）2010年

起業への投資は経済成長に直結する

　同様に、**ベンチャーへの投資はGDP（すなわち経済成長）に直結します。**[*1]

　一般的な「投資」は、そのすべてが経済成長やGDPに直結するとは限りません。たとえば、A社が東京証券取引所で取引されているソフトバンクの株式を1,000万円、証券会社で買うとします。この場合は、A社の持っている1,000万円が、ソフトバンクの株式を売却した他の人に移動するだけです。[*2]「投資」は、会計的に考えると基本的には「貸借対照表的」な資産や資本に関する概念なので、通常は「損益計算書的」

[*1]　この中には、前述の雇用増を金額換算したものも含まれることになります。

な支出や所得には直結しないわけです。

　ところがベンチャーは、すごい勢いで成長するので、お金がいくらあっても足りないことが多く、**調達した資金は（良くも悪くも）たいてい半年とか1年でその大半を使ってしまう**わけです。

　使われた資金は、たとえば、従業員を採用したら採用コストや従業員への給料に、オフィスを拡張したら、大家さんに払う賃料や工事業者に払う内装工事代金、机や椅子、その他のいろいろな機材の購入などに充てられることになります。GDPというのは、そうした国内の所得の積み重ねですから、国内に事務所がある会社であれば、**その大半は、従業員やオフィスの大家さんや取引先の所得、すなわちGDPに直結する**わけです。

税収増に直結する

　また、国内の従業員の給料や、オフィスの大家さんの家賃収入、取引業者の利益が増えれば、それは**税収の増加**にもつながります。

　加えて、前章で見たとおり、ベンチャーの株式がIPOやM&Aで売却されてキャピタルゲインが発生した場合、ベンチャーの純資産よりははるかに高い（つまり「将来の期待」を盛り込んだ）企業価値で取引されることが多いですので、そのキャピタルゲインに課税するということは、国としては、**本来、もっと将来にならないと課税できないはずの税金を先取りできる**ことでもあるわけです。たとえば今後10年で仮に時

＊2　もちろん、こうした株式の流通市場があるからこそ、ソフトバンクは株式を発行でき、その増資で得た資金で設備投資などをすることができるので、流通市場の取引がムダだと言っているわけではありませんので、念のため。また、売却で1,000万円の資金を得た人が、パーッと消費に使っちゃうかもしれませんので、そちらのほう（資産効果）からもGDP増加の役に立つ可能性はあります。

価総額10兆円の企業を1社、時価総額1兆円の企業を20社生み出すことができ、その30％程度の株式がその株価で取引されることになれば、約10兆円の譲渡所得が発生し、国と地方自治体を合わせて約2兆円の税収増につながることになります（もちろんこの他に、そうした成長したベンチャーが生み出す雇用や売上から取れる税収もあります）。

よく「日本のベンチャーキャピタルは全然ダメだけど、アメリカのベンチャーキャピタルは優秀で、GoogleやFacebookといった企業を生み出して大儲けしている」と考えている人がいますが、実は米国のベンチャーファンドの8割も、上場株式市場の指数を上回るパフォーマンスは上げられていません。[*3]

ただし、米国で年間2〜3兆円規模で行われる投資の大半がややマイナスであっても、たまにFacebookやGoogleのような、10兆円を超える時価総額の規模の企業が登場するので、全体としては十分ペイしていると考えられますが、儲かった分だけでなく、その2〜3兆円の投資自体もが税収増にもつながっているわけです。

市場メカニズムを支える機能

次に、**起業は「市場メカニズム」を構成する重要な機能**だということが言えます。

ここでいう「市場(しじょう)」とは、「需要と供給を見て売ったり買ったり」する機能のことだけではなく、「あそこにビジネスチャンスがある」と機会を発見し、人や技術・資金などの経営資源を組み合わせて新たなビジネスを作り上げる機能、すなわち、現代の自由主義社会を支え、発展さ

[*3] カウフマン財団のレポート「WE HAVE MET THE ENEMY… AND HE IS US」によります。

せてきた根源的な機能を指します。*4

　つまり、**ベンチャーは、「市場メカニズム」そのもの**と考えることができ、「政府に頼る」「環境を整えてもらわないと何もできない」といったスタンスとは正反対のものということになります。

「多様性」によって社会は豊かになる

　起業やベンチャーという言葉を聞くと、「すばらしい」と思う人も「うさんくさい」と思う人もいると思います。「ベンチャーがやっていることって、ほとんどくだらないことだよね」と思っている人も多いんじゃないでしょうか。しかし、(犯罪や反社会的なことはいけないのはもちろんですが)新しい企業が「くだらない」のは別にかまわないのではないかと思います。

　インターネット黎明期の90年代、国として光ファイバーにどう取り組むかを検討する会合で「光ファイバーにどういうコンテンツを流して何をするか」という話になったとき、若い女性の委員が、「ファッションとか、いろんなかわいいグッズのお買い物ができたりとか〜」という話をしたら、政府のエラい人が「そんなくだらないコンテンツを流すために、我々は何百億円もの資金を使って光ファイバーを敷設するのかね?」とあきれた、という話があります。
　しかしよく考えてみると、この「ほとんどの人にとっては、くだらない」ものがあふれているところが、自由主義社会の素晴らしいところではないでしょうか。

＊4　経済学的に言うと、「短期の市場」は新規に企業が参入したり、市場からの退出が発生しない場合のことを指しますが、起業とは市場への参入のことであり、参入や退出まで考えた「長期の」市場メカニズムの一部ということになります。

終章 ベンチャーの未来ビジョン

　仮に、現代の日本の道路で、走っているトラックの荷台を全部開けて調べることができたとしましょう。その荷台の中に入っているのは、そのほとんどが、読者のみなさんの好みには合わない家具や洋服、食べたくもない食品、まったく興味のないジャンルの本や雑誌などではないかと思います。百貨店やコンビニやスーパーに行っても、ほとんどの人は「金があったらこの商品全部ほしいなあ」とは思わないでしょう。

　一方、旧社会主義国では、デパートといってもモノがほとんどなく、ショーケースの中もガラガラということもよくありました。店で売っているものは、「国民がほしがるものばかり」ということもあったと思います。いくら頭がよくても、一握りの人が社会全体のことを考えると、「パン」「肉」「芸術性の高いバレエ団」「宇宙開発のためのロケット」といった、「くだらなくない」ものだけしか生産されなくなるからでしょう。**人間が他の人がほしいものを想像する能力には限界があります。**そしてご存知の通り、計画経済でそうした「一部の人が考える素晴らしいもの」の生産を積み上げても、結局は自由主義諸国の経済には対抗できなくなり、社会主義体制の国の多くは崩壊するか、自由主義的な要素を取り入れる修正をすることになりました。

　逆に言えば、現代の自由主義国家では、「ほとんどの人は興味ないが、一部の人には需要がある」という、細かいニッチな需要を、それぞれのニッチに詳しい人が、丹念に拾い上げており[*5]、その細かい積み重ねが結果として大きなGDPを生んで、多くの人が豊かな暮らしをすること

[*5] ネットの世界では、Amazon.comなどの商品構成で「ロングテール」という言葉が使われます。今までなら少量しか売れないので取り扱ってもコスト割れになったようなものの売上の積み重ねが、そこそこのボリュームになるという現象です。
　また、中国は「社会主義」の国ではありますが、Alibaba社のネット上のマーケットプレイスでは、1日に日本円で数千億円の取引が行われるようになっており、数百万の店舗や数億人の消費者、配達業者、決裁業者、金融業者などが、ネット上の情報（API＝Application Programming Interface、外部のプログラムからデータなどを自動的に呼び出せるインターフェイス）を介して、世界で最先端の市場経済が誕生しています。そして日本のソフトバンクが、その持株会社の株式の3割超を持つ筆頭株主になっています。

ができているのだと考えられます。

「競争」がクオリティを上げる

しかし、現在の日本は、(少なくとも米国に比べると) この「新しい需要」を見つけてビジネスとして作り上げる機能が全体としては弱く、それが経済の成長率にも影響していると思われます。

たとえば日本でも、マンガ、アニメ、ラーメン、フレンチ・和食・イタリアンといったレストラン、お笑いなど、**比較的投資が少額ですむ領域は、競争も熾烈ですし、それにもかかわらずチャレンジする人が後を絶ちません**。しかも、こうした熾烈な競争がある領域は、世界的に評価されるクオリティの製品やサービスを生み出しています。マンガやアニメは、世界の人に愛されていますし、ミシュランのレストランのガイドブックでは、フランスを超して日本が世界で最も星を多くもらっていて、飲食店のレベルも非常に高い。

現代に限らず、戦後、浜松を中心に数百社勃興したバイク産業や、その影響を受けた自動車産業も激しい競争にさらされた産業であり、現在でも世界で評価されるクオリティの製品を供給しています。だから、よく言われる「日本人は農耕民族だから、狩猟民族であるアングロサクソンみたいな競争社会には絶えられない」[*6]といった意見には、まったく根拠がないと思います。

このように、世界中で評価されるクオリティの高い製品やサービスは、「失敗しても大丈夫な仕組みが整備されているところ」というより

---

*6 ちなみに(個人的な話で恐縮ですが)私は、農耕を仕事で行ったことは一度もありませんし、狩猟で食っているアングロサクソンの人の知り合いもいません。

は[*7]、強烈な競争が繰り広げられているところで生み出されています。**競争こそが人々を幸せにするサービスやプロダクトを生む**のです。

日本に不足しているのは「投資額の大きな競争」だ

「日本ではなぜGoogleやFacebookのような巨大ベンチャーが成長しないのでしょうか？」という質問をよくされます。

私はこれも（「日本人が農耕民族だから」とかではなく）、この本で解説してきたような、**巨額のエクイティ・ファイナンスのための知識や生態系が日本にまだ根づいていないだけ**のことだと考えています。日本は、敗戦国から高度成長に移行し、半世紀以上にわたって企業の資金調達が銀行融資（間接金融）中心でしたので、直接に投資家を説得するエクイティ・ファイナンスの知識と経験にまだ乏しいのです。

また、激しい競争の影には、当然、失敗する人もたくさんいますので、必ず「失敗する人のことを考えないのか？」という意見も出てきます。

しかし、大企業の研究所で研究開発プロジェクトが失敗しても、研究員が責任を取って借金まみれになるといったことにはなっていません。大企業が研究開発のポートフォリオを組んで、たくさん失敗しても、全体では採算が回るようにしているからです。

それと同様に、**ファンドで投資のポートフォリオを組んでリスクを分散するベンチャーキャピタルの仕組み**がもっと活用されるようになれば、起業家に過度な負担やリスクを負わせることなく、リスクの高い最先端分野にチャレンジできる社会が実現します。

[*7] 「起業を促進するためには、元の会社に戻れるといった、失敗しても大丈夫な仕組みを整備すべきだ」といったことをおっしゃる方が多いですが、私は、それで起業が増える気がまったくしません。起業で誰もやったことがない体験をして磨かれれば、元の会社からお呼びがかかるかもしれませんし、そもそも元の会社に戻りたくないかもしれないですね。

実際、IT や製薬などの世界では、自社内での研究開発では間に合わないので、ベンチャーを買収することによって大企業に取り込み、大企業はマーケティングや販路といった「プラットフォーム」的な立場にシフトするという現象が起こっています。

ベンチャーに政府が関与する意味

以上のように、最先端の市場メカニズムである「ベンチャー」と、政府が行う「政策」は相容れないものであるようにも思えますが、大きく以下のような2つの場合には、政府が関与する意味があると思います。

規制緩和

ベンチャーや既存企業が新しくビジネスを組成するためのプロセス（ヒト、モノ、カネ等のやりとり）が制度的に阻害されている場合には、その規制の緩和が必要です。

後述するような「ステークを持たない人」がベンチャーの成長過程に関わらないようにすることとも言えます。

より良い均衡への移行の補助

現状がある状態で均衡していて、一段高いところにより望ましい均衡があるが、市場メカニズムだけではその段階に進めない、または進むのに時間がかかるという、いわゆる「複数均衡」になっていることがあります。

この場合、「現状の均衡」から「望ましい均衡」への移行を補助してやる政策が必要になります。

終章 ベンチャーの未来ビジョン

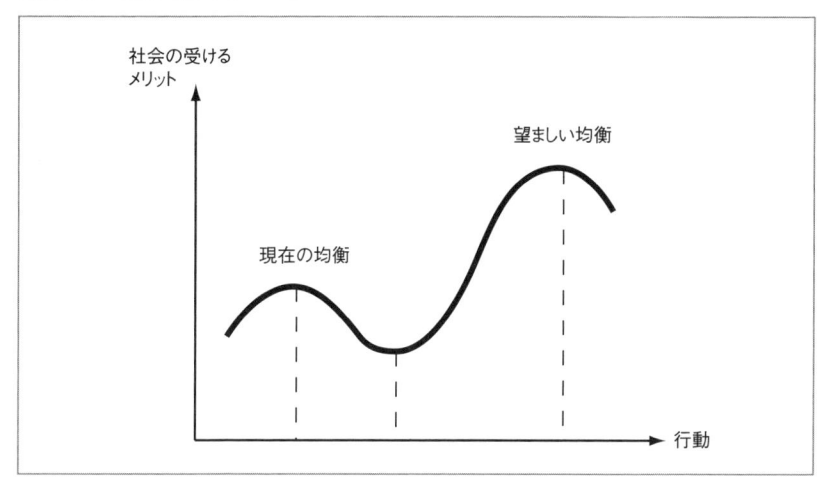

図表9-2 複数均衡のイメージ

(グラフ：横軸「行動」、縦軸「社会の受けるメリット」。「現在の均衡」と「望ましい均衡」の2つの山を持つ曲線。)

「規制緩和」は、それぞれの産業・領域等の各論の色彩が濃くなってしまいますので、本章では以下、主として「より良い均衡への移行を促すための政策」について考えていきます。

今まで見てきていただいておわかりのとおり、ベンチャーの生態系は、人と人とが結び付いてできる高度に有機的(オーガニック)なものなので、ゆっくりしたスピードでしか発展していきません。

さらに、日本のベンチャー投資というのは年間の投資額が1,000億円程度しかなく、金融の領域にしては非常に小さいのです。[*8] そのわりに、日本独自の法律や税務がからみ、ベンチャー生態系の中で人間関係も培っていく必要があるので手間もかかります。国債や為替、上場株式のような、何百兆円が取引される市場では、儲かる領域や市場の歪みがあれば、すぐに新たな参入者も現れて裁定が行われますが、**ベンチャー投資の世界は、仮にビジネスになるとわかっていても、米国で行われてい**

ることが、日本やその他の国ですぐ取り入れられることにはならないわけです。

　このため、ベンチャーの生態系では、序章で見たような「**タイムマシン経営**」が良くも悪くも、まだあとしばらくは続くことになると考えられます（逆に考えれば、非常に大きく確実なビジネスチャンスがあるということになります！）。

10年後の日本の ベンチャー投資のビジョン

　では、日本のベンチャーの未来像として、どういう姿をイメージすればいいでしょうか？

　私は、仮説のものとして「**10年後（2024年）に、"米国並み"にベンチャーが活性化し、世界最先端の新しいニーズが活発に産み出されている**」という姿をビジョンとして掲げたいと思います。

　すなわち、現在の米国の年間ベンチャー投資額が約2〜3兆円前後、日本のGDPが米国の3分の1強とすると、10年後に成功した姿として、**年間7,000億円〜1兆円程度のベンチャー投資が行われている姿**が、想定できるのではないかと思います（図表9-3）。

　もちろん、この「米国並み」は、あくまでカッコ付きの「米国並み」です。

　1つには、これは現在の米国の投資額との比較ですので、10年経っ

---

*8　1つのベンチャーファンドの投資期間は5年程度なので、ファンドサイズが5倍の5,000億円規模だと仮定し、マネジメントフィーが平均2%としても、100億円程度の市場規模しかありません。ちょっとした中堅企業の売上程度の産業規模しかないわけです（もちろん、このマネジメントフィー以外にキャピタルゲインから得られるキャリーもあります）。

終章 ベンチャーの未来ビジョン

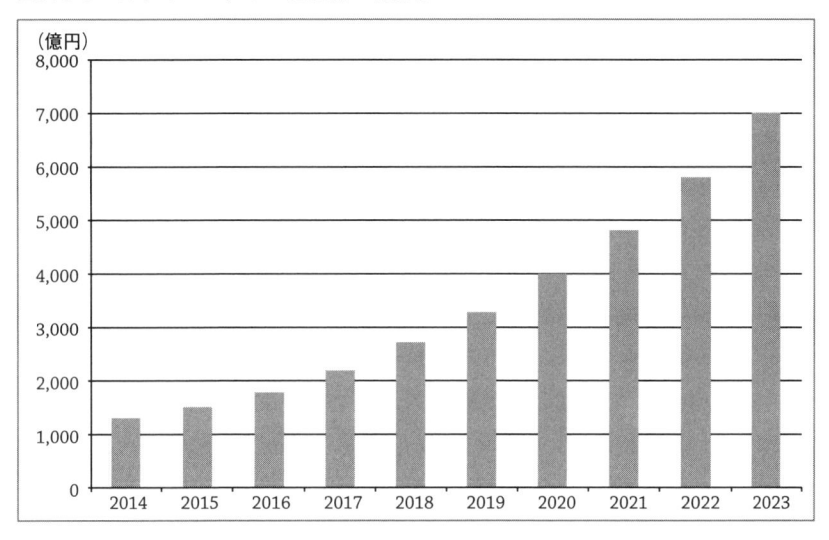

図表9-3 日本のベンチャー投資額の将来像

年	億円
2014	約1,300
2015	約1,500
2016	約1,800
2017	約2,200
2018	約2,700
2019	約3,300
2020	約4,000
2021	約4,800
2022	約5,800
2023	約7,000

たら米国はさらに先をいっている可能性もあります。

2つめに、米国のベンチャーキャピタル投資の約5割がシリコンバレーに集中しているので、「米国並み」とは言えても「シリコンバレー並み」とはちょっと言いにくい面もあります。[*9]

3つめに、米国では2兆円のベンチャーキャピタル投資の他に、エンジェル投資が約2.5兆円存在します。これに比べると日本のエンジェ

[*9] カリフォルニア州の州内総生産額（GDP）は約1兆8,500億ドルであり、アメリカ合衆国のGDPの13％（2008年）なので、そこに毎年100億ドルの投資があるということは、GDPの0.5％規模のベンチャー投資が行われているということです。日本のGDP500兆円に単純にかけると、2.5兆円程度は投資しないといけないということになって、全米の規模に並んでしまいます。
　しかし実際、現在の日本のベンチャー投資の大半も東京圏に集中していますので、東京都市圏のGDPを日本のGDPの約3割の150兆円程度だとすると、やはり7,000億円程度の投資が行われるようになれば、少なくとも東京都市圏については「シリコンバレー並みの投資」と言ってよくなるかもしれません。

ル投資は、ほとんど存在しない（どう考えても年間100億円はなさそうだ）と言えると思います。ベンチャーキャピタル投資は、後述するような方法で、ある程度人工的に増やせる可能性がありますが、序章で見たとおり、エンジェルはベンチャーのexitにより生み出されていく「キャッシュインした元起業家」が中心になっていくものですので、まずはベンチャー自体を増やす必要があり、一朝一夕には増やせません。

このため、エンジェルを増やすのは10年より長期の、たとえば20年計画といった長い目で見ることが必要になると考えられます。

起業を活性化させる政策とは？

では、起業やベンチャーを増やすには、具体的に何をすればいいでしょうか。

前述のように、ベンチャー生態系は有機的に成長するものなので、政策で外部から刺激を与えても急に発展させるのがなかなか難しいわけですが、以下、その中でも効き目がありそうな「ツボ」を、主にファイナンスやコーポレート・ガバナンスの観点から考えてみたいと思います。

政策① ベンチャーキャピタルの数と資金量を増やす

まず、一番即効性がありそうなのが、ベンチャーキャピタルに資金を流し込むことです。

これには3つの流入経路が考えられます。

1つは、政府系の資金からベンチャーキャピタルへのLP出資[10]を増やすこと、

---

[10] ファンドのLimited Partnerとしての出資のこと。

> 終章　ベンチャーの未来ビジョン

　２つめに、税制優遇措置を改善して、民間の資金（事業法人を中心として個人も）をもっとベンチャーキャピタルに流し込むこと、
　３つめは、金融機関が保有している資金を、行政の指導や法令により、ベンチャーキャピタルに流し込むことです。

　前述のとおり、エンジェルを人工的に増やすのはなかなか難しそうなので、まずは、プロである**ベンチャーキャピタルの「数」と「ファンドサイズ（総額）」を増やす**「傾斜生産方式」を取るべきです（ここでいうベンチャーキャピタルとは、組織として投資を行っているアクセラレーターやインキュベーターなどを含みます）。

　政府系機関自身がベンチャーに直接投資を行う日本政策投資銀行や産業革新機構、クールジャパン機構（海外需要開拓支援機構）等もありますが、あまり熱心にやりすぎると「民業圧迫」にもなりかねませんので、民間を補完できるような領域を選んでそれなりに慎重に投資せざるを得ません。また、やはり１つの機関では１つの視点に縛られてしまいがちですし、政府の資金は元が国民の税金ですので、「ケチの付かない」ものに限られてしまいます。つまり、**単に資金量だけを増やせばいいのではなく、多様な視点をもつさまざまな組織が並立することが重要**なのです。仮に前述のように、年間7,000億円規模の投資が行われるようになるにしても、その大半は民間のベンチャーキャピタルから投資をされることにするしかないわけです。
　特に、シードやアーリー・ステージのベンチャーに１億円、10億円、100億円単位の資金を投資できるファンドを増やしていかないと、米国のような巨大ベンチャーを生み出せるベンチャー生態系はできあがりません。
　ベンチャーキャピタルの数とファンドサイズを増やす方策としては、以下のようなものが考えられます。

- **独立系のベンチャーキャピタルの数を増やす**

　前章で検討したようなベンチャー経験のある個人にインセンティブを持たせるスキームを広く普及させ、ベンチャーキャピタルとして活動してもらおうということです。

　このため、そうしたスキームが可能であることを啓蒙し、税務上のリスクがないことを明確化し、登記などの手続きがわかりやすくなるような通達や法令の創設や改正が必要だと考えます。

- **政府系の資金をVCに注入する**

　ベンチャー投資を行っている政府系の機関は、ベンチャー投資についての知見が蓄積しているわけですので、ぜひ、上記のような独立系を含む多様なベンチャーキャピタルファンドへのLP出資を推進していただきたいと思います。

　また、政府系機関の最大の問題点の1つが「スピード」です。ぜひ、（目処として3ヶ月程度の審査での）スピーディな出資決定や、出資要件の緩和[*11]も行っていただきたいところです。

　これらの政府系機関の資金は、元は国民の税金ですので、ファンドへの出資にあたっての審査が慎重にならざるを得ないのは当然ですし、過去のトラックレコードがあるところが説明しやすいのはわかります。しかし、多様性を増すために、ベンチャー経営に関わった経験があるメンバーがいて、ベンチャーキャピタルとしてのガバナンスも確保されているような新興ベンチャーキャピタルについても対象にすべきです。

　（大企業がベンチャーキャピタルをやるのではなく、個人が関わるファンドが主流の時代になると、審査期間が半年伸びると年収が何割も減っ

[*11] 海外への投資割合に制限があったり、日本の投資事業有限責任組合にしか出資できないといった制限は、少しでも緩和すべきだと思います。

> 終章　ベンチャーの未来ビジョン

てキツいことになりますし、その分、チャレンジャーを減らすことになってしまいます。)

● **税制優遇措置を改善する**

　2013年12月、アベノミクスの第三の矢である「日本再興戦略」に盛り込まれた施策を実行することを目的とした「産業競争力強化法」が成立して、ベンチャーファンドへの投資にも税制優遇措置等が設けられることになりました。これは大きな第一歩です。

　しかしこの税制優遇措置が受けられるファンドとして認定されるのが、ファンドの資金を集め終わったあとということだと、ファンドレイズに寄与する効果は減殺されてしまいます。一定の要件を満たすファンドは事前に税制優遇措置が受けられるようにするなど、より使いやすい税制優遇措置を導入すべきです。

　税制優遇措置は、ベンチャーキャピタルの資金集めには非常に有用です。

　ベンチャーキャピタルは、事前にどの企業に投資するかも決まっていないので、たとえば大企業内で担当者がベンチャー出資をする稟議を通そうとしても、「成功する可能性が高い」といった説明をするのが非常に難しいわけです。

　これに対して「出資すると節税になります」というのは、法人にとって確実なメリットになるので、明確な説明が非常にやりやすく、ベンチャー投資の促進に大いに役に立つと考えます。

● **合理的な投資規制を**

　この原稿を書いているまさに今（2014年6月）、ファンド（適格機関投資家等特例業務）に関する規制が強化されようとしています。

　米国では通常、純資産100万ドルまたは年収20万ドル以上といった

要件を満たす個人や、金融機関などの「accredited investor」と呼ばれる投資家しか、ファンドやベンチャーに出資することができませんが、日本はいままで「適格機関投資家」の要件を満たす投資家が出資していれば、その他49人までの投資家は特に要件が縛られていませんでした。今回、この投資家の要件が新たに設定されようとしています。

こうした規制の強化は、適格機関投資家等特例業務を悪用して、リテラシーの低い投資家から資金を集める業者がいてトラブルが多発しているためであり、もちろん、そうした投資家の保護は必要です。中長期的には、米国のように一定の要件を満たした人以上しか投資できないようにしていく必要はあると思います（「良いベンチャーキャピタル」と「悪い業者」の線引きをする基準は何か、ということですが、結局は「ファンドに出資する投資家がイケてるかどうか」ということしかないと思います）。

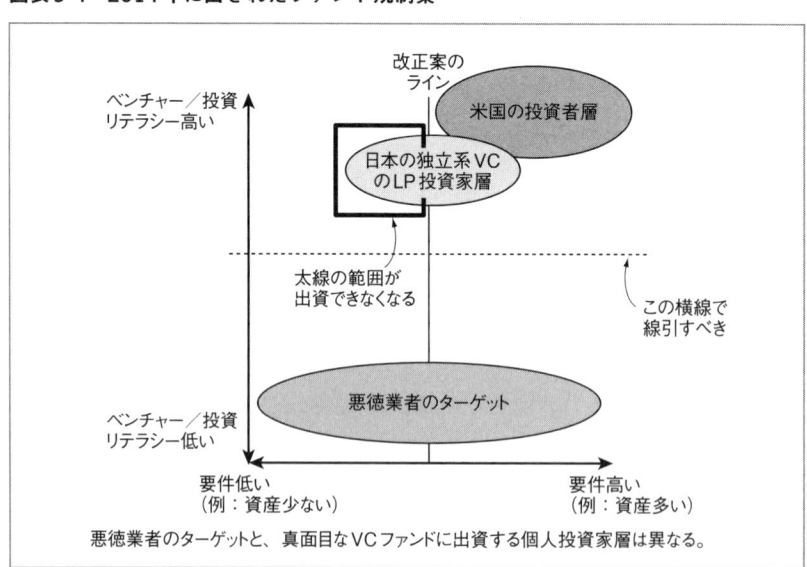

図表9-4　2014年に出されたファンド規制案

悪徳業者のターゲットと、真面目なVCファンドに出資する個人投資家層は異なる。

一方で、序章でも見た通り、日本と米国のベンチャーキャピタル投資は30倍程度、エンジェル投資の量には200倍程度もの開きがあります。単純に今、米国と同じ（またはそれ以上にキツい）要件で投資を制限してしまうと、ベンチャーキャピタルへの資金が断たれ、ベンチャーにも潤沢に資金が回らなくなって、日本経済の発展にも大きなダメージを与えてしまうことになりかねません。

ベンチャー経済を発展させていくためには、「激変緩和措置」をほどこすことなどで、真面目なベンチャーキャピタルの活動を阻害しないようにする必要がありますし、投資家の要件も、日本の現状に合わせた合理的なものに設定する必要があると考えます。

● **金融機関の投資をVCに流入させる**

米国のベンチャーキャピタルへの資金供給者のメインは、年金などの機関投資家です。このため日本でも、5年後10年後の中長期を考えれば、ベンチャーキャピタルの資金源は、徐々に政府の資金から、民間の金融機関の資金へシフトしていくことが望ましいと考えられます。

米国でも1979年にERISA法の解釈が変わったことによって、ベンチャーキャピタルに資金が増加するようになりましたので、そうした金融機関の運用の指針を変更するなどして、金融機関の資金がベンチャーキャピタルに流れるようにすべきです。

ただし、ベンチャーキャピタルが必要とする資金は数千億円規模だと考えられるのに対して、日本の金融機関は1,000兆円規模の資金をもっていますので、仮にその0.01％が流れ込むだけでも1,000億円もの金額（現状の日本全体のベンチャーキャピタルの年間投資金額規模）になってしまいます。一時に大量の資金が流れ込んでも、投資先であるベンチャーの参入自体が追いつかずに、バブルを引き起こすだけ[*12]で、「やっぱり日本のベンチャーってダメだ」ということにもなりかねません。

たとえば2015年は金融機関の持つ1,000兆円単位の資金の0.005％（500億円規模）くらいがベンチャーファンドに流れ込むところからはじめて、2019年に0.05％（5,000億円規模）程度の資金がベンチャーキャピタルに流入する、といったペースであれば、バブルを伴わずにベンチャー生態系を成長させていけるのではないかと思います。

　また、自社金融グループ内のベンチャーキャピタルへの投資を増やすだけでは、「多様性」の点で貢献しません。**資金の一定割合は、自社グループ外に流れる**ような指導なり法令にする必要があると考えます。

政策②　企業からベンチャーへの資金の流れを増やす

　エンジェルは急には増えないとすると、その層の薄さを補うために、法人のパワーを活用することが考えられます。

　全国に300万事業所ある企業（前項の金融機関や一般事業会社）から、ベンチャーへの資金を流す方策、すなわち「**法人版エンジェル税制**」を考えるべきです。

　企業は、一般の個人と違って、ビジネスや法務、財務、税務などについての内部スタッフや外部の専門家との繋がりがあるので、投資経験がなくリスク負担力の乏しい人に無理な投資を勧めてしまうという「適合

---

*12　ただし今後、優先株式による投資が増えると、2000年頃のネットバブル当時と今後では、意味合いが異なってきます。バブルというのが「実態よりも価格が過大評価されている」ことだとすると、普通株式1種類で投資をしている時代には、株価は企業価値と比例し、株価が高まる場合は企業価値もそれにともなって上がらないといけなかったわけです。しかし優先株式が使われる場合には、価格はその株式の種類ごとに異なりますので、まだ利益も出ていないようなアーリー・ステージ企業の株価や調達額が上がっても、必ずしもバブルを意味しなくなります。
　　　ただし、こうした優先株式のノウハウが浸透せずに、単に浮かれて内容を伴わない株式で株価が上がるとバブルになりかねませんので、注意は必要です。

終章　ベンチャーの未来ビジョン

性の問題」も起きにくいはずです。

　また日本ではexitをせずに自分が設立した会社で働き続けるオーナー社長が多いので、望ましいエンジェルの要件である「起業の経験がある」とも重なります。*13

　ベンチャーキャピタルだけでは「多様性」を増やすには限界があります。

　米国でも、ベンチャーキャピタルの投資は、シリコンバレーやボストンなど一部の地域に大きく偏っていますし、業種もホットなものに集中する傾向があります。日本でもベンチャーキャピタルは、東京の渋谷にある将来上場しそうなネット系企業といったものには興味を持ちがちで、たとえば、「東京から遠く離れた地方都市に本社があって、漁船向けの特殊機器を作って将来の売上目標が4億円」といった企業にベンチャーキャピタルが興味を示すとは考えにくいです。

　しかし、そうした多様な「すそ野」に資金供給がなされる土壌があってこそ、将来10兆円の時価総額になるようなベンチャーが生まれてくる可能性も高くなりますので、エンジェルの補完として、法人を大いに活用すべきではないかと思います。

● **大企業をベンチャー界に引き込む**

　オーナー企業だけでなく、大企業に当事者としてベンチャーのことを知ってもらうことも重要です。実際にベンチャーに投資をしてみればベ

＊13　それなりに個人資産を持っているオーナー経営者も多いはずですが、個人では上述のような専門スタッフがいない、経営者自身は忙しいのでベンチャーの面倒を見られない、といったことに加えて、日本では奥さんが個人資産を管理していることも多いので、個人資産から投資しようとすると、「そんなわけのわからん会社に1,000万円も出そうだなんて、何考えてるのよあなた！」といったことにもなりかねません（すばやい意思決定でスピーディーに資金供給できるのが、エンジェルのいいところなのです）。

ンチャーへの感心も湧くでしょうし、ベンチャーの仕事の仕方や課題などの情報も入ってきます。またテクニカルには、ベンチャー関係の契約に詳しい弁護士や、ファンドの会計が詳しい会計士等の専門家とのネットワークもできますし、そうした専門家の市場のパイも膨らみます。

- **人材の供給源になる**

また、(ベンチャーに実際に接したことがない人は、ベンチャーを怪しんでいる人が多いのですが) ベンチャーに実際に接した人は、ベンチャーのスピード感やキラキラ感に魅かれたり、ベンチャー経営者に口説かれたりして、ベンチャーに転職することも多いです。

投資を通じて、金融機関や大企業等とベンチャーとの交流が広がれば、既存企業は優秀な人材のベンチャーへの供給元にもなりえます。

- **M&Aのexit候補先に**

また、ベンチャーとの接触が多くなった事業会社は、そのベンチャーをよく知ることになるので、ベンチャーのM&Aでの有力なexit候補先にもなってくるでしょう。

以上のように、事業会社や金融機関をベンチャーの「生態系」の中に招き入れ、実際に人と人とのネットワークができあがることが重要だと考えます。

政策③　ベンチャーのexitを促進する

ベンチャーのexitを促進する方法の1つに、「ベンチャーM&A税制」といったものを導入することが考えられます。

米国のM&Aでは株式交換(子会社の合併による三角合併)が使われるのが通例ですが、**日本のベンチャーのM&Aでは、個別の株主と交渉**

して全株式を買収者に譲渡することが多いです。これは、株式の譲渡なら譲渡益はキャピタルゲインとして扱われ、会社が解散したことにもならないのに対して、株式交換や合併を行う場合、適格組織再編の要件を満たさないと、

(1) 資産等を帳簿価格で移転したものとして、譲渡損益を繰り延べられる
(2) 株主も株式の譲渡益を計上しなくていい
(3) 買収する会社の繰越欠損金を引き継げる

といったメリットが得られず、会社の資産をバラバラにして売却したのと同様、含み益に課税されたり、株主が課税されたりしてしまうからです。

このため（第3章で考察したような、ドラッグ・アロング権についての株主間契約等をしっかり締結していれば別ですが、そうでない場合）、譲渡に応じてくれるよう全株主を説得しないといけないので[*14]、時間がかかることになります。また、たとえば1％の株式しか持っていない株主にもかかわらず、その人が「売りたくない」とゴネることで、その人がキャスティング・ボート（買収が成立するかしないかの決定権）を持ってしまうことにもなりかねません。

日本では、たとえば、合併等の対価に現金が含まれたり、買収する側が買収されるベンチャーより規模が5倍以上大きかったり、買収される側の社長が買収した側の役員に入らないようなものは、適格組織再編の要件を満たしませんので、税務上不利になったりややこしくなったりしてしまうわけです。

これを、たとえば、「エンジェル税制対象ベンチャーの要件を満たす

[*14] 買収者は多くの場合、少数株主が残るのを好みません。

企業が買収される場合には、現金対価や規模の違い等があっても適格組織再編の要件を満たす」といったことにすることで、大企業等がベンチャーを買収する際の時間や手間、対価の組み合わせやインセンティブなどの設計の自由度が、ぐっと向上することになると考えます。

政策④　LLCパススルー税制で、起業しやすい環境を作る

　政府の成長戦略においても開業率を倍増させるといった目標を掲げていますが、起業の数を年間数万社（事業所）単位で引き上げるというのは、並大抵のことではないと想像されます。
　そこで日本でも米国等にならって、**合同会社（LLC）を税務上パススルーにする**[15]と、この開業率倍増目標の大きな助けになると考えます。

　起業といっても、将来上場企業になることを目指すような大上段なものばかりではなく、個人で独立して、デザイナーやライター、エンジニアなどとして徐々に仕事をとっていくということも多いです。[16]
　もちろん事業は個人でもできます。しかし、法人で事業を行うメリットとしては、
- 個人の生活と事業が「どんぶり勘定」にならず、経営への意識を高めることができる
- 個人事業は「無限責任」だが、合同会社で事業をすることで「有

---

[15] 法人税法や租税特別措置法でシンプルに「パススルーを選択した合同会社は、合同会社の社員を組合員とする組合とみなし、法人税法の規定は適用しない。」といったことを定めるだけで、あとは第7章で検討したLLPの代わりにLLCを使うだけですみ、法人であることで、登記や登録などの事務が非常にスッキリします。従業員を雇うといったことも、よりやりやすくなると考えられます。
[16] この原稿執筆時点で時価総額が約2,500億円あるグリー株式会社も、田中良和社長が楽天株式会社勤務のかたわら自分でプログラムを組んだサービスが元になっていますので、副業的な活動も今やバカにできません。

限責任」になる
- 法人化したほうが、（たとえば従業員を雇った場合にも名刺を渡すといったことがやりやすく）雇用の促進にもつながる可能性がある

といったことが考えられます。

ところが個人事業を法人化（法人成り）する場合には、毎年の決算と、法人税の申告の手間が非常に重くのしかかってきます。自分で法人税の膨大な体系を理解している起業家はほとんどいないでしょうから、外部の税理士にそれなりのフィーも支払わないといけなくなります。[*17]

パススルーにすれば、法人税の申告はせず、社長個人の確定申告だけですむことになりますから、**より気軽に法人が設立できますし、法人化を行うインセンティブも格段に向上する**と考えます。また、現状では副業やバイトでビジネスをしていて起業の統計に引っかかってこない人も、「会社」という明示的な組織にすると統計に載ってくることになります。

何より法人化することによる「意識」の切り替えや、株式会社化して資金調達するといったスケーラビリティを用意しておくことが、起業や成長を促進することにつながると考えます。

政策⑤　ベンチャーキャピタルのGPとしてLLCを活用する

前章で見たとおり、パススルー税制はすでに日本でもLLPで使うことができますが、LLPには「人格」がないので、登記や商標登録などで使いにくい部分がありますので、ベンチャーキャピタルのGPは、やはり法人格のある「会社」にできたほうが便利です。

[*17] こう書くと、税理士会や税理士から「顧客が減る！」と税制に反対を受けそうですが、年間、万単位で法人が増えれば、必ずその中から成長を志向して法人税の申告をする企業が多数あらわれることになるので、結果として市場のパイは膨らむはずです。

図表9-5 米国の典型的なファンド運営構造

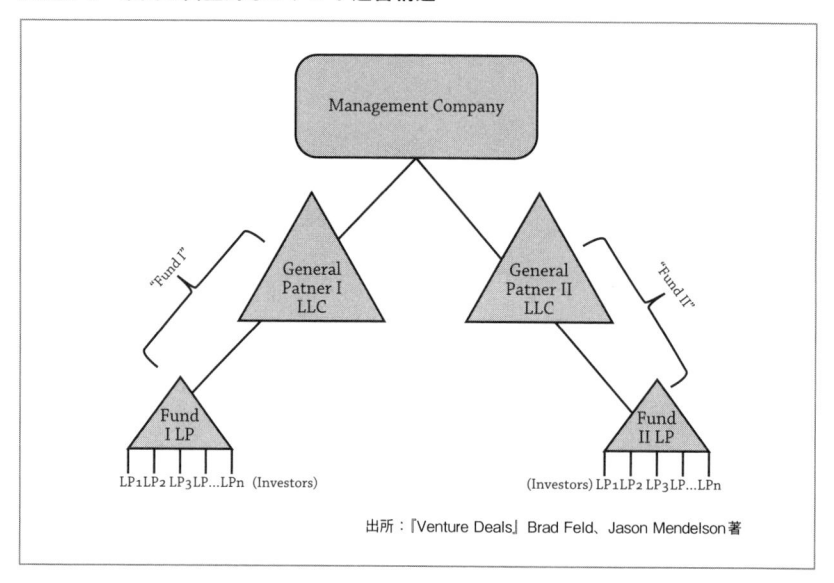

```
                    Management Company
                    /              \
           General Patner I     General Patner II
              LLC                    LLC
         "Fund I"                         "Fund II"
              |                           |
           Fund                         Fund
           I LP                         II LP
        LP₁LP₂LP₃LP...LPn (Investors)   (Investors) LP₁LP₂LP₃LP...LPn
```

出所：『Venture Deals』Brad Feld、Jason Mendelson 著

　また、現在の日本のLLP（有限責任事業組合）は「2階建て」ができません。

　米国のベンチャーキャピタルでは、図表9-5のようにベンチャーファンドごとにLLCを重ねてGPを作っていますが、日本もこうしたストラクチャーが組みやすいようにすることで、よりベンチャー投資が活性化することになるはずです。

政策⑥　会社法の柔軟化

　日本では会社の合併や会社の解散などには議決権の3分の2以上の賛成が必要な特別決議を行う必要がありますが、米国のベンチャーのほとんどが採用しているデラウェア州の会社法では、原則として株主の過半数が賛成すれば、合併や定款の変更も自由に行うことができます。

| 終章 | ベンチャーの未来ビジョン |

　日本のベンチャー（株式の譲渡制限がついた会社）では、本店所在地の変更、社名の変更といった定款変更が必要な事項、株式でのストックオプションの発行、など、ちょっと何かするたびに、株主総会で特別決議を経なければなりません。これは、**米国に比べて少数株主権が強い**ということであり、単に事務的に面倒なだけでなく、少ししか株式を保有していない人がキャスティング・ボートを取りやすくなってしまうので、資本政策的に外部の株主比率を増やしにくい原因となっています。

　米国では、50州の会社法が制度間競争をした結果として、デラウェア州の会社法が選ばれることになりました。最近では、日本からシリコンバレーやシンガポールなどに拠点を移すベンチャーが増えています。日本の会社法もベンチャーに必要なフレキシビリティがないと、制度間競争で負けてしまう可能性があります。
　一朝一夕には難しいとは思いますし、上場企業にまで認めるかどうかはさておいても、少なくとも未公開のベンチャーについては将来的に、「**デラウェア州の会社法なみ**」に、定款等でフレキシブルに決議の要件等を定められる会社法に改正することが望ましいと考えます。[18]

ベンチャーが生み出す社会の変化

　このように、日本のいろいろな問題は、市場メカニズムがうまく機能しないことによる問題につながっていることが多いと思います。ベンチャーが日本のすべての問題を解決できるわけではないですが、主要な

---

[18] もちろん、デラウェア州の会社法が選ばれたのは、会社法自体のフレキシビリティもさることながら、デラウェア州の会社の訴訟に関する判例の蓄積が大きいと思います。法令の運用の判断は最終的には裁判所が行いますので、法改正をすればただちに会社法が使いやすくなるとは限りませんが、まず改正をしなければ判例も蓄積しません。

問題のかなりの部分は、ベンチャーにより解決する可能性があると考えています。

　たとえば、**社外取締役の導入などのコーポレート・ガバナンスの向上**についての問題です。

　日本では「法律で社外取締役を強制すべきだ」「社外取締役がいないと、海外の投資家に対しても恥ずかしい」といった議論が行われていますが、資本主義の中の資本主義の話であるはずのコーポレート・ガバナンスの話が、市場メカニズム（競争）以外の法律や規制で決まるということには違和感を感じます。本当に社外取締役を入れたほうが会社がよくなるのなら、社外取締役を入れた企業が勝ち残るのではないでしょうか。[*19]

　今後、ベンチャー1社あたりへの投資額が、数千万円ではなく、数億円、数十億円と増大していくと、投資したベンチャーがちゃんと経営をしているかのモニタリングの必要性が増し、そのためにベンチャーキャピタルが社外取締役を指名するのが普通になっていくはずです。前述のとおり、ベンチャーキャピタルの活動費用（マネジメント・フィー）は、ファンドサイズの2％前後ですので、**投資した金額が1,000万円であれば、年間20万円しか活動費用が充てられませんが、投資が10億円であれば、そのベンチャー1社に対して年間2,000万円の活動費用がモニタリングやハンズオンに充てられる**ことになります。

　ベンチャーどうしの競争が激しくなれば、より巨額の資金を調達する必要が増え、ラウンドごとに社外取締役を受け入れるようになると、米国同様に社外取締役が取締役会の過半を占めることも普通になってくる

[*19] もちろん、欧州のように、従業員代表が役員になるといった、企業の業績をよくする以外の目的にコーポレート・ガバナンスが使われることもあります。

終章　ベンチャーの未来ビジョン

はずです。

　つまり、**競争が少なく企業の変化や成長のスピードが遅いと、社外取締役が意味を持ちにくかった**のです。

「アメリカ人のほうがエラいからコーポレート・ガバナンスをちゃんとやっている」とか「アングロサクソンは狩猟民族だから大昔から社外取締役が大好きだった」というわけではなく、ベンチャーキャピタルが徐々に巨額の投資を行うようになった結果、社外取締役が増え、そうしたベンチャーが上場して、既存の企業を代替していった結果、上場企業に占める社外取締役の割合が増えていったという理由もあるのではないでしょうか。[*20]

　ベンチャーを育成して社外取締役を増やすというのは10年単位の時間がかかるので、規制で目先の成果を追いたくなる気持ちはわかりますが、現場で必要性を感じていないのに社外取締役が規制で導入され、毒にも薬にもならない人が社外取締役になっても、何も変わるはずがありません。**必要なのは、成長分野での激烈な競争です。**

　デフレ問題もそうです。前述のとおり、起業は雇用を増やし、投資を受けた資金をどんどん経費や設備投資に使います。もっと起業が増えて競争が激しくなれば、他社に先駆けてシェアを取るために人員を増やしたり、設備を増強したりしなければならなくなります。そしてそれによる人手不足が発生したり、物品の需給が逼迫したりしてはじめて、現場に価格を上げられる雰囲気が出てくるわけです。「日銀がお札を刷ればデフレは止まる」といった即効性をうたう方策に頼りたくなる気持ちはわかりますが、起業や雇用を増やさないと、実態としての経済がよくな

[*20] FacebookやTwitterなど米国のベンチャーの未上場時の定款を見ると、経営陣（普通株主）が選任できる取締役は1、2名（へたすると0名）で、あとは全員、各調達ラウンドごとのベンチャーキャピタルなどの投資家が選ぶ社外取締役で占められていることがほとんどです。

るはずがありません。

また、**未来の政治を変える**のも、ベンチャー（のexit）ではないかと思います。

政治家の方の活動を見ていると、本当に資金集めに苦労されています。お金がなくても信念を貫ける政治家ももちろん多いとは思いますが、今までの大政治家と呼ばれる人たちも、金の心配をしなくてすむ資産や収入がある人が多かったと思いますし、金の心配をしなくてすむほうが、自分が本当に正しいと思うことを貫きやすいはずです。

exitした経営者は、十分な財力があるだけでなく、マネジメント経験や人を率いるリーダーシップや実績もあって、政治活動に注げる時間も持ち合わせていますので、そうした人達が選挙で候補者となったり、これはと思う候補者を支援したりすれば、日本の政治も大きく変わっていくと思います。[*21]

「ステークを持つ」生き方

私が2012年からファンドを組成して投資活動をはじめたのは、**ベンチャーの本質が「ステークを持つ」ことにある**と思ったからです。ステークというのは「関係性」とか「持分」という意味です。

第6章で見た「『確率』でなく『期待値』で考える考え方」をもう一度考えてみます。サラリーマンや官僚、評論家、学者といった方々にも

[*21] 「起業家出身者なら必ず有能な政治家になれる」と申し上げているのではありませんが、より良い人材が供給されて候補者間の競争が活発になれば、より良い候補が選択される可能性が高まるはずです。

| 終章 | ベンチャーの未来ビジョン |

立派な人たちはたくさんいて、社会の大半はそういった人たちによって動かされています。そしてそういう方々の意見は、ほとんどの場合が正しいものだと思います。なぜなら、社会の大半は、地道な日々の努力の積み重ねで成り立っているのであって、(日本のみならず米国でも)社会の99.9％以上の領域においては、投資した資金が何百倍にもなって返ってくるといったウマい話は存在しません。そうした通常の世界では(リターンの幅はたかが知れているので)、「確率」で考えようが「期待値」で考えようが、結果にあまり差はないのです。

しかし、ベンチャーの世界のような「極めてリスクが高いが、成功した場合のリターンがデカい」ような領域では、「確率」と「期待値」で考えた結果は乖離してきます。

つまり、そうしたチャレンジングなものに対しては「ステークを持たない人」は斜にかまえたり、ケチを付けたりする態度を取ることが合理的になります。「ほら、オレの言ったとおりになっただろ？」と言えれば、そのほうが賢そうに見えますし、信頼度も上がるからです。つまり「ステークを持たない人」は、数学的に言うと単純な「**確率**」でものごとを見てしまいがちになるわけです。

しかし、10回に1回しか成功しなくても、成功すれば価値が100倍になるものだったらどうでしょう？ 数学で言うと**期待値**[*22]の話です。

ステークを持つ人は「成功しなさそうな要因」とか「成功するかどうか」ではなく、自ずと「**どうやったら成功できるか？**」を考えるようになります。

(日米のベンチャーを知る人に、「米国のベンチャーの取締役会では、全員が『いかにしたら成長できるか』という話しかしないのに、日本の取締役会の社外取締役や社外監査役はなぜ社内の取締役にケチを付けたり、重箱の隅をつつくようなことしか言わないの？」と言われたことが

図表9-6「確率」的な考え方（再掲）

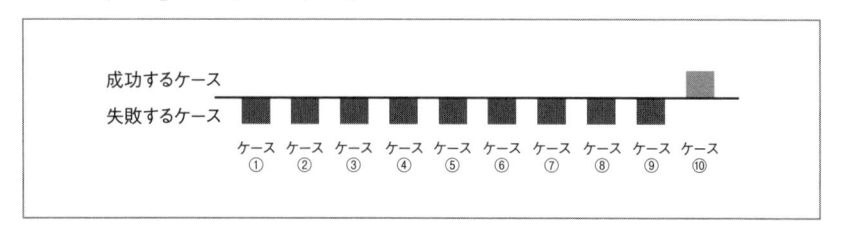

成功するケース
失敗するケース
ケース① ケース② ケース③ ケース④ ケース⑤ ケース⑥ ケース⑦ ケース⑧ ケース⑨ ケース⑩

図表9-7「期待値」的な考え方（再掲）

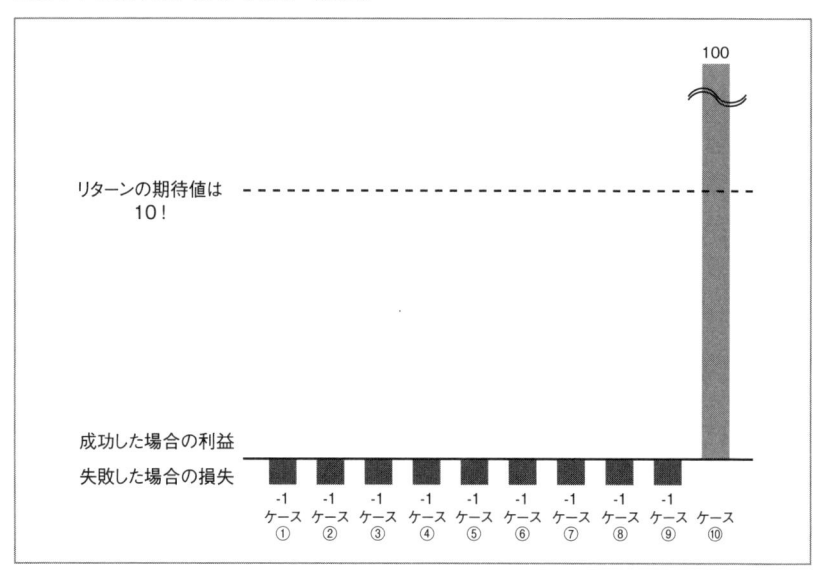

100

リターンの期待値は10！

成功した場合の利益
失敗した場合の損失
-1 -1 -1 -1 -1 -1 -1 -1 -1
ケース① ケース② ケース③ ケース④ ケース⑤ ケース⑥ ケース⑦ ケース⑧ ケース⑨ ケース⑩

あります。それは「ケチを付けることに価値がある」と思っている人だからケチを付けるんでしょうね。）

　このようなイノベーションの最先端の領域では、「ステークを持つ人」を増やし、「ステークを持たない人」の影響を排すことが、社会全体を

＊22　単なる確率ではなく「確率×倍率」です。

終章　ベンチャーの未来ビジョン

豊かにすることにつながると考えます。

　私は今までの社会人人生の過半を、「ステーク」を持たない学生やサラリーマン、コンサルタント、アドバイザーなどとして生きてきました。コンサルタントは、報酬をいただくこともあり、どうしても「何か気の利いた発言をしなくては」「報告書をそれなりの体裁で整えなくては」という気持ちになりがちです。
　これに対して「ステークを持つ人」は、「今は何も言わずに経営者自身に考えさせることのほうが、将来的にためになる」と思えば、「黙っている」という選択肢も取れますし、分厚い報告書を作るよりも、その事業に適任な人を紹介したほうが手っ取り早いなら、そうするはずです。ステークを持つほうが、まどろっこしい手続きや形式はすっとばして、社会に貢献することができます。

　お気づきのとおり、**ベンチャーの場合、この「ステーク」とは、株式（エクイティ）のこと**であり、ステークを持っている人というのは、株式やストックオプションを持つ創業者や従業員、エンジェル、ベンチャーキャピタルなどの投資家のことになります。

　つまり、**株式（エクイティ）を使ったファイナンスは、単なる「お金を調達する手段」ではありません。企業に関わる経営者、投資家、従業員、提携先などにステークを持ってもらうことで、そうした関係者のやる気を引き出すためのツール**なのです。つまり、株式を使いこなすためには、単なる法律や税務だけでなく、**ベンチャーに関わるさまざまな利害関係者の「心の動き」「インセンティブ」を考える必要がある**のです。

　起業とは、「政府や会社など、他人に命令されたことを実行する」といったことの対極にある、「自分で自由に考え、どんな環境であっても、

それに合わせてチャンスを見つける」ということです。「人から命令されたことをやる」から「いかに自分で考えたことを実現するか」へと意識を切り替える「心の革命」であり、血が流れない「経済の革命」であると言えます。

　そしてベンチャーは、成長してたとえ時価総額1,000億円の企業になったとしても、日本全体の資産からすれば、たった0.01％以下程度の非常に小さな存在にすぎません。革命といっても、フランス革命や「アラブの春」などと違って、「国全体を動かす」といった大それたことを考える必要はなく、**まずは自分が変わり、自分の周りの人を変えていくだけでいい**のです。
　その（たった）1,000億円とか1兆円の時価総額のベンチャーが10社、20社誕生すれば、自ずと「日本全体の意識」は変わっていくはずです。重要なのは成功例・成功体験です。

　本書に掲載した各種の契約やスキームは、この革命のための「武器」だと考えています。読者のみなさんがこれらを活用してイノベーションを起こし、人生において本当にやりたいことを実現させ、結果として10年後に20年後に世界で最も活気のある社会が実現されれば、こんなに素晴らしいことはありません。

おわりに

　私は、1998年に今のカブドットコム証券株式会社の立ち上げ準備でベンチャーの世界に飛び込んで、1999年にはネットイヤーグループ株式会社（当時ネットイヤー・ナレッジキャピタル・パートナーズ株式会社）に移り、2001年からは独立してベンチャーのサポートをしてきま

終章　ベンチャーの未来ビジョン

した。しかし、ベンチャーの仕事はものすごくエキサイティングなのですが、シードやアーリーのベンチャーの、なけなしの資金の中からフィーをいただくのはすごく気が引けるし、それだけでは食ってもいけないので、他の仕事で稼ぎながらベンチャーをサポートする生活を続けてきました。

　その後、「なけなしの資金しかないなら、逆にこちらから資金提供して『ステーク』を持ち、無料でサポートするのが、一番自然なベンチャー支援のやり方なんじゃないか？」ということに遅ればせながら気づきまして、2012年1月から、インターネットプロバイダーやドメイン名関連事業を行う株式会社インターリンク、そして同社代表取締役の横山正氏といっしょにフェムト・スタートアップLLPを始めることになりました。

　翌2012年に新生銀行の中村学氏がオフィスを訪ねて来て、「何かいっしょにできるといいですね」という話になったのがきっかけで、2013年4月に、フェムトグロースキャピタルLLPというベンチャーキャピタルを新生企業投資株式会社と私個人の折半出資で設立することになりました。序章で書いたとおり、今の日本のベンチャー生態系に不足しているのは、「シード・アーリーステージのベンチャーに対する億円単位の投資」ですし、私が設立や資金調達のアドバイザー、未上場時からの役員として関わってきた会社の時価総額の最大値を合計してみたら1兆5,000億円を超えていましたので、今後もそうしたイケてるベンチャーたちに巡り会うとしたら、ビジネスとしても成立しうるんじゃないかと思ったからです。

　「銀行」というと、「頭が堅くて、担当者が人事異動で数年でいなくなっちゃう」というイメージがある方も多いのではないかと思います（私も、大変失礼ながら最初にお会いしたころはそうじゃないかと若干疑ってました）。しかし、外資系経営陣の洗礼を受けた新生銀行のベンチャー投資の実績は、他の日本のベンチャーキャピタルと比べてもかなりのもの

で、新生企業投資株式会社代表取締役の松原一平氏、前出の中村学氏、フルタイムで業務に邁進してくれている曽我悠平氏と、フェムトグロースキャピタルのメンバーは全員、10年以上ベンチャーに関与してきたエキスパートです。

　本書に掲載されているファンドの組成、投資の実行、各種スキームの実施や、ひな型化にあたっては、AZX総合法律事務所の後藤勝也弁護士、雨宮美季弁護士、池田宣大弁護士に大変お世話になりました（同事務所のホームページには、ファイナンス以外も含めベンチャーに役立つ各種ひな型も掲載されています）。

　また、前著に引き続き担当していただいた、株式会社ダイヤモンド社のベストセラー量産編集者の横田大樹氏、ブックデザインの萩原弦一郎氏にも感謝いたします。

　その他、紙面の都合で書ききれませんが、この本は、ファンドのLP出資者、投資先その他のベンチャーのみなさん、ベンチャーキャピタルやアクセラレーター、エンジェルのみなさん、弁護士、公認会計士、司法書士、税理士などの専門家、エンジニアやデザイナー、行政の方々など、数多くの「ベンチャー生態系」のみなさんのご協力やアドバイスによって完成することができたものです。本当にありがとうございます。今後もそうしたイケてるみなさんといっしょにベンチャー生態系を盛り上げていければと考えております。よろしくお願いします！

　2014年6月

磯崎哲也

別添1

株式譲渡に関する覚書
（創業株主間契約書）

株式譲渡に関する覚書

> この覚書のひな型は、AZX総合法律事務所のひな型をベースに同事務所と共同で作成し、同事務所の許諾を得て掲載しております。ただし、掲載にあたって文言を一部修正していますので、文責は筆者にあります。

［参加する創業メンバーの名前］（以下「甲」という。）及び［元からの創業株主の名前］（以下「乙」という。）は、甲が保有する株式会社〇〇（本店所在地：△△。以下「会社」という。）の株式に関し、以下のとおり合意したので、末尾記載の日付で、本株式譲渡に関する覚書（以下「本覚書」という。）を締結する。

第1条 目 的
1. 甲が会社の株式を保有することとなったのは、甲が会社の取締役若しくは監査役（以下「役員」という。）又は従業員として誠実に勤務した成果を会社の株式を通じて享受することにより、甲の会社に対する貢献意欲が向上することが期待されたためである。従って、甲は会社の役員又は従業員であるからこそ会社の株式を保有する理由があり、かかる地位を失った場合には会社の株式を保有する理由はなくなる。
2. 本覚書は前項に記載された事実を前提として、甲が会社の役員及び従業員のいずれの地位も失った場合に会社の株式を譲渡することを定めたものである。

第2条 株式譲渡
1. 甲が本会社の取締役及び従業員のいずれの地位も喪失した場合（以下「退任等」という。）には、その喪失の理由を問わず、甲は乙からの請求に基づき乙又は乙の指定する第三者に対し、本

件株式から、当該時点に応じた以下の比率分を控除した数の本会社の株式のうち、乙が指定する株式数を譲渡するものとする。
(1) 本覚書締結日より12カ月以内に退任等をした場合：本件株式の0％
(2) 本覚書締結日より12カ月の翌日以降24カ月以内に退任等をした場合：本件株式の25％
(3) 本覚書締結日より24カ月の翌日以降36カ月以内に退任等をした場合：本件株式の50％
(4) 本覚書締結日より36カ月の翌日以降48カ月以内に退任等をした場合：本件株式の75％
(5) 本覚書締結日より48カ月の翌日以降に退任等をした場合：本件株式の100％

2. 前項の場合における本件株式1株あたりの譲渡価額は、甲による本件株式の1株あたりの取得の価額（以下「本件取得単価」という。）と同額、又は乙が定める本件取得単価以上の価額とする。但し、当該取得後に本会社において株式分割、株式併合、株式割当ての方法による株式の発行若しくは処分、又は株式の無償割当てが行われた場合には、当該分割、併合又は割当ての比率に基づき、第1項の本件株式数及び本項の本件株式1株あたりの譲渡価額は乙により合理的に調整されるものとする。

第3条　相　続
甲が死亡を理由に会社の役員及び従業員のいずれの地位をも喪失した場合には、乙は甲の相続人に対して前条第1項に基づく会社株

式の譲渡請求を行うことができ、その限度で本覚書は会社株式を甲から相続した相続人に承継されるものとする。この場合、本覚書における「甲」は「甲の相続人」に読み替えて本覚書の規定が適用されるものとする。

第4条　譲渡手続等
1. 乙が甲に対し第2条第1項に定める会社株式の譲渡請求を行った場合には、甲は乙の指示に従い、会社に対する譲渡承認請求等、会社株式の有効な譲渡に必要なあらゆる手続を行うものとする。
2. 乙は前項に定める手続の完了後10日以内に第2条第2項に定める譲渡価額を甲に対して支払うものとする。

第5条　有効期間
本覚書は、末尾記載の締結日に効力を発し、甲が会社株式を保有しなくなった日又は会社の株式が取引所金融商品市場に上場した日のいずれか早い日まで有効に存続する。

第6条　通知
1. 本覚書に基づく全ての通知は、手交又は書留郵便により末尾署名欄記載の相手方の住所に対して行うものとする。なお、いずれの当事者も本項に基づき相手方に通知することにより、当該通知先を変更することができる。
2. 前項に基づく通知が、相手方の所在不明等相手方の責に帰すべき事由により、到達しなかった場合には、その発送の日から2週間を経過した日に、当該通知が到達したものとみなす。

第7条　譲渡禁止

本覚書の当事者は、相手方の書面による事前の同意なくして、本覚書の契約上の地位又は本覚書に基づく権利若しくは義務につき、第三者に対する譲渡、担保設定、その他の処分をしてはならないものとする。

第8条　秘密保持
甲は乙の書面による事前承諾なく本覚書の存在及び内容につき第三者に開示しないものとする。

第9条　準拠法及び合意管轄
本覚書の準拠法は日本法とし、本覚書に関連して生じた紛争については、東京地方裁判所を第一審の専属的合意管轄裁判所とする。

本覚書成立の証として、本書2通を作成し、各当事者署名又は記名捺印の上、各1通を保有する。

201〇年〇月〇日

甲：住所
　　氏名　　　　　　　　　　　　　　　（印）

乙：住所
　　氏名　　　　　　　　　　　　　　　（印）

別添2

投資契約書
（シード・ラウンド用）

投資契約書

> この投資契約書は、AZX総合法律事務所と共同でフェムト・スタートアップLLPの投資契約書ひな型として作成したものをベースとしており、一部に同事務所のひな型文言が含まれています。ただし、掲載にあたって文言を一部修正していますので、文責は筆者にあります。

有限責任事業組合フェムト・スタートアップ（以下「投資者」という。）、株式会社〇〇〇〇（以下「発行会社」という。）、〇〇〇〇（以下「経営株主」という。）は、発行会社が発行する株式を投資者が取得するにあたり以下のとおり合意し、本契約（以下「本契約」という。）を締結する。

第1条　投資目的
1. 本契約当事者は協力して発行会社の企業価値の最大化に向けて合理的に最善の努力をすることとし、投資者はその目的のために本契約第2条で定める投資を行う。
2. 発行会社は、201〇年〇月以降201〇年〇月までを目処に、発行会社が発行する株式（以下「発行会社株式」という。）の上場その他投資者が本契約の履行により取得した発行会社株式を売却できる機会を提供するべく合理的に最善の努力を尽くす。

第2条　募集株式の発行及び取得
1. 発行会社は、201〇年〇月〇日開催予定の株主総会の決議に基づき下記の要領で募集株式の発行を行い、投資者は、この株式のうち普通株式〇株（以下「本件株式」という。）を引き受けるものとする。
   (1) 募集株式の数　　　　　　普通株式〇株
   (2) 募集株式の払込金額　　　1株につき金〇円
   (3) 払込金額の総額　　　　　金〇円

	(4)	増加する資本金	増加する資本金の額は金〇円とする
	(5)	資本準備金に関する事項	増加する資本準備金の額は金〇円とする
	(6)	募集方法	第三者割当の方法により、投資者に〇株を割当てる
	(7)	払込期日	201〇年〇月〇日
	(8)	払込口座	〇〇〇〇銀行〇〇〇〇支店 普通〇〇〇〇〇〇〇 カ）〇〇〇〇〇〇〇〇

2．発行会社は払込期日後 1 ヶ月以内に、投資者の保有する発行会社株式に関する株主名簿記載事項証明書を発行するものとする。

第 3 条　資金使途

発行会社は、本件株式の発行手取り金を、投資者に提出した事業計画、及び、当該事業計画を払込期日以降に合理的な理由に基づき変更した事業計画に従った目的に使用する。

第 4 条　表明及び保証

発行会社及び経営株主は、それぞれ、下記の各事項が本契約締結日現在において真実であることを表明し、保証する。

(1) 発行会社は、本契約の締結及び義務の履行並びに本契約に基づく株式の発行について、必要な能力及び権限を有し、かかる締結、履行及び発行に必要な全ての手続きは適法かつ有効に行われていること。

(2) 経営株主は、本契約の締結及び義務の履行について、必要な能力及び権限を有していること。

(3) 発行会社の発行可能株式数は、［普通］株式〇株であり、本契約締結日現在そのうち［普通］株式〇株が発行済みであり、経営株主はそのうち〇株を保有している。発行会社の発行済株式は全て適法かつ有効に発行されたものである。発行会社は、それ以外の株式、又は潜在株式等（新株予約権、新株予約権付社債、その他株式への転換、株式との交換、株式の取得が可能となる証券又は権利（会社法その他の法令の改正により本契約締結後に発行又は付与が可能となったものを含む。）を意味する。以下同じ。）の発行若しくは付与又はその決議を行っておらず、いかなる者との間でも株式又は潜在株式等を将来発行する旨の約束をしていない。また、本件株式の発行直後時点における、投資者の保有する発行会社株式数の、発行会社の発行済株式総数に占める割合は〇％となる。

(4) 発行会社が投資者に提出した、定款、株主名簿（又は株主構成が分かる書面）、事業計画書、財務諸表、登記事項証明書（登記簿謄本）、その他発行会社の事業運営、財務、人事等に関連する書類に記載されている情報が、本件株式の発行を除き、発行会社についての最新の内容を正確に反映しており、重要な点において適正かつ十分であること。

(5) 発行会社及び経営株主の信用状況等に悪影響を及ぼすべき裁判その他の法的手続又は行政・税務その他の手続が現在係属していないこと、及び、発行会社及び経営株主の知る限り、その可能性もないこと。

(6) 投資者に報告済みの事項以外に、投資者による本件株式の取得の判断に影響を及ぼしうる重大な事項が存在せず、かつ、発行会社及び経営株主の知る限り、投資者による本件株式の取得の判断に影響を及ぼしうる事象が今後発生するおそれがないこと。

(7) 発行会社及び経営株主、並びに発行会社の役員及び従業員は、暴力団、暴力団員、反社会的勢力、その他これに準ずるもの（以下「反社会的勢力等」という。）と一切の実質的な関係を持っていないこと。
(8) 発行会社が借入れ又は第三者のために保証債務を負担していないこと、及び経営株主は所有する発行会社の株式及び潜在株式等（以下総称して「発行会社株式等」という。）などを担保に借り入れをしていないこと。

第5条　払込義務

払込義務投資者の払込期日における払込義務は、以下のすべての事項が充足されることを条件とする。（ただし、以下のすべての事項が充足されていない場合であっても、投資者が書面により希望した場合は払込を行うことができる。）
(1) 発行会社及び経営株主の第4条における表明及び保証が、払込期日現在においても真実であること。
(2) 本契約締結日以後払込期日までに、発行会社の運営、財政状態、経営成績、信用状況等に重大な影響を及ぼす事態が発生していないこと（但し、投資者に事前に報告済みであり、かつ、投資者が了承した事項は除く。）及び、発行会社及び経営株主の知る限り、その発生の予定もないこと。

第6条　払込後の発行会社及び経営株主の義務

発行会社及び経営株主は、本件株式の払込後、以下を遵守する。
(1) 法令及び発行会社の定款を遵守して経営を行うこと。特に会社法上の事業報告及び計算書類、その他開示情報等を法令に定められたとおり投資者に送付すること。
(2) 他の株主に対して、月次試算表その他の情報について継続的な

提供を開始することとなったときは、投資者に対しても同等の情報の提供を行うこと。
(3) 事業計画書の達成可能性に関する重大な変化及び事業計画書の重大な変更について投資者にすみやかに通知するとともに、更新した事業計画書等をすみやかに投資者に交付すること。
(4) 発行会社及び経営株主が、反社会的勢力等と一切の実質的な関係を持たず、また、発行会社の役員及び従業員が反社会的勢力等と関係を持たないように適切に指導すること。
(5) 経営株主は、疾病その他やむを得ない事情がある場合又は投資者が事前に了承した場合を除き、発行会社の取締役を辞任せず、かつ、任期満了時に発行会社の取締役に再選されることを拒否しないものとし、また、発行会社の取締役としての業務に専念し、他の会社（発行会社の子会社及び関係会社（子会社及び関係会社の定義は会社計算規則に定めるところによる。）を除く）、団体、組織の役員等又は従業員を兼務又は兼職しないこと。
(6) 経営株主は、発行会社の取締役としての地位にある間、並びに、発行会社の取締役でなくなった日から1年間経過するまでは、自ら又は第三者をして、発行会社における事業と競合する事業を直接又は間接に行わないこと。

第7条　事前協議事項
発行会社及び経営株主は、以下の事項を決定又は承認する場合、事前に投資者と協議するものとする。
(1) 定款の変更、株式の譲渡、発行会社株式等の発行、取締役及び監査役の選任又は解任、合併、株式交換、株式移転、会社分割、事業譲渡、事業譲受、その他発行会社の株主総会を開催すべき事項。

(2) 破産、会社更生手続開始、民事再生手続開始、その他の倒産手続開始の申立て、又は解散、清算。

第8条　投資者の保有する発行会社株式の譲渡
1．投資者は、法令及び発行会社の定款に従い、本件株式の全部又は一部を譲渡することができる。
2．前項の譲渡にあたっては、投資者は発行会社と、譲渡先、譲渡の条件等について誠実に協議するものとする。
3．投資者は発行会社株式が上場された後は、法令に従い本件株式の全部又は一部を自由に譲渡することができる。

第9条　買取請求権
1．以下のいずれかの事由が生じた場合において、投資者が本件株式の買取を請求したときは、発行会社及び経営株主は連帯して、法令で認められる範囲内で本件株式を自ら買取るか、又は別途指定した第三者をして本件株式を買い取らせる義務を負うものとする。この場合、発行会社は、本項に基づく買取りが有効になるために必要な社内手続を行うとともに、経営株主は発行会社のかかる社内手続に最大限の協力をするものとする。
　(1) 第4条に規定された事実の表明及び保証が重要な点で虚偽であった場合。
　(2) 発行会社又は経営株主が、故意又は重大な過失により本契約に違反し、投資者の是正要請にもかかわらず違反を相当期間内に是正しないとき。
　(3) (i)発行会社の株式が上場の要件を充足しており、かつ、発行会社の企業価値最大化のために上場が必要と合理的に考えられるにもかかわらず、発行会社が発行会社株式の上場を行わないとき、又は、(ii)発行会社に対する買収（発行会

　　　　社の発行済株式総数の50％以上を保有することとなる株
　　　　式譲渡、合併、株式交換、株式移転、又は発行会社の事業
　　　　の全部又は重要な一部を対象とした事業譲渡、会社分割を
　　　　意味する。以下同じ。）の提案があり、かつ、発行会社の
　　　　企業価値最大化のために買収提案に応じることが必要と合
　　　　理的に考えられるにもかかわらず、発行会社が買収提案に
　　　　応じないとき。
２．前項における１株当りの買取価額は、次のうち最も高い金額と
　　する。
　　⑴　投資者の取得単価（但し、株式の分割、併合、交換等持株
　　　　比率を変動させない株式数の変動があったときは適切に調
　　　　整されるものとする。）。
　　⑵　投資者の買取請求時における最近取引事例の単価（但し、
　　　　次号の算定を行った場合には、その単価を超えない額）。
　　⑶　監査法人、公認会計士等、投資者及び発行会社が合意する
　　　　第三者が算出する単価。
３．本条前各項の規定は、第９条第１項各号に該当する事由によ
　　り投資者が被った損害を連帯して賠償することを別途発行会社
　　又は経営株主に対して請求することを妨げないものとする。

第10条　経営株主の保有する発行会社株式等の譲渡
経営株主が、経営株主の保有する発行会社株式等を、発行会社又は
第三者（以下総称して「経営株主の売却先」という。）に譲渡する
場合には、投資者は、当該経営株主の売却先への譲渡の条件と同等
の条件で、投資者の保有する発行会社株式等を経営株主の売却先に
譲渡することができるものとし、発行会社及経営株主は、投資者
が当該譲渡を行えるよう、株主総会等の開催、経営株主の売却先と
の交渉等において最大限の努力をするものとする。

第11条　機密保持義務
1．本契約当事者は、他の本契約当事者全員の同意がある場合を除いて、本契約の内容を第三者に開示してはならない。但し、発行会社の資金調達及び上場準備に必要な範囲で開示する場合、又は投資者が一般的なひな型として開示する場合はこの限りではない。
2．被開示者は、本契約に基づき、開示者が被開示者に対し提供する情報その他被開示者が知り得た開示者に関する一切の情報（以下「機密情報」という）につき、開示者の承諾なしに第三者に開示しないものとする。但し、当該情報のうち次の各号は、機密情報にあたらないものとする。
　⑴　開示者から開示された時点で既に公知又は公表されているもの。
　⑵　開示者から開示された時点で被開示者が既に保有していたもの。
　⑶　開示者からの開示後に公表されたもの又は被開示者の責めに帰すべき事由に基づかずに公知となったもの。
　⑷　正当な権限を有する第三者より適切に取得したもの。
3．前各項にかかわらず、本契約当事者は、本契約の内容又は機密情報に接触する必要のある自らの役職員（投資者については投資者の組合契約の組合員及び組合員の役職員）、弁護士、公認会計士、税理士及び、本契約当事者が保有する発行会社の株式の譲渡候補先（譲渡候補先については、事前に他の本契約当事者全員に書面により通知した先に限る。）に開示する場合に限り、本契約の内容及び機密情報を開示できるものとし、当該被開示者に対し、本条と同旨の義務を遵守させるものとする。
4．第1項及び第2項の規定にかかわらず、本契約当事者は、法令又は裁判所若しくは政府機関の命令、要求若しくは要請に基づ

き、本契約の内容又は機密情報を開示することができる。但し、当該命令、要求又は要請があった場合、速やかにその旨を開示者に通知しなければならない。

第12条　紹介者の免責
1. 投資者又はその出資者（投資者の組合契約の組合員等を意味する。あわせて、以下本条において「紹介者」という。）が、発行会社に企業又は個人（以下本条において「被紹介者」という。）を紹介した場合であっても、発行会社は自己の責任で被紹介者との取引等の決定を行い、紹介者に紹介責任その他の責任を追及しないものとする。
2. 紹介者は、被紹介者の紹介にあたり発行会社に提供した情報の真実性について責任を負わないものとし、発行会社は自己の責任と費用で当該情報の真偽を確認するものとする。

第13条　契約の終了
1. 以下のいずれかの事由が発生したときは、本契約は終了する。
   (1) 本契約当事者全員で、本契約を終了する旨の合意をしたとき。
   (2) 発行会社株式が公開されたとき。
   (3) 投資者が本件株式の払込後、発行会社の株主ではなくなったとき。
2. 前項によって本契約が終了した後も、第11条、第12条及び第14条については、その効力を有するものとする。但し、第11条については本契約終了後2年間に限り存続するものとする。

第14条　準拠法、裁判所
本契約は日本法に準拠し、日本法に従って解釈される。本契約に関

して、本契約当事者間で訴訟を行う必要が生じた場合、東京地方裁判所を第一審の専属合意管轄裁判所とする。

第15条　契約の見直し・変更
発行会社の株式公開審査において、引受幹事証券会社又は証券取引所が本契約の内容につき発行会社の株式公開のために支障があると判断した場合、本契約当事者の合意の上、その都度変更契約書を作成するものとし、変更契約書は本契約と一体をなすものとする。

第16条　協議
本契約に定めのない事項及び解釈の疑義については、本契約当事者は誠意をもって協議解決を図るものとする。

本契約成立の証として本書3通を作成し、投資者発行会社経営株主、署名又は記名押印のうえ各1通を保有する。

201〇年〇月〇日
　　　　　　　　　　投資者　東京都豊島区東池袋三丁目1番1号
　　　　　　　　　　有限責任事業組合フェムト・スタートアップ
　　　　　　　　　　ゼネラルパートナー　磯　崎　哲　也

　　　　　　　　　　発行会社　東京都〇〇区〇〇〇丁目〇番〇号
　　　　　　　　　　株式会社〇〇〇〇〇〇〇
　　　　　　　　　　代表取締役　〇〇〇〇

　　　　　　　　　　経営株主　東京都〇〇区〇〇〇丁目〇番〇号
　　　　　　　　　　〇〇　〇〇

別添3

Ａ種優先株式の内容
（定款）

A種優先株式の内容

> この定款案は、AZX総合法律事務所のひな型をベースに同事務所と共同で作成し、同事務所のひな型文言が中心となっております。ただし、掲載にあたって文言を一部修正していますので、文責は筆者にあります。

第13条 （残余財産の分配）

1. 当会社は、残余財産を分配するときは、A種優先株式の保有者（以下「A種優先株主」という。）又はA種優先株式の登録株式質権者（以下「A種優先登録質権者」という。）に対し、普通株式の保有者（以下「普通株主」という。）又は普通株式の登録株式質権者（以下「普通登録質権者」という。）に先立ち、A種優先株式1株につき、金50,000円（以下「A種優先分配額」という。）を支払う。

2. 前項による分配の後なお残余財産がある場合には、普通株主及び普通登録質権者並びにA種優先株主及びA種優先登録質権者に対して分配を行う。この場合、当会社は、A種優先株主又はA種優先登録質権者に対しては、前項の分配額に加え、A種優先株式1株につき、普通株主又は普通登録質権者に対して普通株式1株につき分配する残余財産に第15条に定めるA種取得比率を乗じた額と同額の残余財産を分配する。

3. A種優先分配額は、下記の定めに従い調整される。

    (1) A種優先株式の分割又は併合が行われたときは、A種優先分配額は以下のとおり調整される。なお、「分割・併合の比率」とは、株式分割又は株式併合後の発行済株式総数を株式分割又は株式併合前の発行済株式総数で除した数を意味するものとし、以下同じとする。

$$調整後分配額 = 当該調整前の分配額 \times \frac{1}{分割・併合の比率}$$

(2) A種優先株主に割当てを受ける権利を与えて株式の発行又は処分（株式無償割当てを含む。）を行ったときは、A種優先分配額は以下のとおり調整される。なお、下記算式の「既発行A種優先株式数」からは、当該発行又は処分の時点における当会社が保有する自己株式（A種優先株式のみ）の数を除外するものとし、自己株式を処分する場合は下記算式の「新発行A種優先株式数」は「処分する自己株式（A種優先株式）の数」と読み替えるものとする。

$$調整後分配額 = \frac{既発行A種優先株式数 \times 当該調整前分配額 + 新発行A種優先株式数 \times 1株当たり払込金額}{既発行A種優先株式数 + 新発行A種優先株式数}$$

(3) 第1号及び第2号における調整額の算定上発生した1円未満の端数は切り捨てるものとする。

第14条 （金銭と引換えにする取得請求権）
1. A種優先株主は、当会社が、事業譲渡又は会社分割により、当会社の全部又は実質的に全部の事業を第三者に移転させた場合には、かかる移転の効力発生日を初日として30日間（以下、本条において「取得請求期間」という。）に限り、保有するA種優先株式の全部又は一部を取得しその取得と引換えに本条の定めにより金銭を交付することを当会社に請求することができる。
2. 前項の請求は、対象とする株式を特定した書面を当会社に交付することにより行うものとし、取得請求期間の満了時に効力が

生じるものとする。
3. 本条によるA種優先株式の取得と引換えに交付される1株あたりの金銭は、下記に定める金額の合計額（以下「取得金額」という。）とする。なお、A種優先分配額の調整にかかる第13条第3項の規定は、取得金額に準用するものとする。
   (1) 50,000円
   (2) 取得請求期間の初日に当会社が解散したとみなして、第13条第2項の定めに準じて（ただし、「前項による分配」は「前項による交付」と読み替える。）算定される金額

4. 本条による取得の請求があった場合、当会社は取得請求期間の満了時において請求の対象となったA種優先株式を取得するものとし、直ちに取得金額に対象となる株式数を乗じた金額をA種優先株主に支払うものとする。

第15条 （普通株式と引換えにする取得請求権）
A種優先株主は、A種優先株主となった時点以降いつでも、保有するA種優先株式の全部又は一部につき、当会社がA種優先株式を取得するのと引換えに普通株式を交付することを当会社に請求することができる権利（以下「取得請求権」という。）を有する。その条件は以下のとおりとする。
   (1) A種優先株式の取得と引換えに交付する普通株式数
       A種優先株式1株の取得と引換えに交付する当会社の普通株式の株式数（以下「A種取得比率」という。）は次のとおりとする。かかる取得請求権の行使により各A種優先株主に対して交付される普通株式の数につき1株未満の端数が発生した場合はこれを切り捨て、金銭による調整を行う。

$$A 種取得比率 \;=\; \frac{A 種優先株式の基準価額}{取得価額}$$

(2) 上記(1)のA種優先株式の基準価額及び取得価額は、当初25,000円とする。

第16条 （取得価額等の調整）
前条に定めるA種優先株式の基準価額及び取得価額は、以下の定めにより調整される。

(1) 株式等の発行又は処分に伴う調整

A種優先株式発行後、下記①又は②に掲げる事由により当会社の株式数に変更を生じる場合又は変更を生じる可能性がある場合は、前条の取得価額（以下「取得価額」という。）を、下記に定める調整式に基づき調整する。調整後の取得価額の適用時期は、下記①及び②のそれぞれに定めるところによる。調整額の算定上発生した1円未満の端数は切り捨てるものとする。

① 調整前の取得価額を下回る払込金額をもって普通株式を発行又は処分する場合（株式無償割当てを含む。）。但し、A種優先株式の取得請求権の行使、又は潜在株式等（取得請求権付株式、取得条項付株式、新株予約権、新株予約権付社債、その他その保有者若しくは当会社の請求に基づき又は一定の事由の発生を条件として普通株式を取得し得る地位を伴う証券又は権利を意味する。以下同じ。）の取得原因（潜在株式等に基づき会社が普通株式を交付する原因となる保有者若しくは当会社の請求又は一定の事由を意味する。以下同じ。）の発生による場合を除く。調整後の取得価額は、

募集又は割当てのための基準日があるときはその日の翌日、それ以外のときは株式の発行又は処分の効力発生日（会社法第209条第2号が適用される場合は、同号に定める期間の末日）の翌日以降にこれを適用する。

② 調整前の取得価額を下回る潜在株式等取得価額をもって普通株式を取得し得る潜在株式等を発行又は処分する場合（無償割当てを含む。）。本②にいう「潜在株式等取得価額」とは、普通株式1株を取得するために当該潜在株式等の取得及び取得原因の発生を通じて負担すべき金額を意味するものとし、以下同様とする。調整後の取得価額は、募集又は割当てのための基準日がある場合はその日、それ以外のときは潜在株式等の発行又は処分の効力発生日（会社法第209条第2号が適用される場合は、同号に定める期間の末日）に、全ての潜在株式等につき取得原因が発生したものとみなし、このみなされる日の翌日以降これを適用する。

記

$$調整後取得価額 = \frac{既発行株式数 \times 当該調整前分配額 + 新発行株式数 \times 1株当たり払込金額}{既発行株式数 + 新発行株式数}$$

なお、上記の調整式で使用する「既発行株式数」は、調整後の取得価額を適用する日の前日における、(i)当会社の発行済普通株式数と、(ii)発行済A種優先株式の全てにつき取得原因が当該日において発生したとみなしたときに発行される普通株式数との合計数から、同日における当会社の保有する自己株式（普通株式のみ）の数を控除した数を意味

するものとする（但し、当該調整の事由により上記(i)若しくは(ii)の普通株式数又は自己株式（普通株式のみ）の数が変動する場合、当該変動前の数を基準とする。）。

会社が自己の保有する株式又は潜在株式等を処分することにより調整が行われる場合においては、上記の調整式で使用する「新発行株式数」の「新発行」は「処分する」と読み替えるものとする。

会社が潜在株式等を発行又は処分することにより調整が行われる場合においては、上記の調整式で使用する「新発行株式数」とは、発行又は処分される潜在株式等の目的たる普通株式の数を、「1株当たり払込金額」とは、上記②に定める潜在株式等取得価額を、それぞれ意味するものとする。

上記①又は②に定める普通株式又は潜在株式等の発行又は処分が、株主割当て又は無償割当てにより行われる場合は、前条に定めるA種優先株式の基準価額も、取得価額と同様に調整されるものとする。

上記の定めにかかわらず、本号に基づく調整は、(i)A種優先株式の発行済株式総数の三分の二以上を保有するA種優先株主（複数名で三分の二以上の保有比率となる場合を含む。以下「主要優先株主」という。）が書面により調整しないことに同意した場合、又は(ii)当会社がストックオプション目的で当会社の取締役、監査役又は従業員に対して新株予約権を発行する場合（但し、新株予約権の1株当たりの行使価額が、当該新株予約権の目的たる株式の時価として合理的に認められる金額以上である場合に限る。）には行われない。

(2) 株式の分割又は併合による調整

A種優先株式発行後、株式の分割又は併合を行う場合は、取得価額は以下の調整式に基づき調整される。調整後の取得価額は、株式分割の場合は割当基準日の翌日以降、株式併合の場合は株式併合の効力発生日の翌日以降、それぞれ適用されるものとする。調整額の算定上発生した1円未満の端数は切り捨てるものとする。また、この場合A種優先株式の基準価額も、取得価額と同様に調整されるものとする。

$$調整後取得価額 = 当該調整前取得価額 \times \frac{1}{分割・併合の比率}$$

(3) その他の調整

上記に掲げた事由によるほか、次に該当する場合には、当会社は取締役の決定（取締役会設置後は「取締役会の決議」と読み替える。）に基づき、合理的な範囲において取得価額及び／又はA種優先株式の基準価額の調整を行うものとする。

① 資本減少、時価を超える価格での普通株式若しくは潜在株式等の有償取得、合併、会社分割、株式移転又は株式交換のために取得価額の調整を必要とする場合。

② 潜在株式等の取得原因が発生する可能性のある期間が終了した場合。但し、潜在株式等の全部について取得原因が発生した場合を除く。

③ 潜在株式等にかかる第1号②に定める潜在株式等取得価額が修正される場合。

④ 上記のほか、当会社の普通株式数に変更又は変更の可能性を生じる事由の発生によって取得価額の調整が必要であると取締役（取締役会設置後は「取締役会」と

読み替える。)が合理的に判断する場合。

第17条 (普通株式と引換えにする取得)
当会社は、A種優先株式の発行以降、当会社の株式のいずれかの金融商品取引所への上場(以下「株式公開」という。)の申請を行うことが株主総会(取締役会設置後は「取締役会」と読み替える)で可決され、かつ株式公開に関する主幹事の金融商品取引業者から要請を受けた場合には、株主総会(取締役会設置後は「取締役会」と読み替える)の定める日をもって、発行済のA種優先株式の全部を取得し、引換えにA種優先株主に当会社の普通株式を交付することができる。かかる場合に交付すべき普通株式の内容、数その他の条件については、第15条及び第16条の定めを準用する。但し、A種優先株主に交付される普通株式の数に1株に満たない端数が発生した場合の処理については、会社法第234条に従うものとする。

第18条 (議決権)
A種優先株主は、当会社株主総会及びA種優先株主を構成員とする種類株主総会において、A種優先株式1株につき1個の議決権を有する。

第19条 (株式の分割、併合及び株主割当て等)
1. 当会社は、株式の分割又は併合を行うときは、全ての種類の株式につき同一割合でこれを行う。
2. 当会社は、株主に株式無償割当て又は新株予約権(新株予約権付社債に付されたもの含む。以下本条において同じ。)の無償割当てを行うときは、普通株主には普通株式又は普通株式を目的とする新株予約権の無償割当てを、A種優先株主にはA種優先株式又はA種優先株式を目的とする新株予約権の無償割当て

を、それぞれ同時に同一割合で行うものとする。
3. 当会社は、株主に募集株式の割当てを受ける権利又は募集新株予約権の割当てを受ける権利を与えるときは、普通株主には普通株式又は普通株式を目的とする新株予約権の割当てを受ける権利を、Ａ種優先株主にはＡ種優先株式又はＡ種優先株式を目的とする新株予約権の割当てを受ける権利を、それぞれ同時に同一割合で与える。

第20条 （みなし清算）
　　（省略）

第21条 （優先配当）
　　（省略）

別添4

株式の転換等に関する合意書
（みなし優先株式）

株式の転換等に関する合意書

> このひな型は、筆者の発案及び検討に基づき、AZX総合法律事務所の協力を得て作成したものをベースにしており、一部、同事務所のひな型文言を使用しております。ただし、掲載にあたって文言を一部修正していますので、文責は筆者にあります。

別紙「当事者一覧」記載の者は、以下のとおり合意したので、201〇年〇月〇日付で株式の転換等に関する合意書（以下「本合意書」という。）を締結するものとする。

第1条　定義

本合意書において使用される以下の各用語は各々以下に定める意味を有する。また、本合意書におけるその他の用語は、本合意書に別段の定めがない限り、発行会社の定款の定めに従うものとする。

(1) 「みなし優先株主」とは、別紙「当事者一覧」に記載された□□□□を意味する。
(2) 「発行会社」とは、別紙「当事者一覧」に記載された〇〇〇〇株式会社を意味する。
(3) 「経営株主」とは、本合意書の当事者のうち、みなし優先株主及び発行会社を除く者であって、発行会社の株式を保有する者を意味する。
(4) 「代表者」とは、別紙「当事者一覧」に記載された△△△△を意味する。
(5) 「普通株式」とは、発行会社が現に発行する株式（発行会社が種類株式発行会社となった場合には、その発行する種類株式のうちの普通株式）を意味する。
(6) 「優先株式」とは、発行会社が将来発行する種類株式のうちの普通株式以外の種類株式を意味する。

(7) 「みなし優先株式」とは、みなし優先株主が保有する普通株式を意味する。
(8) 「普通株主」とは、普通株式を保有する者を意味する。
(9) 「主要みなし優先株主」とは、みなし優先株式の議決権の[過半数]を持つ、みなし優先株主（複数名で過半数の保有比率となる場合を含む。）を意味する。
(10) 「適格ファイナンス」とは、以下の条件すべてを満たす資金調達を意味する。
　(a) 資金調達額の合計が［5,000万円］以上であること。
　(b) 少なくとも以下の要件すべてを満たす優先株式を発行する資金調達であること。
　　(i) 議決権を有すること。
　　(ii) 発行会社の解散時に、残余財産から当該株式の払込金額相当額が普通株主に先立って分配され、同分配後の残余についても、転換比率を調整のうえ計算した額で普通株主とともに参加する内容の残余財産の分配を受ける権利が規定されていること。
　　(iii) 普通株式と同等以上の剰余金の配当が行われること。
　　(iv) 取得請求権付株式又は取得条項付株式（当該株式を取得するのと引換えに株主に対して発行会社の普通株式を交付する条項を含むものに限る。）であること。
(11) 「買収」とは、発行会社が以下のいずれかに該当することを意味する。
　(a) みなし優先株主又は経営株主による発行会社の株式の譲渡であって、発行会社の議決権総数の50％超を第三者（複数の第三者の場合を含む。）が有することとなるもの（以下、「株式譲渡買収」という。）。
　(b) 発行会社が他の会社と合併することにより、合併直前の

発行会社の総株主が合併後の会社に関して保有することとなる議決権総数が、合併後の会社の発行済株式の議決権総数の50％未満となること。

(c) 発行会社が他の会社と株式交換を行うことにより、株式交換直前の発行会社の総株主が株式交換後の完全親会社に関して保有することとなる議決権総数が、株式交換後の完全親会社の発行済株式の議決権総数の50％未満となること。

(d) 発行会社が他の会社と株式移転を行うことにより、株式移転直前の発行会社の総株主が株式移転後の完全親会社に関して保有することとなる議決権総数が、株式移転後の完全親会社の発行済株式の議決権総数の50％未満となること。

(e) 発行会社が会社分割を行い、吸収分割承継株式会社又は新設分割設立株式会社の株式を配当財産として剰余金の配当を行うとき。

(12) 「想定分配額」とは、以下の金額を意味する。

(a) 発行会社の清算の場合においては、みなし優先株式が次号の優先株式であることを仮定して発行会社を清算した場合に、定款の定めに基づきみなし優先株主及び経営株主の各々が残余財産の分配を受けられる金額。

(b) 発行会社の買収の場合においては、以下の(i)から(iii)を仮定して発行会社を清算した場合に、定款の定めに基づきみなし優先株主及び経営株主の各々が残余財産の分配を受けられる金額（買収の対価が現金以外を含む場合、買収の対価の評価額については、発行会社と主要みなし優先株主が協議して決定した第三者の算定などにより合理的に見積もられる金額）。

> (i) みなし優先株式が次号の優先株式であること。
> (ii) 当該買収が株式譲渡買収である場合には、当該株式譲渡買収に応じて発行会社の株式の譲渡人となった株主のみが発行会社の株主であること。
> (iii) 発行会社の残余財産が当該買収の対価の評価額の合計に相当する金額であること。

(13) 前号で仮定する優先株式は、発行会社の株式であって、以下の(a)及び(b)の内容の残余財産分配権が規定されているものとする。

> (a) 当該株式の払込金額相当額が普通株式への配当に先立って分配されること。
> (b) 前号の分配後の残余についても［、当該優先株式 1 株あたり普通株式 5 株（みなし優先株主又は普通株式に係るみなし優先株主以外の株主に対して有利発行があった場合には適切に調整される。）に転換された上で］普通株主とともに参加すること。

(14) 「想定優先分配額」とは、想定分配額のうち、みなし優先株主への分配額を意味する。

第 2 条　優先株式への転換

1. 本合意書締結日以降、発行会社が株式の発行による資金調達を行うことになった場合には、発行会社はみなし優先株主に対して速やかに、(i)発行する株式の種類と内容、(ii)払込金額、(iii)投資契約その他出資者と締結する契約案について通知するものとする。

2. 本合意書の当事者は、発行会社が適格ファイナンスを行うこととなった場合、みなし優先株式の適格ファイナンスにおいて発行される優先株式と同一の種類の優先株式（以下「転換対象優

先株式」という。）への転換がなされることとなるよう必要なあらゆる手続を行うものとする。
3. 株式の発行による資金調達が、適格ファイナンスの要件のうち、第1条第(10)号(a)の一部の要件を満たさない場合であっても、主要みなし優先株主が発行会社に対し要求した場合には、本合意書の当事者は、前項と同様の転換がなされることとなるよう必要なあらゆる手続を行うものとする。
4. 本条に定める転換により交付される転換対象優先株式の数は、みなし優先株主のみなし優先株式の払込金額の総額を以下により定められる転換価格で除して小数点以下を切り捨てて得られる整数とする。
転換価格＝みなし優先株主がみなし優先株式を取得した際の1株当たりの払込金額
（みなし優先株主又は普通株式に係るみなし優先株主以外の株主に対して有利発行があった場合には適切に調整される。）
5. 主要みなし優先株主と発行会社が合意した場合、(i)みなし優先株式全部の転換に替えて一部の株式の転換とすること若しくは転換を行わないこと、(ii)転換価格の引き上げ、又は(iii)転換対象優先株式に替えて転換対象優先株式より内容が劣後する優先株式に転換すること、その他必要な合理的調整を行うことができる。

第3条 売却請求権
1. 発行会社に対して買収が提案された場合、発行会社の発行済株式の総数の3分の2以上を保有するみなし優先株主及び経営株主（複数名で3分の2以上の保有比率となる場合を含む。以下「売却請求権者」という。）は、他のみなし優先株主及び経営株主並びに発行会社に対し、当該買収に応じるべき旨を請

求する権利（以下「売却請求権」という。）を有する。売却請求権者が売却請求権を行使する場合には、その旨を発行会社宛に通知するものとする。
2. 前項の通知に記載された買収が株式譲渡買収であり、当該買収により譲渡される株式の数が、発行会社の発行済株式のすべてでない場合には、まず、当該買収に応じることを希望するみなし優先株主の保有するみなし優先株式が優先的に譲渡の対象となるものとし、残りの譲渡対象株式数については、その他の株主の間で、定款及びその持株数に応じて按分することにより決定する。かかる按分により生じる 1 株未満の端数の取扱いについては、発行会社が合理的に決定するものとする。

第 4 条　優先分配権
1. 発行会社について現金を対価とする株式譲渡買収が行われる場合には、以下の株式譲渡を行うものとする。
   (1) みなし優先株主は代表者に対し、1 株あたりの想定優先分配額に、譲渡する株式数を乗じた額でみなし優先株式たる普通株式を譲渡する。
   (2) 代表者は代表者以外の経営株主に対して、前号の 1 株当たりの譲渡価格と同価格で、前号で取得した普通株式を各経営株主の持株数の比に応じて譲渡する。
2. 発行会社について前項以外の買収が行われる場合には、その買収の対価について、買収に応じたみなし優先株主及び経営株主が各々の想定分配額を受け取ることとなるよう、本合意書の当事者間で必要な分配を行うものとする。
3. 発行会社が資産譲渡、現物出資、事業譲渡又は会社分割等により発行会社の資産又は事業の重要部分を第三者に移転させた場合、発行会社が支配する会社が当該資産又は事業を継続的に保

有する場合を除き、主要みなし優先株主は、発行会社に対して通知することにより、発行会社の解散及び清算を要求することができる。なお、本項において「発行会社の資産又は事業の重要部分の移転」とは、当該移転した資産又は事業の価値が発行会社の企業価値の 3 分の 2 以上に相当する部分を移転する場合を意味する。この場合の資産又は事業の価値及び企業価値については、発行会社と主要みなし優先株主が協議して決定した第三者の算定などにより合理的に見積もられる金額とする。
4. 発行会社について清算が行われる場合には、残余財産の分配に際してみなし優先株主及び経営株主が各々の想定分配額を受け取ることとなるよう、本合意書の当事者間で必要な分配を行うものとする。

第 5 条　各契約当事者の責任等
1. 本合意書に関する手続きが必要となった場合、発行会社はみなし優先株主及び経営株主等にその旨及び内容を通知し、発行会社、みなし優先株主及び経営株主等は、必要なあらゆる手続を速やかに行うものとする。
2. 本合意書で定められる手続が、第三者との交渉上、税務上、若しくは法律上の理由、又はその他のやむを得ぬ理由により合理的でないこととなった場合、本合意書で定める譲渡や分配に代えて、主要みなし優先株主と発行会社が合意した他の合理的な方法を採用することができる。
3. 発行会社が資産譲渡、現物出資、事業譲渡又は会社分割等により発行会社の資産又は事業の重要部分を第三者に移転させた場合、発行会社が支配する会社が当該資産又は事業を継続的に保有する場合を除き、主要みなし優先株主は、発行会社に対して通知することにより、発行会社の解散及び清算を要求すること

ができる。なお、本項において「発行会社の資産又は事業の重要部分の移転」とは、当該移転した資産又は事業の価値が発行会社の企業価値の3分の2以上に相当する部分を移転する場合を意味する。この場合の資産又は事業の価値及び企業価値については、発行会社と主要みなし優先株主が協議して決定した第三者の算定などにより合理的に見積もられる金額とする。

第6条　他の株主等の参加
1. 発行会社につき、第三者割当増資、株式譲渡などにより本合意書の当事者以外の株主（以下「新株主」という。）が出現した場合には、本合意書の当事者は新株主を本合意書の当事者として参加させるように最善の努力を行うものとする。［この場合、□□□□は、本合意書の他の当事者全員の代理人として、主要みなし優先株主と合意する内容で、新株主を本合意書に参加させるための契約を締結することができるものとする。］
2. みなし優先株主又は経営株主は、自己の保有する普通株式を第三者に譲渡する場合は、譲受人をそれぞれみなし優先株主又は経営株主として本合意書の当事者として参加させることを条件とし、かかる条件が満たされない限り、自己の保有する株式を第三者に譲渡しないものとする。
3. みなし優先株主は、いつでも保有する株式の全部又は一部を前項に従って譲渡できるよう、譲渡を希望するみなし優先株主以外の本合意書の当事者は、この譲渡を承諾するものとする。

第7条　通　知
1. 本合意書に基づく又はこれに関連する全ての通知は、手交、書留郵便又は電子メールにより別紙「当事者一覧」記載の発行会社の住所又は電子メールアドレスに対して行い、発行会社は同

様の方法でその他の本合意書の当事者に対して通知を行うものとする。なお、発行会社以外の本合意書の当事者は、発行会社に通知することにより、発行会社は発行会社以外の本合意書の当事者に通知することにより、別紙「当事者一覧」の住所又は電子メールアドレスを変更することができる。
2. 前項に基づく通知が、所在不明等通知の相手方である当事者の責に帰すべき事由により、到達しなかった場合には、その発送の日から2週間を経過した日に、当該通知が到達したものとみなす。

第8条 損害賠償
本合意書の当事者が本合意書に違反した場合、他の当事者に対して損害を賠償する責任を負うものとする。この場合、当該他の当事者が発行会社の株式を保有しているか否かにかかわらず、当該違反がなければ当該他の当事者が得られたであろう買収の対価その他の経済的利益を本条に定める損害賠償責任における損害とみなす。

第9条 税　務
1. 本合意書に基づく取引に関して生じる税金については、各当事者が法令に基づき負担するものとする。
2. 本合意書の各当事者は、以下について確認する。
   (1) 本合意書に基づく株式の転換又は譲渡等の取引は、本合意書にあらかじめ定められた権利及び義務に基づいて行われるものであり、株主間での贈与又は寄付等、それ以外の目的を有するものではないこと。
   (2) 本合意書に基づく株式の譲渡価格は、本合意書にあらかじめ定められた権利及び義務に基づいて決定されるものであり、当該権利及び義務が付かない株式の税務上の時価を表す

取引事例として考えることは基本的には適切でないこと。

第10条　完全合意
1. 本合意書は、本合意書に含まれる事項に関する本合意書の当事者間の完全な合意を構成し、口頭又は書面によるとを問わず、当事者間の本合意書に定める事項に関する事前の合意、表明及び了解に優先する。
2. 本合意書の締結により、みなし優先株主又は経営株主等と発行会社との間で締結された投資契約（その名称を問わず、株主に対し、発行会社の事業、運営、統治等又は当該株主若しくは他の株主の有する発行会社株式等の譲渡若しくは買取等に関し、一定の権利を付与する契約を含む。）については、本合意書と矛盾する範囲においてその効力が失効するものとする。但し、同契約に基づき発行会社が既に発行した株式、新株予約権、新株予約権付社債等の引受けの効力を妨げるものではない。

第11条　有効期間
1. 本合意書は、本合意書締結日に発効し、以下のいずれかの場合に終了する。
   (1) 主要みなし優先株主が書面により承諾した株式市場において、発行会社が株式公開した場合
   (2) 発行会社が解散（合併による解散を除く。）した場合
   (3) 全ての本株主が発行会社株式等（発行会社が発行する株式及び新株予約権、新株予約権付社債その他株式への転換、株式との交換、株式の取得が可能となる証券又は権利（会社法その他の法令の改正により本契約締結後に発行又は付与が可能となったものを含む。）を意味する。）を全く保有しなくなった場合

⑷　主要みなし優先株主と発行会社が合意した場合
⑸　発行会社について買収が発生し、当該買収について、本合意書に基づく対価の分配が完了した場合
2. 本契約の終了は将来に向かって効力を生じ、本契約に別段の定めがある場合を除き、終了前に本契約に基づき具体的に発生した権利及び義務は終了による影響を受けないものとする。
3. 発行会社について、株式交換、株式移転、合併、会社分割（但し、本項においては、会社分割に伴い新設会社の株式を剰余金として分配する場合を意味する。）又はこれらに類する組織再編行為が行われ、これに基づき本株主が発行会社以外の会社（以下「組織再編対象会社」という。）の株式を取得することとなった場合には、本合意書は、当該組織再編対象会社の株式を発行会社の株式とみなして本合意書の当事者間で有効に存続するものとし、本合意書の当事者は、本合意書における発行会社の契約上の地位を、組織再編対象会社に移転するよう最善の努力を尽くすものとする。但し、会社分割の場合には、発行会社と発行会社の株式を対象とする本合意書と、再編対象会社と組織再編対象会社を対象とする本合意書（以下「新合意書」という。）の二つに分かれて両合意書が併存するものとし、本合意書の当事者は、組織再編対象会社についても新合意書の当事者とするよう最善の努力を尽くすものとする。
4. 本合意書のうち、第2条及び第4条については、適格ファイナンスにより発行会社が優先株式を発行した時点で将来に向かって効力が消滅するものとする。

第12条　準拠法及び合意管轄
本合意書の準拠法は日本法とし、本合意書に関連して生じた紛争については、東京地方裁判所を第一審の専属的合意管轄裁判所とす

別添4 株式の転換等に関する合意書
（みなし優先株式）

る。

本合意書成立の証として、本書〇通を作成し、各当事者署名又は記名捺印の上、各1通を保有する。

201〇年〇月〇日
みなし優先株主：住所　東京都〇〇〇〇〇〇〇〇
　　　　　　　　氏名　□□□□

発行会社：　　　住所　東京都港区〇〇〇〇
　　　　　　　　氏名　〇〇〇〇株式会社
　　　　　　　　代表取締役　△△△△

代表者：　　　　住所　東京都〇〇〇〇
　　　　　　　　氏名　△△△△

　　　　　　　　別紙「当事者一覧」記載の経営株主等の代理人
　　　　　　　　住所　東京都〇〇〇〇
　　　　　　　　氏名　△△△△

別紙

　　　　　当事者一覧

【みなし優先株主】
〒150-0001
東京都渋谷区〇〇〇〇〇〇〇〇
電子メールアドレス：〇〇〇〇
□□□□
通知の宛先：　□□□□宛

【発行会社】
〒106-〇〇〇〇
東京都港区〇〇〇〇〇〇〇〇
電子メールアドレス：〇〇〇〇
〇〇〇〇株式会社
通知の宛先：　△△△△宛

【経営株主等】
〒106-〇〇〇〇
東京都港区〇〇〇〇
電子メールアドレス：〇〇〇〇
通知の宛先：　△△△△宛

〒106-〇〇〇〇
東京都港区〇〇〇〇
電子メールアドレス：〇〇〇〇
通知の宛先：　〇〇〇〇宛
　　　⋮

別添4　株式の転換等に関する合意書
（みなし優先株式）

> 多数投資家がいる場合は押印が大変なので、この書式を使います。

△△△△　殿

　　　　株式の転換に関する合意書について

○○○○株式会社の株主である私は、別紙の買収にかかる株主分配等に関する合意書の内容を承諾し、これを締結することに同意します。また、私は、△△△△殿に対し、△△△△殿が私の代理人として別紙の株式の転換に関する合意書を締結する権限を付与致します。

2013年○月○日

　　　住所：
　　　氏名：

別添5

乙種普通株式の内容
（定款）

乙種普通株式の内容

> このひな型は、著者の発案及び検討に基づき、AZX総合法律事務所のひな型をベースに同事務所と共同で作成し、同事務所のひな型文言が中心となっております。ただし、掲載にあたって文言を一部修正していますので、文責は筆者にあります。

（残余財産の分配）

第13条の2　当会社は、残余財産を分配するときは、A種優先株式の保有者（以下「A種優先株主」という。）又はA種優先株式の登録株式質権者（以下「A種優先登録質権者」という。）に対し、普通株式の保有者（以下「普通株主」という。）又は普通株式の登録株式質権者（以下「普通登録質権者」という。）及び乙種普通株式の保有者（以下「乙種普通株主」という。）又は乙種普通株式の登録株式質権者（以下「乙種普通登録質権者」という。）に先立ち、A種優先株式1株につき、金60,000円（以下「A種優先分配額」という。）を支払う。

2. 前項による分配の後なお残余財産がある場合には、普通株主又は普通登録質権者及びA種優先株主又はA種優先登録質権者に対して分配を行う。この場合、当会社は、普通株主又は普通登録質権者に対しては、普通株式1株につき、金40,000円（以下「普通株式優先分配額」という。）を支払い、A種優先株主又はA種優先登録質権者に対しては、前項の分配額に加え、A種優先株式1株につき、普通株式優先分配額に第13条の4に定めるA種取得比率を乗じた額と同額の残余財産を分配するものとする。

3. 前項による分配の後に、なお残余財産がある場合には、乙種普通株主又は乙種普通登録質権者、普通株主又は普通登録質権者及びA種優先株主又はA種優先登録質権者に対して分配を行う。この場合、当会社は、A種優先株主又はA種優先登録質権者に対しては、前項

の分配額に加え、A種優先株式1株につき、普通株主又は普通登録質権者に対して普通株式1株につき前項に追加して分配する残余財産（以下「普通株式追加分配額」という。）に第13条の4に定めるA種取得比率を乗じた額と同額の残余財産を分配するものとし、乙種普通株主又は乙種普通登録質権者に対しては、乙種普通株式1株につき普通株式追加分配額の10分の1の残余財産を分配するものとする。

4. A種優先分配額は、下記の定めに従い調整される。

   (1) A種優先株式の分割又は併合が行われたときは、A種優先分配額は以下のとおり調整される。なお、「分割・併合の比率」とは、株式分割又は株式併合後の発行済株式総数を株式分割又は株式併合前の発行済株式総数で除した数を意味するものとし、以下同じとする。

$$調整後分配額 = 当該調整前の分配額 \times \frac{1}{分割・併合の比率}$$

   (2) A種優先株主に割当てを受ける権利を与えて株式の発行又は処分（株式無償割当てを含む。）を行ったときは、A種優先分配額は以下のとおり調整される。なお、下記算式の「既発行A種優先株式数」からは、当該発行又は処分の時点における当会社が保有する自己株式（A種優先株式のみ）の数を除外するものとし、自己株式を処分する場合は下記算式の「新発行A種優先株式数」は「処分する自己株式（A種優先株式）の数」と読み替えるものとする。

$$調整後分配額 = \frac{既発行A種優先株式数 \times 当該調整前分配額 + 新発行A種優先株式数 \times 1株当たり払込金額}{既発行A種優先株式数 + 新発行A種優先株式数}$$

(3) 第1号及び第2号における調整額の算定上発生した1円未満の端数は切り捨てるものとする。
5. 普通株式優先分配額は、下記の定めに従い調整される。
　(1) 普通株式の分割又は併合が行われたときは、普通株式優先分配額は以下のとおり調整される。

$$調整後分配額 = 当該調整前の分配額 \times \frac{1}{分割・併合の比率}$$

　(2) 第1号における調整額の算定上発生した1円未満の端数は切り捨てるものとする。

（金銭と引換えにする取得請求権）
第13条の3　A種優先株主は、当会社が、事業譲渡又は会社分割により、当会社の全部又は実質的に全部の事業を第三者に移転させた場合には、かかる移転の効力発生日を初日として30日間（以下、本条において「取得請求期間」という。）に限り、保有するA種優先株式の全部又は一部を取得しその取得と引換えに本条の定めにより金銭を交付することを当会社に請求することができる。
2. 前項の請求は、対象とする株式を特定した書面を当会社に交付することにより行うものとし、取得請求期間の満了時に効力が生じるものとする。
3. 本条によるA種優先株式の取得と引換えに交付される1株あたりの金銭は、取得請求期間の初日に当会社が解散したとみなして、第13条の2の定めに準じてA種優先株主又はA種優先登録質権者に対してA種優先株式1株につき分配される金額（以下「取得金額」という。）とする。
4. 本条による取得の請求があった場合、当会社は取得請求期間の満了時において請求の対象となったA種優先株式を取得するものとし、

直ちに取得金額に対象となる株式数を乗じた金額をA種優先株主に支払うものとする。

(普通株式と引換えにする取得請求権)
第13条の4　A種優先株主は、A種優先株主となった時点以降いつでも、保有するA種優先株式の全部又は一部につき、当会社がA種優先株式を取得するのと引換えに普通株式を交付することを当会社に請求することができる権利(以下「取得請求権」という。)を有する。その条件は以下のとおりとする。
(1)　A種優先株式の取得と引換えに交付する普通株式数
A種優先株式1株の取得と引換えに交付する当会社の普通株式の株式数(以下「A種取得比率」という。)は次のとおりとする。かかる取得請求権の行使により各A種優先株主に対して交付される普通株式の数につき1株未満の端数が発生した場合はこれを切り捨て、金銭による調整を行う。

$$\text{A種取得比率} = \frac{\text{A種優先株式の基準価額}}{\text{取得価額}}$$

(2)　上記(1)のA種優先株式の基準価額及び取得価額は、当初40,000円とする。

(取得価額等の調整)
第13条の5
　　(省略)

(普通株式と引換えにする取得)
第13条の6　当会社は、A種優先株式の発行以降、当会社の株式のいずれかの金融商品取引所への上場(以下「株式公開」という。)の

申請を行うことが株主総会（取締役会設置後は「取締役会」と読み替える）で可決され、かつ株式公開に関する主幹事の金融商品取引業者から要請を受けた場合（以下、「適格上場申請時」という。）には、株主総会（取締役会設置後は「取締役会」と読み替える）の定める日をもって、発行済のＡ種優先株式の全部を取得し、引換えにＡ種優先株主に当会社の普通株式を交付することができる。かかる場合に交付すべき普通株式の内容、数その他の条件については、第13条の４及び第13条の５の定めを準用する。但し、Ａ種優先株主に交付される普通株式の数に１株に満たない端数が発生した場合の処理については、会社法第234条に従うものとする。
2. 当会社は、以下の各号に定める場合には、株主総会（取締役会設置後は「取締役会」と読み替える）の定める日をもって、発行済の乙種普通株式の全部を取得し、乙種普通株式１株の取得と引換えに乙種普通株主に当会社の普通株式１株を交付することができる。但し、乙種普通株主に交付される普通株式の数に１株に満たない端数が発生する場合は、法令に別段の定めがある場合を除き、端数分に相当する普通株式は交付しない。
   (1) 適格上場申請時。
   (2) 上記のほか、合理的な理由に基づき、当会社の乙種普通株式を取得するのと引換えに普通株式を交付することが必要であると株主総会（取締役会設置後は「取締役会」と読み替える）で可決された場合。

（議決権）
第13条の７　Ａ種優先株主は、当会社株主総会及びＡ種優先株主を構成員とする種類株主総会において、Ａ種優先株式１株につき１個の議決権を有する。
2. 乙種普通株主は、当会社株主総会及び乙種普通株主を構成員とする

種類株主総会において、乙種普通株式1株につき1個の議決権を有する。

（株式の分割、併合及び株主割当て等）
第13条の8　当会社は、株式の分割又は併合を行うときは、全ての種類の株式につき同一割合でこれを行う。
2. 当会社は、株主に株式無償割当て又は新株予約権（新株予約権付社債に付されたもの含む。以下本条において同じ。）の無償割当てを行うときは、普通株主には普通株式又は普通株式を目的とする新株予約権の無償割当てを、乙種普通株主には乙種普通株式又は乙種普通株式を目的とする新株予約権の無償割当てを、A種優先株主にはA種優先株式又はA種優先株式を目的とする新株予約権の無償割当てを、それぞれ同時に同一割合で行うものとする。
3. 当会社は、株主に募集株式の割当てを受ける権利又は募集新株予約権の割当てを受ける権利を与えるときは、普通株主には普通株式又は普通株式を目的とする新株予約権の割当てを受ける権利を、乙種普通株主には乙種普通株式又は乙種普通株式を目的とする新株予約権の割当てを受ける権利を、A種優先株主にはA種優先株式又はA種優先株式を目的とする新株予約権の割当てを受ける権利を、それぞれ同時に同一割合で与える。

以上

第20条　（みなし清算）
　　　　（省略）

第21条　（優先配当）
　　　　（省略）

索　引

【英数字】

2-20（two-twenty） ················ 317,323
「3倍」の残余財産優先分配権 ············· 116
500 Startups ································· 69
A種優先株式 ······················· 106,119,264
A種優先株式の内容（定款） ··············· 385
acqhire ······································· 11
Alibaba ································ 298,337
「AND型」の残余財産優先分配権 ········· 113
Apple ································· 48,303
Berkshire Hathaway ······················ 279
B種優先株式 ··························· 106,264
cap ································· 149,171
carried interest ···················· 317,318,326
co-founder ································· 49
convertible equity ········· 26,72,157,198
convertible note ···················· 78,148
co-sale rights ·································· 92
CVC（Corporate Venture Capital） ···· 40,189
CYBERDYNE ····························· 284
DCF（Discounted Cash Flow） ······· 76,319
DeNA ··································· 3,20
discount ··························· 149,171
DocuSign ·································· 79
Dow Jones ································ 279
dual class ································ 278
dual classにおけるB種類株式の普通株式への転換 ································· 288
earn out ··································· 46
ERISA法 ··································· 19
exit ···························· 8,41,44,352
Facebook ··············· 4,21,48,51,234,279
Google ··············· 13,20,21,48,50,279
GP（General Partner、無限責任組合員） ····
································· 300,304
IPO ································· 11,12
IPOとM&A ························· 44,209
「IPOの活性化等に向けた上場制度の見直しについて」（東京証券取引所リリース） ····
······································· 294
IR（Investor Relations） ················ 41
IRR（Internal Rate of Return） ········· 41
KPCB ······································· 19
LBO ······························· 9,19,255
LLC（Limited Liability Company） ·····
···························· 300,305,308,354,355
LLCパススルー税制 ························ 354
LLP（有限責任事業組合） ···················
···························· 303,306,308,320,322,356
LLP法（有限責任事業組合契約に関する法律） ·························· 306,310,323
LLP-LPSストラクチャー ········· 308,328

LP（Limited Partner） ········· 300,301,304
L.P.(Limited Partnership) ···················
······································· 301,303,305,308
LP出資 ································· 344,346
LP投資家 ································· 24
LPS（Limited Partnerships、投資事業有限責任組合） ····· 300,303,304,307,308,310,
                                            320,321,328
LPS契約書 ······················ 313,326
LPS法（投資事業有限責任組合契約に関する法律） ·························· 306,310,323
M&A ······· 8,19,100,134,139,185,202,208,
                                            240,352
MBI（マネジメント・バイ・イン） ········ 253
MBO（マネジメント・バイ・アウト） ·······
································· 28,129,239,253,255,267
MSワラント ······························· 193
New York Times ····························· 279
「OR型」の残余財産優先分配権 ··········· 115
PER（株価収益率） ··························· 105
pivot ·· 7
post-money ················ 101,123,206,208
preferred stock（優先株式） ············· 100
pre-money ····················· 123,203,206
Qualified Financing（適格ファイナンス） ···
······································· 169
reverse vesting ································· 53
safe ································· 190,193
Series（A,B,C…） ························ 114
tag-along rights ······························ 92
three class structure ······················ 280
Twitter ······························ 4,298
UTEC（東京大学エッジキャピタル） ····· 310
valuation ································· 13
vesting ································· 53
WhatsApp ································· 13
Washington Post ····························· 279
Y Combinator ············ 48,69,167,190,195
YouTube ································· 13
Zynga ································· 280

【五十音】

アーリー ·································· 6
アーンアウト ·························· 46
アクセラレーター ····························
································· 2,40,69,77,161,195,345
安定株主（対策） ················ 45,57,70
意思決定スピード ························ 243
移動平均法 ································· 185
イノベーション ····················· 14,241
イノベーションのジレンマ ··············· 14
インカムゲイン ··························· 40
インキュベーター ····························

418

………………	2,69,70,77,161,195,345	起業	14,332
インセンティブ	40,363	企業価値	13,34,46,57,71,75,92,105,
運営会社	251		141,180,260,319
運営会社と持株会社の合併	261	起業を活性化させる政策	344
エクイティ	16,28	議決権	45,70,110,124,278,284,356
エクイティ投資	42	規制緩和	340
エクイティ・ファイナンス		期待値	245,303,361
	10,16,35,40,339	機密保持義務	93
エンジェル	2,23	キャッシュフロー	75
オープン・イノベーション	251	キャッシュフローの現在価値（DCF）	
乙種普通株式	200		76,319
乙種普通株式とストックオプション	231	キャピタルゲイン	40,307,317,318
乙種普通株式の議決権	212	キャリー	317
乙種普通株式の税務	224	（普通株式への）強制的な転換	128
乙種普通株式の内容（定款）	411	共同創業者	49,51,73,160
乙種普通株式の普通株式への転換	216,227	共同売却権	92
乙種普通株式のみなし清算	218	（投資家の）拒否権	89,143,186,242
乙種普通株式の要項	211	金融工学の知識	235
オプション	152,191,192,237	金融商品	12,25,63
		金融商品取引所	241
会社分割	136,179	金融ビッグバン	19
会社法の柔軟化	356	組合員の所得の計算方法	324
（買取請求権における）買取価額	91	クラウドファンディング	41
買取条項	77	グリー	3,20,354
買取請求権	90	繰越欠損金	135,175,262,353
貸金業法	156	クールジャパン機構（海外需要開拓支援機	
合併	70,134,144,175,212,242,258,261,	構）	345
	269,287,353,356	経営株主	73,163
合併比率	271	現金対価合併	139,175
カニバリゼーション	14	現金対価株式交換	139,175
株式収益率（PER）	105	現金対価の株式譲渡以外の買収	177
株式交換	134,136,175,186,258,261,	現金対価の株式譲渡による買収	175
	269,287,352	減資	62,254,259
株式譲渡自由の原則	121	現物出資	136,179
株式譲渡に関する覚書	367	コア事業	250
株式等交付請求権	191,194	行使価格ゼロのオプション	191
株式の譲渡	58,59,60,64,87,89,182,	交渉力	45,71,248
	227,257,319,353	公正価値	191,236
株式の譲渡制限	90,110,121,288	合同会社（LLC）	354
株式の転換等に関する合意書（みなし優先株		コールオプション	110,191
式）	162,395	コーポレートベンチャーキャピタル（CVC）	
株式売却益	40		189
株式分割	125,129,143,214,272	コーポレート・ガバナンス	
株式併合	125,142,214		141,280,344,358
株主	39,87	コーポレートベンチャー	240
株主間契約	51,73,87,109,118,130,	子会社根性	240
	134,138,139,202,218,227	子会社上場	241
株主総会	73,79,90,106,110,143,202,	個人投資家	2,23,46
	210,274,284,289,357	異なる種類の株式	110
（会社法の）株主の権利	109	コントロール権	46,47,141
簡易組織再編行為	180		
完全親会社	261	債務超過	153,159
関連会社統括部	243	「参加型」の分配	122

419

三角合併……………………………… 175,352
産業革新機構…………………………… 345
産業競争力強化法……………………… 347
サンセット条項………………………… 289
残余財産分配権……111,120,160,187,211,270
残余財産(の)優先分配権
　　　　　　64,105,111,113,115,116,205
シード……………………………………… 6
シード・アクセラレーター………………2,27
時間的価値………………… 191,192,236,237
事業計画…………………………… 80,260
事業譲渡…………………………… 136,179
資金回収…………………………………… 12
資金使途…………………………………… 80
資金調達…………………………………2,16
自己株式の取得………………… 62,176,218
自己資本………………………………… 36
資産譲渡…………………………… 136,179
資産超過…………………………… 155,159
事前協議事項…………………………… 88
支配権(コントロール権)……… 46,47,209
資本金……………………………… 62,254
資本金の額の減少……………………… 62
資本構成の是正………………………… 198
資本準備金………………………… 62,254
資本準備金の額の減少………………… 62,259
資本政策………………… 11,34,39,70,199,234
資本政策表……………………………… 34
資本性ローン…………………………… 43
社外取締役……………… 218,280,282,358
社内ベンチャー……………………… 240
受贈益………………………………… 59,60
出資の履行(出資金の払込み)………… 79
出資要件の緩和……………………… 346
取得価額等の調整…………………… 130
取得条項………………… 39,64,126,216,227
取得請求権……………………… 126,217,227
主要みなし優先株主………………… 169
主要優先株主………………………… 138
種類株式…………39,53,65,109,126,145,158,
　　　　　　　　　　　　　　　　201,273
種類株主総会……………… 106,158,285,287
上限価格………………………… 149,171
証券取引所……………………… 18,241
証券の自由化…………………………… 19
上場審査…………………………… 97,107
少数株主………………………… 70,129,357
譲渡価格………………………… 177,225
譲渡損………………………………… 176
譲渡担保……………………………… 63
シリコンバレー
　　　　　　7,23,51,79,100,343,351,357
新株予約権…………………………… 194

新株予約権付社債……… 82,125,131,156,215
新生企業投資株式会社………………… 308
信頼関係………………………………… 10
スクイーズ・アウト…………………… 129
ステーク………………………………… 360
ストックオプション………34,53,70,135,
　　　　　　　　　198,226,231,236,237,242,357
スピンオフ……………………………… 239
成功時分配額…………………………… 326
成功報酬………………………… 317,326
清算…………………… 111,120,134,182
税制適格ストックオプション………… 233
税制優遇措置……………………… 345,347
セコイアキャピタル…………………… 19
潜在株式比率…………………………… 232
先買権…………………………………… 140
創業株主間契約(書)……………… 51,367
増資……………………………………… 20
増資手続き…………………………… 79
総数引受契約……………………… 79,80
想定分配額……………………… 166,178,182
想定優先分配額…………………… 166,176
贈与税………………………………… 58
存続会社……………………………… 261

第三者割当増資………………… 104,172
対買収戦略…………………………… 283
タイムマシン経営………………… 19,342
ダウンサイドリスク…………… 6,120,189
ダウンラウンド……………………… 104
タグ・アロング権…………………… 92
他人資本……………………………… 39
単元株式数…………………………… 285
単元株による議決権の設計………… 284
低価発行………………………… 124,129,143
定款………32,106,119,124,126,134,136,
　　　　　　　　　202,211,218,285,296,356
適格機関投資家……………………… 348
適格機関投資家等特例業務の規制強化…347
適格組織再編………… 135,139,175,262,353
適格ファイナンス………… 164,168,169,187
適合性の原則………………………… 25
デラウェア州の会社法……………… 357
転換価格………………………… 148,171,216
転換株数の調整……………………… 170
転換社債………………………… 148,156
転換社債型新株予約権付社債…78,148,152
(みなし優先株式の)転換比率……… 160
東京大学エッジキャピタル(UTEC)……310
投資委員会………………………… 124,219
投資規制……………………………… 347
投資契約書………………………… 72,373
投資後の企業価値(post-money,post)…101

投資事業有限責任組合（LPS）……………303
投資目的………………………………………73
投資利回り……………………………………41
登録株式質権者……………………………121
匿名組合……………………………308,310,320
ドラッグ・アロング（権）…………………
………………………87,139,185,209,353
トラックレコード………………260,302,346
取締役会……………55,72,79,218,282,359
取締役会設置会社……………………55,202
取締役会非設置会社………………72,121,202

内部収益率……………………………………41
内部統制……………………………………243
日本政策金融公庫国民生活事業……………43
日本政策金融公庫中小企業事業……………44
日本政策投資銀行…………………………345
日本版dual class …………………………284
日本版safe …………………………………190
ネットワークの外部性…………………20,283
ノックアウト条項…………………………235
ノンコア事業………………………………250

売却請求権…………………………………185
売却請求権者………………………………186
買収防衛策……………………………283,289
配当所得………………………………………60
（残余財産分配権の）倍率………………120
端数処理……………………………………128
パススルー……………………………301,307
（投資家の）払込義務………………………84
払込後の経営者の義務………………………85
ハンズオン………………………………30,95
（投資契約の）表明と保証…………………81
ファイナンス（資金調達）………………2,16
フェムトグロースキャピタル………308,326
フォーシーズンズ・ホテル………………279
普通株式………39,64,68,100,109,158,200,
225,237,264,285,297
普通株式追加分配額………………………221
普通株式優先分配額…………………212,221
プットオプション…………………………110
プライベート・エクイティ…………139,300
フリーミアム…………………………36,124
プルーデントマン・ルール…………………19
ブレークスルー条項………………………289
分配可能額……………………………62,176,254
分配割合……………………………………321
ベスティング…………………………………53
ベンチャーM&A税制………………………352
ベンチャー（企業）…………………………2
ベンチャーキャピタル（VC）…2,6,17,19,40,
77,107,122,142,161,199,202,219,241,
300,343,347,351,355,358,362
ベンチャー生態系……………13,22,109,303
ベンチャー投資ファンド……………………2
ベンチャー・ファイナンス……………18,19
報告受領権…………………………………143
法人版エンジェル規制……………………350
募集株式の発行………………………………79
本源的価値……………………………191,192,236

ミクシィ………………………………………3
ミドル…………………………………………6
みなし配当……………………………60,176,254
みなし優先株式……………………………157
みなし優先株式の普通株式への転換……126
みなし優先株式の用語の定義……………162
みなし優先株式の要注意点………………160
民法上の組合…………………303,308,320,322
無限責任組合員（GP）………………304,313
無償ストックオプション…………………231
メンター………………………………………2
持株会社の設立………………………253,266
持株比率………………34,45,48,66,69,298
持株比率取り過ぎ問題…………………69,195

役員選任権…………………………………143
ヤフー……………………………………20,48
遊休資産……………………………………180
有限責任組合員（LP）………………304,310
有限責任事業組合（LLP）………308,320,356
有償ストックオプション…………………234
優先株式………8,100,109,219,228,263,350
優先株式の議決権…………………………142
優先株式の問題点…………………………106
優先株式のみなし清算……………………134
優先株式への転換条項……………………166
優先分配権……………64,105,111,173,205

ライブドア……………………………………19
ライフネット生命保険…………………21,108
楽天………………………………………3,20,21
リーガル・フィー…………………………169
リードインベスター…………………………80
利益剰余金……………………………38,61,194
リスク資産……………………………………24
リバース・ベスティング……………………53
リブセンス……………………………………21
流通株式……………………………………210
レイター………………………………………6

421

[著者]

磯崎哲也（いそざき・てつや）

1984年早稲田大学政治経済学部経済学科卒業。長銀総合研究所で、経営戦略・新規事業・システム等の経営コンサルタント、インターネット産業のアナリストとして勤務した後、1998年ベンチャービジネスの世界に入り、カブドットコム証券株式会社社外取締役、株式会社ミクシィ社外監査役、中央大学法科大学院兼任講師等を歴任。公認会計士、税理士、システム監査技術者。現在、Femto Growth Capital LLPゼネラルパートナー。著書に『起業のファイナンス』（日本実業出版社）があるほか、ビジネスやファイナンスを中心とする人気ブログ及びメルマガ「isologue」を執筆。

起業のエクイティ・ファイナンス
―― 経済革命のための株式と契約

2014年7月10日　第1刷発行

著　者――磯崎哲也
発行所――ダイヤモンド社
　　　　　〒150-8409　東京都渋谷区神宮前6-12-17
　　　　　http://www.diamond.co.jp/
　　　　　電話／03・5778・7234（編集）　03・5778・7240（販売）

ブックデザイン――萩原弦一郎（デジカル）
製作進行――ダイヤモンド・グラフィック社
印刷――――八光印刷（本文）・慶昌堂印刷（カバー）
製本――――川島製本所
編集担当――横田大樹

©2014 Tetsuya Isozaki
ISBN 978-4-478-02825-4

落丁・乱丁本はお手数ですが小社営業局宛にお送りください。送料小社負担にてお取替えいたします。但し、古書店で購入されたものについてはお取替えできません。
無断転載・複製を禁ず
Printed in Japan